突发事件案例提示
顿悟理论与方法

贾传亮　佘　廉　李慧嘉　陈俊霖　著

　　本书由国家自然科学基金重大研究计划重点项目"面向应急决策支持的非常规突发事件案例推理的理论与方法"（NSFC 91324203）资助。

科　学　出　版　社
北　京

内 容 简 介

突发事件造成的影响是巨大的,而应急辅助支持和决策者的决策能力是影响事件处理的两大关键因素。当突发事件发生时,案例提示的效率以及决策者顿悟的可能性直接影响事件的处理结果和直接或间接的损失。本书致力于介绍突发事件案例提示模型与方法,阐述顿悟机制这一创新性研究的相关要素及规则,并展示反映应急决策者顿悟能力的相关实验及模型。本书主要介绍突发事件案例提示与顿悟机制的知识背景、突发事件本体关联网络模型、突发事件特征关联提示分析、应急决策者顿悟能力影响因素和能力分析,以及顿悟机制相关案例分析。

本书适合管理类和理工类大学研究生、博士后和教师阅读,也可供自然科学和工程技术领域中的研究人员参考。

图书在版编目(CIP)数据

突发事件案例提示顿悟理论与方法 /贾传亮等著. —北京:科学出版社,2017.10
ISBN 978-7-03-052886-5

Ⅰ. ①突… Ⅱ. ①贾… Ⅲ. ①突发事件–应急对策 Ⅳ. ①D035.34

中国版本图书馆 CIP 数据核字(2017)第 112420 号

责任编辑:马 跃 / 责任校对:王晓茜
责任印制:吴兆东 / 封面设计:无极书装

科学出版社 出版
北京东黄城根北街 16 号
邮政编码:100717
http://www.sciencep.com

北京京华虎彩印刷有限公司 印刷
科学出版社发行 各地新华书店经销

*

2017 年 10 月第 一 版 开本:720×1000 1/16
2018 年 1 月第二次印刷 印张:15 1/4
字数:313000
定价:102.00 元
(如有印装质量问题,我社负责调换)

前　　言

　　应急决策活动是管理决策理论最重要的研究内容之一，是指在突发事件突然发生时，应急决策主体在有限的时间、资源和人力等约束的压力下，搜集、处理灾难事故现场的信息，通过全局性考量而明确问题与目标，依据决策经验和计算机辅助决策支持系统等，分析评价各种预案并选择适用的方案，最后组织实施应急方案并跟踪检验的一个动态决策过程。这里的突发事件既包括一般突发事件，也包括非常规突发事件。在前一种情况中是一些常规的、一般性的突发事件，事件处置的目标和问题往往是结构化、程序化的，这类问题的求解过程，即决策，相对简单，决策者往往依靠预案和个人经验即可做出合理决策。而在非常规突发事件的非常态情景下，突发事件往往表现出高度破坏性、衍生性、快速扩散性和不可预见性等特征。每一次非常规突发事件的发生对于决策者而言，很可能都是类型全新、特征全新、危害全新的灾难，如何快速且有效地应对这类非常规突发事件或极端事件则是半结构化或非结构化的决策问题，与常规决策在决策时间、决策信息、可用资源及决策模式上都存在差异，是一个特殊的决策活动过程。

　　非常规突发事件的紧急性、信息不完全、决策面临的高度不确定性和可用资源的约束等因素，给决策者短时间内做出决策带来巨大困难。由于这类事件是极少遇到或从未遇到的小概率事件，决策者常常缺乏对这类事件演化发展的规律认识和处理经验，往往面临极大的心理压力，决策者所能依赖的只是应急预案、应急知识，以及个人经验、感觉等。如果应急预案不符合当前事件的特征而无法使用，加之决策者个人经验和感觉出现偏差，应急决策出现盲目行为甚至错误决定则在所难免。而随着计算机、信息化技术的发展，案例辅助决策法成为理论界和应急实践界颇受重视的应急决策方法，其中以案例提示（case-based reasoning，CBR）技术最为典型。本书致力于介绍如何开发和应用面向突发事件的以服务应急决策为目标的案例提示技术，服务于非常规突发事件决策的案例支持响应技术，提高读者突发事件应急处置能力和决策水准。

　　另外，应急管理决策者的决策能力是影响事件处理结果的关键因素之一，不同的决策者有不同的处理方法，这与他们的个人素质、处理经验、应急处理体系等都不可分割。应急管理决策者在事件发生时顿悟的可能性直接影响事件的处理结果和直接或间接的损失。所以，研究应急管理决策者顿悟能力的影响因素，发现它们的影响强度，有利于选择更好、更适合的决策者，也有助于加强应急管理体系的建设，以期在突发事件面前做到最好，尽可能地降低经济和社会损失。本书聚焦于应急管理顿悟机制这一创新性理论，阐述顿悟机制的相关要素及规则，并展示反映应急决策者顿悟能力的相关实验及模型。

感谢国家自然科学基金重点项目、面上项目等基金的资助，也感谢相关专家对本书的写作给予的热情帮助。在本书写作过程中，宿洁、李爱华两位老师倾注了大量的心血，尹悦、陈洋洋、封梦艳、曹小敏、田蕾等同学做了大量的协助工作，在此一并表示感谢。作为从事应急管理及管理决策分析的研究人员，我们深知反馈对改进质量的重要性。因此，热忱欢迎读者把对本书的任何意见及时反馈给我们，以便在未来的研究中做进一步改进。

贾传亮　等

2017 年 5 月 5 日

目　　录

第1章 突发事件案例提示顿悟决策背景

1.1 突发事件应急管理体系

1.1.1 突发事件及其危害

人类发展的历史,是与自然界以及人类社会中各种灾难不断斗争的历史。社会在不断进步,人类所承受的负重也越来越大:生存环境不断恶化,自然和人为灾害的频发,给社会带来巨大的损失。当今,随着社会经济的飞速发展,人类开垦面积的逐步扩大,人口密度的增加,各种突发事件发生的频率、影响范围与破坏程度也在不断增长。

突发事件对人类、社会具有严重的破坏性,过去几年发生的一系列的突发事件,都严重威胁到人类生存及社会稳定、和谐发展。从世界范围内看,近几年各国突发灾害事件频频发生,既有传统的自然灾害和突发事故灾害,如地震、洪水、火灾等;也有新型的突发灾害事件,如疾病传播、恐怖袭击、生态灾害、群体性突发公共事件等,包括 2001 年美国"9·11"恐怖袭击、2003 年全球性 SARS 事件、2004 年印度尼西亚地震与海啸、2008 年中国四川汶川大地震、2011 年日本里氏 9.0 级大地震等,无不造成巨大的损失。

几乎每天,突发事件都以各种形式在地球的不同角落发生,从 2003 年全球性 SARS 事件到中国南方雨雪冰冻灾害,从切尔诺贝利核泄漏到禽流感事件,都对人们的生命、财产和安全,以及社会的正常运转构成难以预测的威胁。在人口密集区域和繁华区域,当事件波及领域超过一定界限时,突发事件会产生综合性质的一系列的连锁社会效应,引发超大规模人群不稳定状况,最终给人类造成不可估量的损失。各种突发灾害事件也在考验着各国政府的应急能力以及应急救援处置能力。

中国幅员辽阔，地质环境复杂，人口众多，人口密度大，社会结构复杂，是一个重大灾害事件多发的国家。1976 年 7 月 28 日唐山大地震造成 24 万余人丧生，16 万余人重伤，7 200 多个家庭绝户，2 600 多名儿童成为孤儿；1979 年南方某电化厂发生的液氯钢瓶爆炸事故，应急疏散 6 万人；1998 年长江中下游发生特大洪水；2005 年吉林中石化工厂发生爆炸事件；仅 2005 年，就有 5 个大型台风在中国登陆，包括"海棠""麦莎""泰利""达维""龙王"，这些台风虽然持续时间短，但是造成了近 200 亿元的巨大经济损失。2008 年 5 月 12 日 14 时 28 分 04 秒，四川汶川、北川发生里氏 8.0 级地震，造成 69 227 人遇难、374 643 人受伤、17 923 人失踪。此次地震为中华人民共和国成立以来国内破坏性最强、波及范围最广、总伤亡人数最多的一次地震。2012 年 7 月北京及其周边地区遭遇 61 年来最强暴雨及洪涝灾害，79 人因此次暴雨死亡。2015 年 8 月 12 日天津滨海新区发生爆炸事故，死亡人数达 165 人。据不完全统计，20 世纪 90 年代以来，中国平均每年因重大灾害事件造成的非正常死亡人数超过 20 万人，年均经济损失达到 6 500 亿元。

1.1.2　应急管理及其意义

鉴于突发事件的重大危害性，在发生重大群体性突发公共事件时，如何有效干预和控制突发事件的发生与演化，及时制定有效的危机处理和应急救援策略具有重大意义。由于突发事件具有事件态势的不确定性、危机趋势发展的未知性以及应急管理决策信息的不完全、不及时等特征，在发生突发公共事件时，决策者往往很难在短时间内提出有效的应急管理方案，也就难以控制危机事态发展，容易造成较为严重的人员及财产损失。针对群体性突发公共事件的应急管理将直接关系到人民的生产和生活质量，甚至对国民经济和社会的和谐发展产生重大影响。

应急管理是指政府及其他公共机构在突发事件的事前预防、事发应对、事中处置和事后恢复过程中，通过建立必要的应对机制，采取一系列必要措施，应用科学、技术、规划与管理等手段，保障公众生命、健康和财产安全，促进社会和谐健康发展的有关活动。

重视应急管理，提高预防和处置突发公共事件的能力，是关系到国家经济社会发展全局和人民群众生命财产安全的大事，是构建社会主义和谐社会的基本保障；是坚持以人为本、执政为民的重要体现；是全面履行政府职能，进一步提高行政能力的重要表现。通过加强应急管理，建立健全社会预警机制、突发公共事件应急机制和社会动员机制，可以最大限度地预防和减少突发公共事件及其造成的损害，保障公众的生命财产安全，维护国家安全和社会稳定，促进经济社会全面、协调、可持续发展。

1.1.3　应急管理及其体系

突发事件应急管理体系，是指一个国家政府各系统、部门整合各种资源，根据应急法制，针对各类突发事件的性质、特点和可能造成的社会危害，建立起旨在防止或减少危机发生的工作体系。在中国应急管理体系中，政府负责管理、组织、指挥对突发事件的预防和预警、应急处置、应急保障、事后恢复重建等工作。应急管理体系组织结构并非简单的垂直线性系统，而是包含了决策系统、辅助决策系统、执行系统、保障系统在内的一体化的综合系统。国家应急管理体系的构建是一个系统化的工程，中国政府始终将其作为一项重点工作来抓。尤其是 SARS 事件后，中国深刻认识到了国内应急管理系统的不完善性，应急管理体系建设在较短的时间内取得了较为显著的成效，并逐步进入规范化、科学化和法制化的发展阶段。

中国应急管理体系的核心内容是"一案三制"，即应急预案、应急管理体制、应急管理机制和应急管理法制。"一案"是指应急预案；"三制"是指应急管理体制、机制和法制。应急预案是应急管理的首要基础，是中国应急管理体系的首要工作。自 2003 年以来，在充分利用现有政府行政管理机构资源的情况下，一个协调若干议事协调机构和联席会议制度的综合性应急管理新体制基本形成。各部门、各地方也纷纷设立专门的应急管理机构，完善应急管理体制。总体来看，中国目前正在建设的新型的综合的应急管理体制，具有常规化、制度化和法制化等特征。应急管理机制是指突发事件全过程中各种制度化、程序化的应急管理方法和措施。应急管理机制涵盖突发事件事前、事发、事中和事后全过程，主要包括预防准备、监测预警、信息报告、决策指挥、公共沟通、社会动员、恢复重建、调查评估、应急保障等内容。中国近几年应急管理工作最突出的特点，就是在深入总结实践的基础上，制订了各级各类应急预案，形成了应急管理体系机制，并且最终制定了一系列的法律、法规和规章。目前已基本形成以《中华人民共和国宪法》（简称《宪法》）为依据、以《中华人民共和国突发事件应对法》（简称《突发事件应对法》）为核心、以相关单项法律法规为配套的应急管理法制体系。

1.2　突发事件应急决策状态

突发事件应急决策的指挥架构包括信息支撑、应急指挥及决策辅助等方面。突发事件案例中蕴含着处置突发事件的大量知识与经验。由于突发事件的紧急性和不确定性，当面临突发事件时，应急指挥人员往往参考相似的紧急事件案例所提供的历史经验和知识进行危机处置和决策。案例库为应急管理决策系统的重要组成，如何高效组织案例库，利用案例库所提供的信息高效求解危机问题，是目前中国建立完善的应急管理体系的核心问题。

　　当前国内的突发事件案例库处于初期建设阶段,案例库体系还不是很完善,某些地区搜集整合的案例库有一定参考价值。然而现在国内案例库的组织结构一般都是案例文档一般化的展示与聚类,没有很好的检索和分析功能,缺少案例事件的案例表示与知识推理机制,目前尚且不能很好地满足辅助应急决策的要求。

　　先前发生的突发事件案例中蕴含着处置突发事件的大量知识与经验。鉴于危机的突发性和不确定性,当面临突发危机事件时,应急人员倾向于参考相似的公共危机案例,从中汲取、顿悟出处置方法和历史经验进行危机处置。案例库作为决策系统的重要组成部分,是为达到求解问题的目的,按照一定的表示方式在计算机系统中组织、存储的相互之间联系的案例集合,是数据库在知识处理领域的拓展和延伸,一个完善的案例库的建设有助于突发事件发生时,人们更快地从之前的案例中汲取有用信息,顿悟出一些适用于目前发生的事件的处理办法。因此,我国还需要不断地完善案例库的建设,不断优化体系设置,注重案例所提供的知识推理和顿悟方向,为更好地解决突发事件提供有利条件。

　　为了全面提高我国应急管理水平,发挥专业技术咨询和专家的咨询指导作用,应急管理专家库也在不断建设和完善,从而更好地为应急管理工作提供技术支撑和科学决策支持。应急管理专家库的专家可以根据专业领域知识和相关管理规定,在参与应急处置工作时提供技术支持和决策建议,也可以对应急管理体系建设提出自己专业的建议。但是目前我国专业人员数量和水平有限,导致我国专家库的建设举步维艰,因此我们应重视应急管理方面的专业人员的培养,建立健全专家库,更好地应对突发事件。

　　决策支持系统对决策复杂问题具有重要的作用,因此我国也非常重视决策支持系统的研究和发展。我国决策支持系统的研究始于 20 世纪 80 年代中期,至今已经历了三十多年的发展。应急决策支持系统(emergency decision support systems,EDSS)是一个基于计算机的信息系统,它为管理者和专业人员的决策提供信息支持。它主要由四个部分组成:一是各类专业数据库,提供数据支持;二是决策者的观点和判断,来弥补、完善用计算机无法获取的信息;三是人机交互部分,主要是为决策者提供可视化的交互手段,为缺乏结构的问题提供建模支持;四是分析模型,对模型进行情景分析、灵敏度分析、目标搜索分析和优化分析。

　　在我国,应急决策支持系统研究仍处于起步阶段。就其发展来看,还需要不断创建和完善。目前主要存在的问题如下:突发事件应急决策支持系统涉及的领域单一,不能满足多种事故同时发生的应急救援情况;针对常见的突发事件,已建立的应急救援系统只针对常见的突发事件,而对于特殊性的突发事故并没有成型的综合性的系统来支撑;决策支持技术和案例结合不是太紧密,没有注重通过决策系统的分析、顿悟功能,让人们根据一个成功解决的突发事件能够很好地解决一类突发事件。

1.3　应急处置的案例需求分析

随着互联网的逐渐普及，以及信息技术的发展，各地、各级政府都建立了相应的应急信息平台来辅助突发事件的管理和决策。在应急信息平台建设和突发事件应急管理过程中，积累了大量的突发事件应急案例，这些案例存储了突发事件的情境、事件处置过程、事件处置的经验和知识、事件处置的不足。突发事件发生后，决策者利用先前相关案例中的事件处置经验和知识，结合当前事件的情境，做出适合当前事件处置的决策方案，这是降低事件损失的重要途径。

1.3.1　应急案例的内容

应急案例存储的是以前发生过的突发事件处置知识和经验。应急案例的创建对解决突发事件具有重要意义。我们要想建立完善的、有意义的案例库，先要从我们所存储的案例包含的内容下手，一般来说，一个好的、有借鉴性的案例通常包含以下内容。

（1）真实而复杂的情境。应急案例是对一个突发事件真实情境的描述，即将事发时现场情况、事发背景真实地记录下来。对事件与事件之间、事件要素之间的复杂关系进行总结研究，形成一个典型的复杂系统。

（2）典型的事件信息。应急案例并不是对事件的简单描述，而是对其中非常典型的、具有代表性的事件情境进行刻画、分析，将其特点进行总结归类，着重描述事件中应该特别关注的焦点。

（3）典型的解决方法。应急案例最有价值的地方就是历史事件的处置方法，这些方法对未来事件的处置具有借鉴作用，在对案例进行记录时要详细记录其解决过程中的有效方法，以便参考，对之后处理相类似事件有所启发。

（4）经验教训。突发事件的经验教训也是应急案例中很重要的组成部分。经验教训一般可分为两类：一是对整个事件的反思，反思该事件为何会发生，人们以后如何避免其发生；二是对事件的处置过程和处置方法的反思，从中可以学习到以后遇到同类事件时在什么情形下用哪种处置方法效果最好，用哪种方法效果不好，甚至有可能会产生反作用。

1.3.2　案例的提示

案例对解决突发事件具有重要意义，那么如何根据案例的提示方式、案例的提示内容、案例推理出的有效信息解决当下问题，就成为人们研究的重要方向。基于案例的推理是人工智能领域研究中的一个重要分支，其研究起源于美国耶鲁大学的 Roger Shank 教授于 1982 年在文章 *Dynamic Memory:A Theory of Learning in Computer and People* 中首次提出的案例推理认知模型及其框架。案例推理的核心思想是，为了求解一个新问题，即目标案例（target case），从存储历史案例的案例库中查找与该问题相同或相似的源案例（base case），并根据源案例的记录与分析，将其解决方法稍加修改或直接用到新问题的求解过程中，以指导当前问题的解决。

基于案例推理是从过去的经验中发现解决当前问题线索的方法，过去发生过的各种突发事件构成一个案例库，即问题处理的模型。当前处理的问题成为目标案例，记忆的问题或情境成为源案例。处理问题时，先在案例库中搜索与目标案例具有相同属性的源案例，再通过案例的匹配情况进行调整。基于案例推理简化了知识获取的过程，更加有效地发挥了案例的作用，对过去的良好的解决方法进行了有效运用，提高了问题求解的效率，对某些难以通过计算、推导来求解的问题的解决，可以发挥很好的作用。

通过对案例推理工作原理的各种研究分析总结出，与其他的知识系统相比，基于案例的推理具有以下优点：结果更易被用户接受、知识获取相对容易、避免重复过去产生的错误、问题求解能力较强。不过，目前通过案例进行推理分析得出有用信息的研究也面临一些问题：首先是信息的不准确性或模糊性。人类对客观世界的认知和判断能力存在一定的局限性，导致应急案例和当前事件的信息存在一定程度上的失真或缺失。其次是由于许多突发事件往往是决策者从未遇到过的事件，其决策往往无法从单一案例中得出，需要专家从多个相关案例中推导，尽可能找出与其相似度较高的案例顿悟有效信息，找出适合当前事件的处置方案。

1.4　应急决策顿悟机制

研究表明，时间观念对顿悟和创造性有较大影响。按照结构水平理论的观点，时间距离越长，被试就越有可能以更抽象、更一般、去情景化的特征来表达事件的知觉特征；时间距离越短，被试就越有可能按照更具体、情景化和事件非主要细节的特征来表达事件的知觉特征。

除此之外，认知负荷对于面对危机，是否能够顿悟出解决问题的策略也有较大影响，解决顿悟问题的认知加工需要使用工作记忆中的认知资源。认知资源的耗费是影响顿悟问题解决的重要因素，认知资源耗费越多，关键启发信息越难激活。

　　基于之前的一些研究发展和目前社会的一些应用需求，本书将对突发事件案例领域的知识进行分析和建模，将深入研究突发事件局域网络演化理论，同时将涉及突发事件特征关联提示分析和网络本体（ontology）关联提示分析理论。除此之外，我们将对决策者特征行为、应急决策者顿悟能力影响因素进行理论与实际的结合，详细分析并建立最终的案例提示下应急决策者顿悟机制的理论。本书通过一步步推理分析，环环相扣，给读者呈现出清晰的分析思路与研究层次，将遇到突发事件时人们的顿悟决策进行透彻分析，给如何处理新案例以很好的启迪。

第2章 突发事件案例领域知识分析理论与模型

2.1 领 域 知 识

2.1.1 领域知识概念

领域知识(domain knowledge)是指某个限定的专业或行业范围内的专家经验、技能、管理素质构成的知识框架。简单来说，就是行业领域中的专门知识与技能。一般的领域知识泛指各行各业（制造、物流、建筑、国防、电信、金融、纺织、化工等）的专业知识与经营管理知识。在知识库中，领域知识是有关最优化的概念、公理、命题、方法技巧（算法、策略）、经验的总称。

领域知识也可进一步划分为方向领域知识和非方向领域知识，如旅行商问题、网络选址问题、最短路径问题等。例如，一个涉及设备故障诊断应用的领域知识将包含相关故障信息、故障表现和不同故障之间的关系等信息。领域知识在某种程度上相当于软件工程的"数据模型"或"对象模型"（何守才等，2004）。

领域知识是一种对知识的组织和再组织，以及对人的显性和隐性知识进行管理，通过对知识的获取、组织、分发、应用，实现知识共享和知识创新，提高组织的创新能力、反应能力、生产率及技术技能，增加核心竞争力。在今天激烈的竞争环境中，运用领域知识有助于企业整合自身知识，实现知识流程化、企业化；使企业能够快速有效地对外界进行反应，提高单位时间内创造的价值；增强创新能力和商务智能；打破原有管理等级边界，拓展组织发展的空间。

2.1.2 领域知识起源与发展

人类专家之所以能成为"专家"，很重要的一点就在于其"专"，即在某一专业领域比其他人拥有更多的知识和经验。领域专家在现场处理问题时不可能坐下来把自己的所学从头到尾想一遍再找可能的结论，他们往往是凭其丰富的经验直觉，迅速从大量可能解中联想出一个最大可能解，而这个过程是不需要排队对比的，仅仅是凭经验直觉。思考过程可如下所示：

$$感觉特征 \longrightarrow 直觉联想 \longrightarrow 逻辑验证 \longrightarrow 结论$$

其中，直觉联想是最重要的一步，也是"专家"水平的具体体现（虞和济等，2001）。

简单来说，领域知识相当于提供给普通人"直觉联想"的过程。这大大弥补了积累"经验"所需的高时间成本，且各领域专家未必事事亲为，因此为了节约时间成本和人力资本，同时使办事效率及质量不下降，领域知识应运而生。

2.1.3　领域知识相关研究

在领域知识体系建设中，领域知识获取，即信息采集，是一个不可或缺的步骤，信息采集质量也直接决定着该本体及领域知识的适用性和高效性。不同的信息采集方式决定着不同的信息采集质量。目前国内已有多位学者对此进行了研究。

汪维熙（2012）提出了一种基于动态领域知识体系的专题信息采集方法，根据信息的不同来源，制定不同的采集策略，通过关键词发现和领域专家干预完成对预置的领域知识体系的半自动化更新，以提高专题信息采集的动态适应性。雷雪等（2014）将关联规则（association rules）应用于领域知识推荐中，并通过试验分析验证关联规则挖掘相比传统共词分析在揭示领域核心知识节点及关联上具有优势，首先支持度计算可将词频归一化处理，方便设定阈值进行知识节点及关联的整体筛选，其次置信度计算可精确计量词组内术语间的语义方向及强度。刘祥（2014）采用马尔科夫逻辑网，结合领域分类数据集，构建了领域知识库。李卫（2008）提出五种新的用于构建领域知识的算法：基于关键词序列的网络文本信息去重算法（kernel samepage merging，KSM），基于语言认知理论的中文术语自动抽取算法，基于多策略的术语关系自动获取模型算法，基于非频繁项集多重剪枝监测的完全加权关联规则挖掘算法和基于粒子群的术语聚类算法。

在应用领域知识对数据进行处理方面，中国也有了部分研究。王大玲等（2003）强调了领域知识应用于数据预处理过程的特点和意义，给出了面向数据预处理技术的领域知识的分类和表示，设计了面向数据预处理技术的领域知识的存储结构和将领域知识应用于数据预处理过程的算法。陈英和顾国昌（2008）提出一种基于领域本体的数据挖掘服务发现算法，用扩散团队营销系统引入领域知识，定义数据挖掘本体，有效地解决了数据挖掘服务中发现的问题。刘爱喜（2009）给出了一种基于领域知识的数据库模式复杂匹配方法，将领域知识运用于匹配全过程中。

2.1.4　知识本体

本体构建的目的是捕获相关领域的知识，提供对该领域知识的共同理解，确定该领域内共同认可的词汇，并从不同层次的形式化模式上，给出词汇（术语）之间相互关系的明确定义。因此，本体非常适合作为领域知识管理的工具，它帮助人们对领域知识进行系统的分析，并对各种异构的知识进行梳理和重构，以实现知识的重用和共享（高田，2011）。把领域知识形式化，使之免于计算机处理，还可以实现人和人之间，以及人和计算机之间的知识共享。

"知识本体"或"本体"，作为一个从哲学中引入的词，其含义逐渐从抽象的、形而上学层面的理解转化为工具性的、具有特定意义的理解，因此，本体一词结合不同的语境可以有多种解释。《牛津英语词典》对本体的释义是"对于存在的研究或科学"（the science or study of being）。近年来，人工智能有关课题的研究进展使这个词获得了复兴，成了一个非常新颖的术语，而格鲁伯（Gruber）在1993年给这个术语下了一个非常简明的定义，即知识本体是概念化的规范说明（explicit specification of conceptualization）。1997年，波尔斯特（Borst）对格鲁伯的定义做了修改，即"知识本体是可以共享的概念体系规范"（a form of specification of a shared conceptualization）。施图德（Studer）等在这个定义的基础上对本体的特点给出了一个更为明确和全面的解释，"知识本体是对概念体系的明确的、形式化的、可共享的规范"，并且进一步指出，知识本体是"领域知识规范的抽象和描述，表达、共享、重用知识的方法"。William等从特征和形态方面将本体定义为，本体是用于描述或表达某一领域知识的一组概念或术语，可用于组织知识库较高层次的抽象，也可以用来描述特定领域的知识。

如果把每一个知识领域抽象成一套概念体系，再具体化为一个词表来表示，包括每一个词的明确定义、词与词之间的关系以及该领域的一些公理性知识的陈述（如"所有的期刊论文都是出版物"）等，并且能够在这个知识领域的专家之间达成某种共识，即能够共享这套词表，则所有这些构成了该知识领域的一个"知识本体"。为了便于计算机理解和处理，需要用一定的编码语言（如RDF[①]/OWL[②]）明确表示上述体系（词表、词表关系、关系约束、公理、推理规则等）。在这个意义上，知识本体已经成为一种提取、理解和处理领域知识的工具，可以被应用于任何具体的学科和专业领域，且本体中所描述的知识结构不是个人专用而是群体共享的。

对于某个知识领域，每个人的认识从内容到形式都可能不是一样的。通用知识本体（common knowledge ontology）常常从哲学的认识论出发，其概念的根结

① RDF：resource description framework，即资源描述框架。
② OWL：web ontology language，即网络本体语言。

点往往是时间、空间、事件、状态、对象等抽象术语，而且不一定需要形式化；领域本体（domain ontology）专注于解决领域抽象的知识，使其较为具体，容易进行形式化和共享；术语本体（terminology ontology）常常表现为一个词表，概念关系的抽取较为随意和简单，要求不严格，甚至可以没有概念定义，如著名的 WordNet 本体；形式本体（formal ontology）对概念术语的分类组织要求较为严格，需要按照一定的分析原则和标准，明确定义概念间的显性、隐性关系，并明确各种约束、逻辑联系等，这类本体常常由术语本体发展而来，但与术语本体没有截然的界限；另外还有表现本体、任务本体、方法本体、混合型本体等。

某个具体领域的知识本体不可能是唯一的，但是不同的知识本体必须通过某种机制进行交换，形式化的方式也需要标准化，这就需要用到知识本体语言（何守才等，2004）。

2.1.5　领域知识的应用及进展

领域本体构建主要有三种方法，即手工构建方法、半自动构建方法和自动构建方法。其中，手工构建方法是近十年比较成熟的方法，但是会耗费大量的时间和精力。目前主要的方法有评价法（Tove 法）、骨架法、IDEF-5 法、Methontology 法、SENSUS 法、七步法和 KACTUS 工程法（又称 Berneras 法）等。目前国外建立的比较成熟的部分本体构建方法如表 2-1 所示（高田，2011）。

表 2-1　国外的本体构建方法

提出者	提出方法	方法描述
多伦多大学企业集成实验室的 Gruninger 和 Fox	Tove 法	构造多伦多虚拟企业本体工程，用一阶逻辑继承
爱丁堡大学人工智能研究所的 Mikeuseholddede 和 King	骨架法	根据任务情况，确定本体的应用目的和范围，明确需求后构造本体
西班牙马德里理工大学人工智能实验室	Methontology 法	用生命周期的概念管理整个本体的开发过程，使开发过程（分为管理、开发和维护三个阶段）更接近软件工程
欧洲 ESPRIT 项目	KACTUS 工程法	应用开发控制本体，每个应用对应于表示该应用所需的本体。这些本体可以重用其他本体，也可以被后续应用集成

部分学者则致力于利用本体强大的语义表达能力对应急领域知识进行建模。Tate（2003）提出了一种任务本体模型<I-N-C-A>，用以描述人与系统之间的共享知识模型，以此作为主动式任务规划过程中的知识建模和表示方法，并建立了地震应急响应领域知识模型。Asuncion 等（2005）提出了一种面向规划的本体知识模型 BACAREX，拥有领域实体、世界和对象状态、时态和资源约束、标准操作程度等的建模能力，以及领域知识校验功能，并作为领域知识管理模块应用于森林火灾应急方案制订决策支持系统 SIADEX 中。Mendonca 和 Wallace（2007）将应急处置领域的知识分为领域知识和程序知识，并利用本体建模方法对知识进行

形式化,开展应急决策制订方案,决策者先根据应急情景识别应急处置目标,在目标的基础上搜索实现该目标的行动,再根据行动搜索应该执行的任务组,最终形成基于认知的应急决策逻辑。袁占花(1997)提出基于 DKOED(domain knowledge ontology for emergency decision,即本体知识的图示化建模方法)的知识本体模型。该模型按照应急事件类型、应急主体、应急方案、资源将概念分类并解析概念之间的关系,最终将概念关系图示化形成应急知识本体。ABC 本体模型给出了一个有关事件处置的通用概念模型,该模型是事件关联的一般概念模型,它定义了一些常用的重要实体及联系,用一种层次结构逻辑模型来表现实体及它们之间的关系(Lagoze and Hunter, 2001)。王文俊等(2006)采用扩充 ABC 本体词汇的方法来构建应急预案本体词汇,将应急预案表示为(事件、工作流)对,从而进行应急预案知识建模。高珊等(2010)采用基于 SUMO(suggested upper merged ontology)的本体来建立应急资源本体模型,用来解决应急资源中存在的语义冲突。Han 等(2010)提出了一种对火灾消防领域关键概念及其关系进行建模的本体模型,并以此作为火灾应急决策支持系统 FireGrid 的领域知识模型来支持决策推理过程的开展。刘匡宇(2012)设计并构建了面向 HTN(hierarchical task network,即层次任务网络)规划的应急领域知识模型,提出基于 OWL 语法描述的领域知识模型转换算法,同时开发了基于本体的应急领域知识管理系统。高田(2011)基于事件属性、事件生命周期阶段和事件衍化关系等建立了关于旅游突发事件的领域知识本体模型,并建立了由突发事件时序 Web 文档分类算法完成的状态评估体系和评估函数,同时提出基于 Gauss 密度和基于事件框架模型的 Web 文档距离(event framework distance,EFD)计算方法的增量聚类方法和基于事件属性距离与话题演化关系之间的概率模型的话题演化关系评估(topic evolution relation evaluation, TERE)方法进行话题聚类和关系推测。黄卫东等(2015)引入本体理论构建食品安全应急管理知识本体模型,详细阐述了食品安全应急管理本体模型的类、关系及属性等,实现了食品安全突发事件应急管理知识本体模型可视化。李华(2008)构建了包括突发事件中蕴含的显性知识和隐性知识的应急领域知识结构模型,采用逆向获取和正向创建相结合,OWL 语言编码化和 UML(unified modeling language,即标准建模语言)图形可视化相结合的双向双行法构建应急领域知识本体。

2.2　二次挖掘

2.2.1　二次挖掘的概念

数据挖掘是数据库知识发现中的一个步骤,一般是指从大量的数据中通过算法搜索隐藏于其中潜在的、有用的、最终可理解的信息的过程。而数据挖掘中有一个重要的研究分支就是关联规则，它最初是针对购物篮分析（market basket analysis）提出的，用于分析哪些商品顾客可能会在一次购物时同时购买。它用于确定数据库中不同个体间的联系，找出满足给定支持度和置信度的多个域之间的依赖关系，形如 $X{\to}Y$ 的蕴含式，其中，X 和 Y 分别称为关联规则的先导（antecedent）和后继，其中关联规则 XY 存在支持度和置信度。但是在实际运用关联规则时，首先数据信息并不是固定不变的，而是随着时间不断变化的，虽然我们对数据库进行了知识挖掘，但是随着时间的推移，数据库规模不断膨胀，蕴含在数据库中的知识会发生改变，因此需要对数据库进行二次挖掘。其次，不同的阈值会得到不同的关联规则集合，而确定关联规则的最小支持度和最小置信度阈值是一个反复探索的过程，通过不断修正这些阈值，关联规则越来越接近现实情况。二次挖掘就是利用之前已经得到的规则作为指导，在变化了的数据集上发现新的关联规则，然后进行知识更新的过程。

2.2.2　二次挖掘的起源、发展

1993 年，Agrawal 等在提出关联规则概念的同时给出了相应的挖掘算法，即自动识别系统（automatic identification system，AIS），但是性能较差。次年，他们建立了项目集格空间理论，提出了著名的 Apriori 算法，至今 Apriori 算法仍然作为关联规则挖掘的经典算法。

对二次挖掘最直观和最简单的处理方法就是直接运用 Apriori 算法对更新之后的数据重新进行挖掘，但是这种方法完全抛弃之前所得到的结果，从而效率也较为低下。Cheung 等在 1996 年提出一个能充分利用之前得到的发现结果的 FUP（fast update）算法，此算法核心是通过多次迭代产生长度更大的频繁项集，至于算法结构则和 Apriori 算法、DHP（date handling program，即数据处理程序）算法等相同。但其弱点就是需要多次将增加记录中得到的频繁项集同原始的频繁项集相比较，要对原始数据库进行多次扫描得到最终的候选项集从而使算法性能降低。而后来的 FUP2 是 FUP 算法的补充，它能处理新增事务和删除事务两种变化方式的情况。

2.3　案　例　推　理

2.3.1　案例推理概念

案例推理本质上是一种基于记忆的推理，符合人的认知过程。当人们遇到新问题、新情况时，不仅仅将其看成一个具体的问题，还会对问题进行思考，并对

其进行归类，然后从大脑里寻找过去解决过的类似问题，并根据过去解决类似问题的经验和教训来解决现在所遇到的问题。案例推理就是在遇到新问题时，在案例库中检索过去解决的类似问题及其解决方案，并比较新、旧问题发生的背景和时间差异，对旧案例解决方案进行调整和修改以解决新的问题的一种推理模式。与传统的基于规则推理和基于模型推理相比，不同于强调数据域、数据长度和数据类型的传统关系数据模型，案例推理的数据形式类型更为自由。它无须显示领域知识模型，避免了知识获取瓶颈，而且系统开放，易于维护，推理速度较快。同时增量式的学习使案例库的覆盖度随系统的使用逐渐增大，判断效果越来越好，可以有效解决传统推理方法中存在的许多问题（苗海珍，2014）。

2.3.2　案例推理背景简介

案例推理技术最早是在 1982 年由美国耶鲁大学 Roger Schank 在对动态记忆的描述中提出的。案例推理通常被分为两类，即解释型案例推理和问题解决型案例推理。解释型案例推理是基于之前发生过的案例，对当前的情况进行分类、描述和解释。目前这种方式主要应用于法律系统和医疗诊断领域中。问题解决型案例推理是利用以往的案例为当前问题提出建设性解决方案，如基于过去案例的对突发事件的应急系统设计等（侯玉梅和许成媛，2011）。

目前案例推理的基本步骤有四个，即案例检索（retrieve）、案例重用（reuse）、案例修正（revise）和案例保存（retain），如图 2-1 所示。

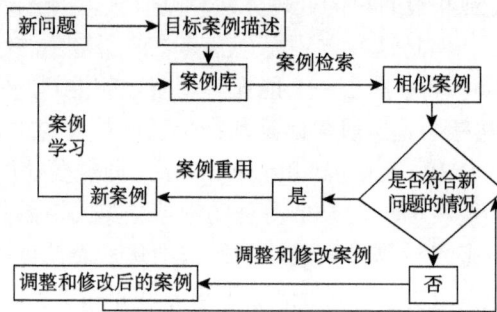

图 2-1　案例推理过程

案例中，我们通常将待解决的问题称为目标案例，把历史案例称为源案例，源案例的集合称为案例库。

案例过程中涉及一些相关的技术，如案例的知识表示、案例的检索、案例的调整和修改，以及案例学习。常见的案例知识表示法有案例特征属性、框架表示、基于 XML（extensible markup language，即可扩展标记语言）的表示和面向对象法等。比较常见的案例检索方法有知识引导法、神经网络法、归纳索引法和最近相邻法。案例检索又与特征权值的确定、相似度的计算以及检索的策略三方面有关。特征权值的确定法有主观赋权法［如 Delphi 法、层次分析法（analytic hierarchy process，AHP）、无差异折中法］、客观赋权法［遗传算法（genetic algorithm，GA）、均方差法、相关分析法、主成分分析法和离差最大化方法等］和组合赋权法（熵+AHP）。对相似度的计算主要有数值型、布尔型、枚举型和字符串型。目前最常用的案例检索方法有最近邻法、层次法、决策树法和知识引导法四种。在案例的调整和修改中，通常的修正思路有参数调整、重实例化、派生重演、模型引导、差异驱动、检索中融入修改知识、案例特征意图、关键字分割法和案例自修正方法。而最后一步案例学习主要做的工作有两个，即保留案例信息和建立索引结构，提高后续案例检索效率（张丽圆，2014）。

2.3.3　案例推理相关研究

由于案例推理的应用需要有丰富的案例经验支持，因此其主要应用于一些有丰富的经验知识却缺乏很强的理论模型的领域，如突发事件应急管理领域。

达世敏（2008）基于相似粗糙集和 Prolog 人工智能语言，解决了案例推理的实现算法，包括案例的表示、推理、维护等。通过对汛灾这类灾害类型的研究给出具体算法演示。王凯（2009）基于案例推理的方法建立相应的应急管理案例库并实现了案例库的系统化。张英菊等（2009）设计了一种基于概念树-突发事件本体模型-事件元模型三层架构的通用的案例描述与组织方法，并基于案例推理的应急辅助决策原型系统的开发使设计方法得以实现。袁晓芳（2011）在非常规突发事件系统特征与应急决策机理分析的基础上，将情景分析法与案例推理技术相结合，研究了"情景-应对"型非常规突发事件应急决策的关键技术。丁杰（2012）基于案例推理的整个过程，应用 5R[①]循环的模式为主线建立了突发公共卫生事件的应急决策方法。张贤坤（2012）围绕不确定信息的知识表示及其推理进行研究，扩展了强相关逻辑，提出粗糙强相关逻辑并以此为基础设计了 RSWRL（rough semantic web rule language，即粗糙本体描述语言）知识表示语言，最终提出了基于案例推理的应急决策模型 CEDM（CBR-based emergency decision making，即基于案例推理的应急决策模型）。袁晓芳等（2012）采用基于情景检索的事故案例推理应急决策方法，设计其应急决策具体流程，提出基于结构和属性的双重情景检索策略，引入结构相似度的计算方法改进最近邻法，为煤矿重大瓦斯事故应急决策提供了更完备、更有价值的信息参考。苏春宇（2012）在以案例推理为应急响应技术手段的基础上，为解决应急响应推理能力受限于案例库构建的问题，深入研究了基于案例推理技术的应急协作机制与方法，并对此方法进行了有效性和优

---

① 5R 指 reduce（减量化）、reuse（再利用）、recycle（再循环）、reorganization（再组织）、rethink（再思考）。

势验证。徐磊等（2013）为了尽可能缩短贝叶斯网络的建模事件，使其更好地服务于突发事件的应急决策，引入案例推理的方法，其可基于历史案例库，通过相似度和偏离度两个指标对历史案例进行匹配得到候选案例，并进行调整从而得到新的案例模型。张恺（2014）针对突发事件中情景动态变化的问题，提出了一种基于案例推理的动态应急决策方法，主要通过综合考虑情景属性的变化趋势和专家的预测生成下一时刻的情景，利用预测情景与历史情景的相似度测算进行方案选择。张丽圆（2014）着重研究了应对煤矿瓦斯事故的案例推理中案例库的索引和组织方式，提出案例库的多级索引结构和模糊层次熵引擎的方法求案例特征属性权重。彭浩（2013）将证据推理方法引入案例评定中并建立了水污染突发事件应急决策评估系统的整体框架，总结出系统中的主要属性元素并通过数据库构建系统内部数据结构。宋占兵等（2014）通过案例推理分析过程指导应急资源配置的数量、质量和类型，得到适用于油管区重大事故的基于案例提示的应急资源配置技术。李永利等（2014）针对煤矿突发事件的特点，对一起瓦斯案例的原始文本信息进行了规范化与知识化，基于数据库技术构建了案例库，提出了基于模板检索与最近邻法相结合的案例检索策略，并做了新的改善，提出了基于粗糙集理论的案例库优化方法。

2.4　应急模型框架搭建

2.4.1　基于领域知识、二次挖掘和案例推理应急模型框架图

先根据历史案例和领域知识提取有关关键信息，再进行分层分类并确定层级、类别之间的关系，定义数据属性；接下来利用 protégé 确定目标案例的主题，根据权重对相似案例进行主体赋值、匹配服务，若符合目标案例情况，则进行案例存储，若不符合，利用领域知识库进行案例调整再次验证是否符合案例情况，符合目标案例的情况还要形成新的案例，进行二次挖掘，对旧案例进行维护与更新，结果将记入历史案例和领域知识中。基于领域知识、二次挖掘和案例推理应急模型框架图如图 2-2 所示。

2.4.2　非常规突发事件本体知识模型的搭建

突发事件的类别是突发事件知识描述的基本特征，可用时间、地点、级别、危害、可控性、受灾性、影响范围、性质、特点和预防方法等属性描述。每个突发事件都会经历一个演变的过程，不同的事件将会经历潜伏期、爆发期、恢复期和消失几个阶段，每个阶段可用持续时间、严重程度和破坏性等属性来描述。应

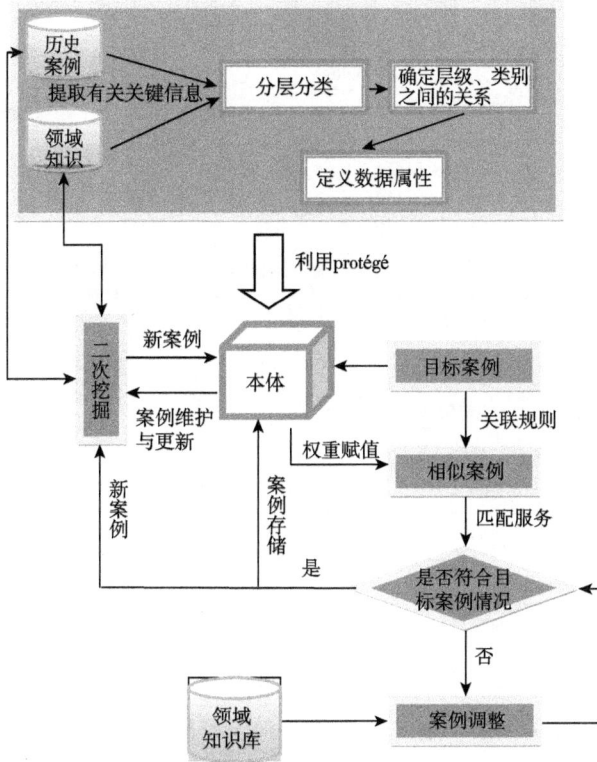

图 2-2　基于领域知识、二次挖掘和案例推理应急模型框架图

急行动知识给出的是应对突发事件所需要采取的行动、应急人员和应急设备等，可用时间、地点、应急人员、应急设备和预警级别等属性来描述。应急决策是基于本体的突发事件领域知识模型的核心，建立该模型的主要目的便在于辅助决策。因此需要用决策目标、应对措施、指定时间、制定者、编制方法、内容等属性来描述。

在这里遵照 Gruber 提出的明确性、一致性、可扩展性、编码偏好程度最小、最小承诺这五条本体构建原则进行建模，建模工具为 protégé，本体描述语言为 OWL。Perez 等总结出突发事件本体知识模型是一个 5 元组，由概念（concept）、函数（function）、关系（relationship）、公理（axiom）和实例（instance）构成，记做 EP=〈C，F，R，A，I〉。

接下来我们将构建应急领域知识的本体模型，模型结构图如图 2-3 所示（刘匡宇，2012）。

针对上述本体模型结构进行分步细化建模，简要列出应急领域知识本体的主要概念结构、关系属性及数据属性。

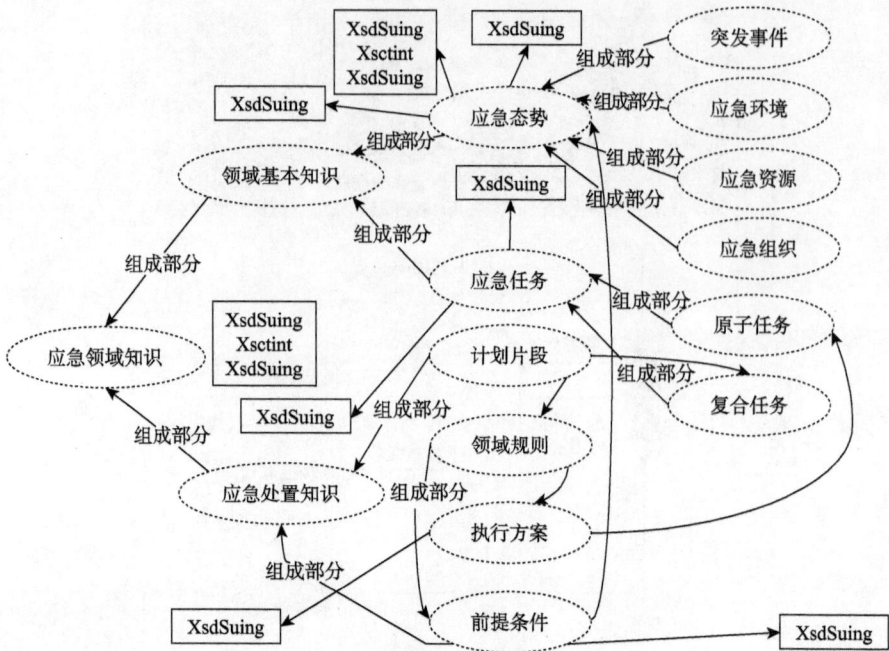

图 2-3　应急领域知识的本体模型结构图

（1）在"突发事件"下建立四个子类，即自然灾害、事故灾难、公共卫生事件、社会安全事件。

突发事件属性需要包括事件名称、事件编号、事件类型、事件等级、事件发生时间、事件发生位置、事件起因、受影响人数、受影响面积、经济损失、事件演化过程。例如，"突发事件"类中建立关系属性"发生场所"，用于描述事件发生时的相关位置信息，包括突发事件发生地点、该事件的扩散和影响范围等。值域是"应急环境"类。建立数据属性"事件状态等级"，用于描述突发事件风险状态等级的评判，值域类型为枚举类型，按突发事件性质、危害程度和涉及范围，将其分为"一般"、"较大"、"重大"和"特别重大"。建立数据属性"经济损失"用于描述突发事件爆发所带来的经济损失具体数额，值域为 Int 型。突发事件结构图如图 2-4 所示。

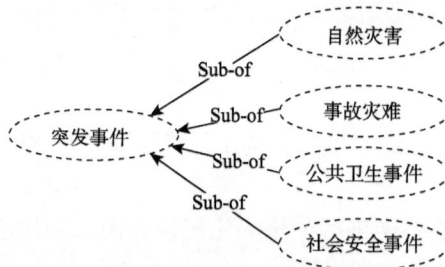

图 2-4　突发事件结构图

（2）在"应急环境"下建立两个子类，即"自然环境"和"社会环境"。"自然环境"分为"水情信息"、"交通信息"、"地质信息"和"气象信息"；"社会环境"分为"行政区划"、"物资储备点"、"灾民集结点"和"灾民安置点"等。"物资储备点"建立关系属性"储备物资"，值域为"应急资源"，用于描述资源储备点所储备的人、财、物等资源情况。应急环境结构图如图 2-5 所示。

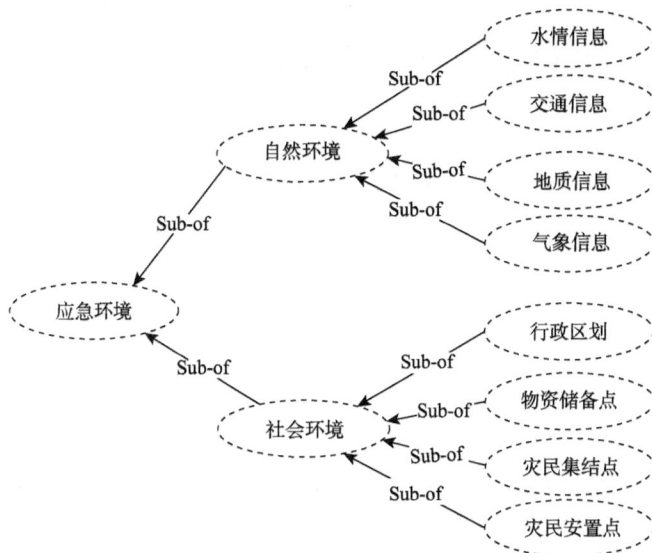

图 2-5　应急环境结构图

（3）应急资源，包括在应急突发事件管理过程中可供决策行动调用的人、财、物等资源。因为财力方面主要体现在物资和人员的费用上，因此只建立两个子类，即"人员资源"和"物力资源"。"人员资源"又可分为"运输队伍"、"抢险队伍"、"仓储队伍"、"医疗队伍"和"警力"等，可根据每个不同的案例情况进行具体划分。"物力资源"主要包括"生命保障物资"、"生活保障物资"、"消耗物资"和"抢险设备设施"。此属性应该包括资源名称、资源编号、资源计量单位、资源所属单位、资源位置、资源所承担的任务、责任人、能力描述、队伍级别、队伍成员数量、物资类型、物资级别、物资数量。例如，"应急资源"建立关系属性"位于"，用于表明所有人、财、物等资源所在的储备位置，值域为"资源储备点"。"物力资源"建立数据属性"物资配给花销"，用于描述购买存储应急物资所需的资金，值域为 Int 型。"人员资源"建立数据属性"资源等级"，用于描述抢险的人力资源的主观等级评价，值域为枚举型，包括"优""良""中""差"，且建立数据类型队伍成员数量，值域为 Int 型。应急资源结构图如图 2-6 所示。

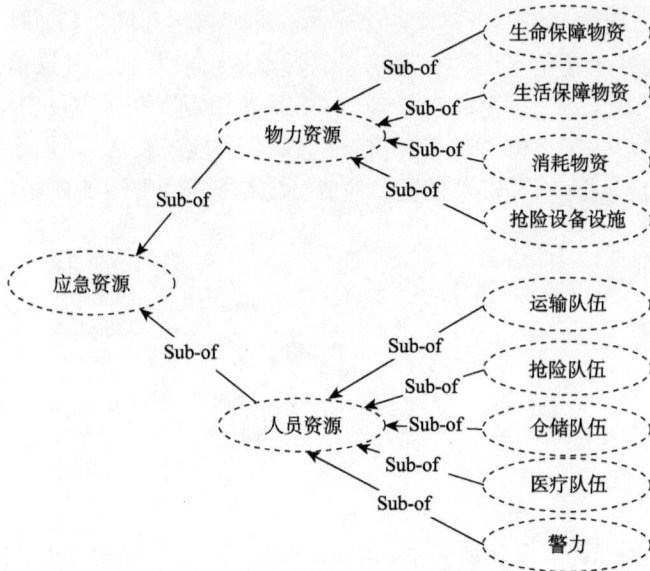

图 2-6　应急资源结构图

（4）应急组织下建立三个子类，即"决策组织"、"辅助决策组织"和"执行组织"。决策组织分为国家级、省部级和地市级的组织。此类属性应包括组织名称、组织编号、行政等级、上级单位、所在地、主管人、涉及任务。应急组织结构图如图 2-7 所示。

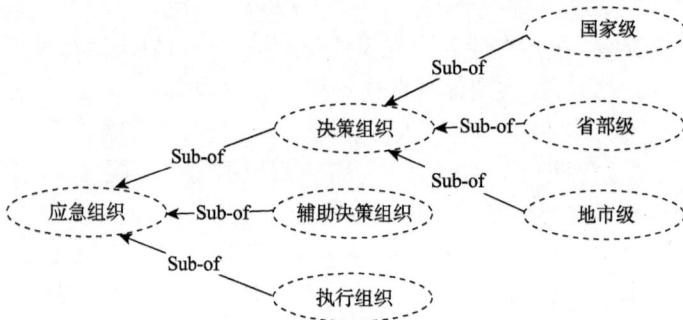

图 2-7　应急组织结构图

（5）基于 HTN 规划的应急响应决策方法能够有效利用应急领域专家知识，因此在"应急任务"下建立两个子类，即"原子任务"和"复合任务"。HTN 规划的基本思想是基于知识将复杂抽象的任务进行逐层分解，直到可以通过执行规划动作就能完成原子任务为止。原子任务的完成不依赖于其他任务的完成度，而只取决于工作流系统中是否存在能完成该任务的资源，并且该资源可否在规定时间内完成该任务。复合任务则是关于原子任务集上的偏序关系，即原子任务发生的先后次序。应急任务形式化描述应为对任务名称、任务类型、任务参数、任务发布时间、执行方、执行时间、执行地点、消耗资源类型、消耗资源数量、任务执行前提、执行效果、任务注释的描述，应急任务下建立数据属性包括"任务名称"、"任务功能"和"执行效果"等，这些属性描述了相应应急任务的名称信息和功能功效。其值域为 String 型。应急任务结构图如图 2-8 所示。

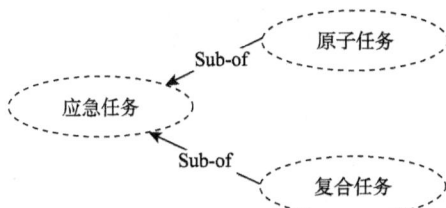

图 2-8　应急任务结构图

（6）计划片段是针对特定的任务，根据目前的状况拟订的一系列应对方案，不同的方案有不同的前提。在计划片段下建立关系属性"需要完成任务"，用于具体表述计划片段要完成的应急任务，其值域为"复合任务"；建立关系属性"在领域规则"，用于描述分解相应复合任务的方法，其值域为"应急领域规则"。计划片段结构图如图 2-9 所示。

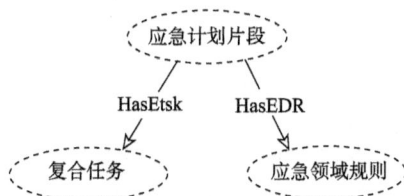

图 2-9　计划片段结构图

（7）领域规则描述为 EDR（emergency domain rules）=（{条件 1，执行方案1}，{条件 2，执行方案2}，…，{条件 n，执行方案 n}），当某个条件被满足时，执行相应的方案。例如，建立关系属性为"前提条件"，值域为"前提条件"；建立关系属性为"执行方案"，值域为"执行方案"。领域规则结构图如图 2-10 所示。

图 2-10　领域规则结构图

（8）前提条件 condition=（cdttype，cdtlevel），代表条件类型是 cdttype，应急等级为 cdtlevel 的前提条件。cdttype 有时间条件、资源条件和突发事件条件，其根据是应急过程中的时间限制、资源限制和突发事件等级。建立关系属性为"条件类型"，其值域为"应急组织"、"应急环境"、"应急资源"和"突发事件"的合集，用于描述目前的情况。根据 cdttype 的时间、资源和突发事件等条件划分 cdtlevel，建立数据属性"条件等级"，值域为 String 型。前提条件结构图如图 2-11 所示。

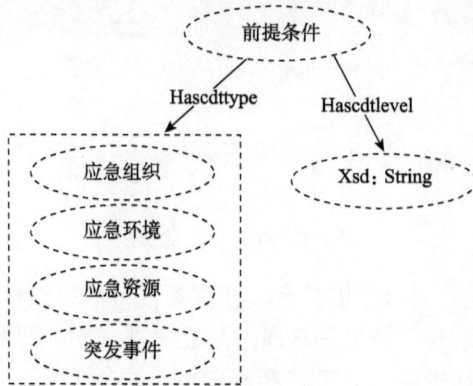

图 2-11　前提条件结构图

（9）执行方案具体描述为 EP（execution plan）=（{行动 1，行动 2，…，行动 n}，行动结构）。{行动 1，行动 2，…，行动 n}代表的是一些原子任务的集合，这个集合是为了实现某一具体目标的复合任务。这里的行动 1 的具体描述参照（5）应急任务的方式。因此建立关系属性"执行应急行动"，值域为"应急原子任务"。而行动结构表示的是集合中各个原子任务之间的关系和执行次序，具体包含串行、并行、选择和循环结构，因此建立数据属性"行动结构"，值域为 String 型。执行方案结构图如图 2-12 所示。

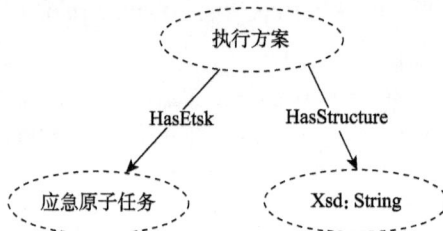

图 2-12　执行方案结构图

2.4.3　基于已构建的领域本体进行的二次挖掘和案例推理

基于已构建的领域本体进行的二次挖掘和案例推理如图 2-13 所示。

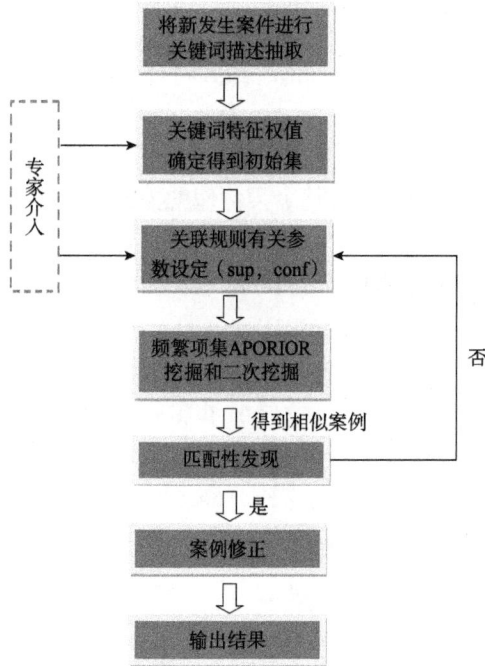

图 2-13　二次挖掘和案例推理示意图

　　根据目标案例中权值比较大的特征属性对案例库中的案例进行分类,初步检索出与目标案例较为匹配的案例候选集;特征权值反映了特征的相对重要程度,因此赋予特征合适的权值是极其重要的。在这里我们主要采用改进的 AHP 算法。

　　首先,由专家打分给出特征属性的初始权值:

$$A = \begin{bmatrix} a_{11} & a_{12} & \cdots & a_{1j} & \cdots & a_{1n} \\ \vdots & \vdots & & \vdots & & \vdots \\ a_{i1} & a_{i2} & \cdots & a_{ij} & \cdots & a_{in} \\ \vdots & \vdots & & \vdots & & \vdots \\ a_{n1} & a_{n2} & \cdots & a_{nj} & \cdots & a_{nn} \end{bmatrix}$$

$$a_{ij} = \begin{cases} 1, & i \text{比} j \text{重要} \\ 0, & i \text{和} j \text{同等重要} \\ -1, & j \text{比} i \text{重要} \end{cases}$$

其次,计算判断矩阵 $\boldsymbol{A}$ 的最优传递矩阵 $\boldsymbol{B}$,其元素 b_{ij} 为

$$b_{ij} = \frac{1}{n} \sum_{k=1}^{n} (a_{ik} + a_{kj}) \tag{2-1}$$

再次,把最优传递矩阵 $\boldsymbol{B}$ 转换为一致性矩阵 $\boldsymbol{C}$,则

$$c_{ij} = e^{b_{ij}} \qquad (2\text{-}2)$$

最后，计算出一致性矩阵 C 的特征值，最大特征值所对应的特征向量即为指标的权重向量。

采用基于关联规则的知识关联挖掘找出最初的决策方式。X 为目标关键词（包括各项属性、类别等），T 为整个案例库的关键词（包括各项属性、类别等），案例全体构成了案例库 D，$|D|$ 代表 D 中的案例数。Y 为决策，且 $X \cap Y = \varnothing$，X 的支持度为 support(X)=count$(X \subseteq T)/|D|$，则

$$\text{support}(X \Rightarrow Y)=\text{count}(X \Rightarrow Y)/|D| \qquad (2\text{-}3)$$
$$\text{confidence}(X \Rightarrow Y)=\text{support}(X \Rightarrow Y)/\text{support}(X) \qquad (2\text{-}4)$$

其中，支持度 support$(X \Rightarrow Y)$ 表示 X 和 Y 共同出现的案例占案例总库的比例，用于衡量 $X \Rightarrow Y$ 在案例库 D 中的显著性。置信度 confidence$(X \Rightarrow Y)$ 表示 $X \Rightarrow Y$ 的条件概率 $P(Y|X)$，用于衡量 $X \Rightarrow Y$ 在目标关键词 X 中的显著性。

对于新加入或减少案例导致的案例库更新，我们可以采用杨君锐提出的 UMSA（Universidad Mayor de San Andrés，即马约尔大学圣安德烈）算法进行重新频繁项集挖掘。

通过专家介入设置阈值 $\text{SUP}_{\min}$（最小支持度）和 $\text{CONF}_{\min}$（最小置信度），如果 $X \Rightarrow Y$ 同时满足 $\text{SUP}_{\min}$ 和 $\text{CONF}_{\min}$，那么就认为二者之间有强关联性。

基于已构建的领域本体的数据挖掘匹配服务的基本思想主要是在已经进行好数据初次挖掘的信息中找出与用户所需求的契合度最高的结果。而这个契合度来自于概念之间的相似性和相关性。刘群和李素建（2002）认为相似性是指概念之间的聚合性，如"人们"和"人类"有一定的相似性，"洪水"和"发大水"有一定的相似性。相关性则反映概念之间的组合特点，定义为概念之间相互关联的关系，体现概念之间的依赖关系。就像前文本体构建一样，属性和属性、属性和类别之间有不同的关系。相似是指有类似的特征，很大程度上受到人的主观因素的影响。相关则是自然界中存在的普遍规律，一般不受到个人主观因素的影响，只受到人们认识水平的影响。

假设有以下两个结构图 G_1 和 G_2（图 2-14），那么交集则为 G_C 部分，$G_C = G_1 \cap G_2$，其相似度便被定义为概念相似度 s_c 和关系相似度 s_r。

$$s_c = \frac{2n(G_C)}{n(G_1) + n(G_2)} \qquad (2\text{-}5)$$

其中，$n(G_1)$、$n(G_2)$、$n(G_C)$ 分别是结构图 G_1、G_2、G_C 中概念的节点数（图 2-15）。

$$s_r = \frac{2m(G_C)}{m(G_1) + m(G_2)} \qquad (2\text{-}6)$$

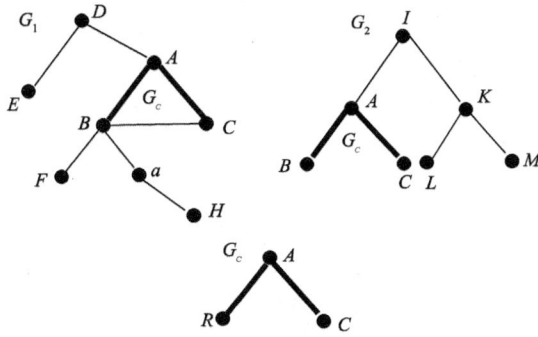

图 2-14 结构图示意图

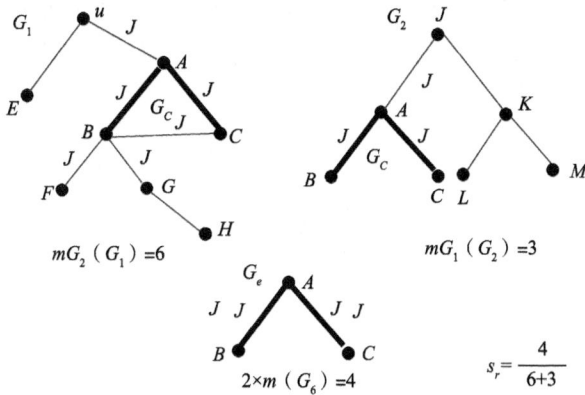

图 2-15 节点数示意图

其中，$m(G_C)$ 表示结构图 G_C 中的边数；$m(G_1)$、$m(G_2)$ 分别表示结构图 G_1、G_2 中至少有一端与结构图 G_C 相连的边数。

除了上述这个一般的方式，还有一种方式可用来计算相似性。对于两个词语 W_1 和 W_2，相似度为 Sim（W_1，W_2），词语距离为 Dis（W_1，W_2）。根据 Surdeanu 等（2003）定义的一个转换关系：

$$\text{Sim}(W_1, W_2) = \frac{\alpha(l_1 + l_2)}{[\text{Dis}(W_1, W_2) + \alpha]\text{Max}(|l_1 - l_2|, 1)} \tag{2-7}$$

其中，α 是相似度为 0.5 时的词语距离值，但它是一个可调节的参数；l_1、l_2 是 W_1、W_2 分别所处的本体语义树的层次。词语路径一般由大规模的语料库进行统计得出。

因此根据刘群提出的基于义原来计算概念的相似度模型，将一句完整的语义表达式的整体相似度记为

$$\text{Sim}(S_1, S_2) = \sum_{i=1}^{4} \beta_i \prod_{j=1}^{i} \text{Sim}_j(S_1, S_2) \tag{2-8}$$

其中，β_i 部分需要领域专家进行干预参与制定，使其各部分权重显示更为合理。

它将完整的语义表达式分为以下四个部分。

第一独立义原：两个概念的这一部分相似度记为 $\mathrm{Sim}_1(S_1, S_2)$。

其他独立义原：语义表达式中除了第一独立义原以外的所有其他独立义原，这一部分的相似度记为 $\mathrm{Sim}_2(S_1, S_2)$。

关系义原：语义表达式中所有用关系描述的部分，这一部分相似度记为 $\mathrm{Sim}_3(S_1, S_2)$。

符号义原：语义表达式中所有用符号描述的部分，这一部分相似度记为 $\mathrm{Sim}_4(S_1, S_2)$。

若发现结果满意，则可采取所挖掘出的应急对策方式，同时根据目前情况进行微调，得到最适宜目前情况的修正之后的案例。案例调整和修改是针对特定的领域知识来进行的，因此不存在普遍的适用方法。

第3章 突发事件局域网络演化理论与模型

通过对非常规突发事件传播的生命周期特性分析可以得出非常规突发事件具有产生的瞬间性、爆发的偶然性、发展趋势的危急性、危害的重大性等基本特征（韩智勇等，2009）。因此，非常规突发事件从发展速度和社会关注程度来说，进程极快，从预兆、萌芽、发生、发展、高潮，到最后平息结束，周期之短暂、爆发和蔓延速度之迅速，令人难以预料。针对非常规突发事件上述演变规律，基于生命周期理论，在可预测和估计的周期段内，非常规突发事件演变过程可视为遵循发展、成长、成熟、衰退这四个演化阶段，符合生命周期曲线的发展轨迹。因此，针对具有非线性特征的非常规突发事件复杂系统，利用网络理论分别从信息传播主体和突发事件客体视角研究非常规突发事件传播的内在机理，构建非常规突发事件网络演化模型，并对演化模型进行解析和模拟仿真，研究非常规突发事件传播的规律特征，对应急管理部门构建"情景-应对"型应急管理模式具有重要意义。

然而现有研究中对非常规突发事件传播演化规律的研究则相对较少，仅有的部分研究主要基于以下两个研究视角：其一，基于新闻传播学和社会学视角的非常规突发事件传播模式研究（李志宏等，2007）；其二，基于动力学模型，对传播现象进行建模研究（Watts et al.，2002；Watts，2003）。

为从宏观的角度定量研究非常规突发事件的演化规律并以此找出其内在的隐藏属性，本章提出一种新型的基于局域世界的非常规突发事件的新型网络演化模型。该网络演化模型不仅考虑了突发事件的增长和演化，并且全面地将突发事件网络局域世界（local-world）的增长、演化以及局域之间的联系纳入考虑范围。实际上，局域世界代表某一类特定的、相似的突发事件的集合，该局域世界内部联系比较密切，并且局域内与局域外仍然有连接，只是这个连接相对比较弱。因此这种基于局域世界的非常规突发事件加权网络具有更大的实际意义，它不仅能反映事件之间的网络管理结构，还能反映现实事件在时间维度上的动力学特征。

3.1 复杂网络与现实世界

3.1.1 复杂网络研究简史

以复杂网络为工具对现实世界的各种问题进行分析解决已经成为一个热门的课题。我们生活在一个充满了复杂多变的网络的世界，每当我们连线进入互联网和万维网（world wide web，WWW）时，常常会感叹现实世界的丰富多彩。而我们或许没有察觉到，互联网和万维网其实每时每刻都在加速增长和扩张。事实上，今天的人类活动和日常生活已经完完全全地融入被众多复杂网络环絮的世界中。我们通过远程通信网络互相传递信息，搭乘飞机通过庞大的网状航线到达世界任何一个角落，科学家之间富有成效的密切合作在不断推动着人类科学的进步，人类与其他生物体共存的生态系统中食物链复杂交错，甚至于在我们每个人体内，相互作用的蛋白质之间也是由一个复杂的网络结构联系而成的。20世纪90年代以来，以互联网为代表的信息技术的迅猛发展使人类社会大步迈入了网络时代。从互联网到万维网，从大型电力网络到全球交通网络，从生物体中的大脑到各种新陈代谢网络，从科研合作网络到各种经济、政治、社会关系网络等，可以说，人们已经生活在一个充满着各种各样的复杂网络的世界中。人们生活的各个领域分布着各种复杂网，如各种交通运输网、电视通信网、科学家合作网、演员合作网、各种语言文字网。网络无处不在，充满了整个自然界和社会，我们就生活在一个充满着各种各样的复杂网络的世界中（Strogatz，2001；Watts et al.，2002；Watts，2003；Li and Maini，2005）。

复杂网络理论所要研究的则是各种看上去互不相同的复杂网络之间的共性和处理它们的普适方法。从20世纪末开始，复杂网络研究正渗透到数理学科、生命学科和工程学科等众多不同的领域，对复杂网络的定量与定性特征的科学理解已成为网络时代科学研究中一个极其重要的挑战性课题，甚至被称为网络的新科学（new science of networks）。一般而言，网络系统的复杂性体现在以下几个方面。

（1）结构复杂性。网络连接结构看上去错综复杂、极其混乱，而且网络连接结构是随时间变化的。例如，万维网上每天都不停地有页面和链接的产生和删除。此外，节点之间的连接可能具有不同的权重、方向或符号。例如，神经系统中的突触有强有弱，可以是抑制的也可以是兴奋的。

（2）节点复杂性。网络中的节点的组合可能是具有分岔和混沌等复杂非线性行为的动力系统。例如，基因网络和蛋白质网络（图 3-1）中每个节点都具有复杂的时间演化行为。而且，一个网络中可能存在多种不同类型的节点。例如，控制哺乳动物中细胞分裂的生化网络就包含各种各样的基质和酶。

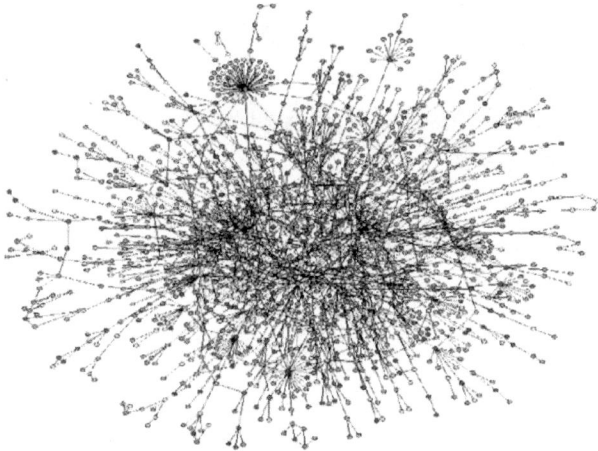

图 3-1　蛋白质相互作用网络结构示意图

资料来源：Albert 等（1999）

（3）各种复杂性因素的相互影响。例如，耦合神经元被重复地同时激活，那么它们之间的连接就会加强，这被认为是记忆和学习的基础。此外，实际的复杂网络还会受到各种各样的外界因素的影响和作用，各种网络之间也存在密切的联系，这使得对复杂网络的分析变得更为困难。

大量研究发现，网络的拓扑结构决定网络所具有的特性（Bernard，2005；晏谢飞和邹云，2009；海波和童星，2009），这使研究网络的拓扑结构有着不同寻常的重要意义。20 世纪 60 年代，由两位匈牙利数学家 Erdös 和 Rényi 建立的随机图理论（random graph theory）被公认为是在数学上开创了复杂网络理论的系统性研究。在 Erdös 和 Rényi 研究的随机图模型（ER 随机图）中，任意两个节点之间有一条边相连接的概率都为 p，因此，一个含 N 个节点的 ER 随机图中边的总数是一个期望值为 $p[N(N-1)/2]$ 的随机变量。由此可以推得，产生一个有 N 个节点和 M 条边的 ER 随机图的概率为 $p^M(1-p)^{N(N-1)/2-M}$。Erdös 和 Rényi 系统性地研究了当 $N \to \infty$ 时，ER 随机图的性质（如连通性等）与概率 p 之间的关系。他们采用了如下定义：几乎每一个 ER 随机图都具有性质 Q，如果当 $N \to \infty$ 时产生具有性质 Q 的 ER 随机图的概率为 1。Erdös 和 Rényi 的最重要的发现是：ER 随机图的许多重要的性质都是突然涌现的。也就是说，对于任一给定的概率 p，要么几乎每一个图都具有某个性质 Q（如连通性），要么几乎每一个图都不具有该性质。ER

模型用随机图来描述网络的拓扑结构，从而建立了一套用概率方法研究随机图结构的理论，为复杂网络理论的研究奠定了数学理论基础，是复杂网络研究中的一个重要突破（Anthony and Wang，2005；荣莉莉和杨永俊，2009；周进军等，2009）。随机图理论研究的主要问题是确定随机图产生某种特定性质的概率值。用随机图理论来研究复杂网络持续了几十年，但是近年来大量的观察、统计结果发现：现实世界中的网络既不是完全规则的也不是完全随机的，实际复杂网络具有较高的集团系数和较小的最短路径，即呈现出小世界的特性（六度分离理论）（Milgram，1967；Strogatz，2001；Watts et al.，2002；Watts，2003；Li and Maini，2005；李志宏等，2007；杨继君等，2008），而且度分布遵从幂律（Power Law）分布（Barabási and Albert，1999；Newman and Watts，1999a；Albert and Barabási，2002）。

ER 随机图虽然具有小的平均路径长度但没有高聚类特性。因此，这两类网络模型都不能再现真实网络的一些重要特征，毕竟大部分实际网络像万维网和人际关系网络既不是完全规则的，也不是完全随机的。作为从完全规则网络向完全随机图的过渡，Watts 和 Strogatz 于 1998 年引入了一个有趣的小世界网络模型，我们称为 WS 小世界模型。WS 小世界模型的构造算法如下。

（1）从规则图开始：考虑一个含有 N 个节点的最近邻耦合网络，它们围成一个环，其中每个节点都与它左右相邻的各 $K/2$ 个节点相连，K 是偶数。

（2）随机化重连：以概率 p 随机地重新连接网络中的每个边，即将边的一个端点保持不变，而另一个端点取为网络中随机选择的一个节点。其中规定，任意两个不同的节点之间至多只能有一条边并且一个节点不能有边与自身相连。

在 WS 小世界模型中，$p=0$ 对应于完全规则网络，$p=1$ 对应于完全随机网络，通过调节 p 值就可以控制从完全规则网络到完全随机网络的过渡。

WS 小世界模型构造算法中的随机化过程有可能破坏网络的连通性。为了避免"断键重连"方法会把整个网络断成不连接的几个部分的可能性，Newman 和 Watts（1999b）提出了改进的小世界模型生成算法，即 NW 小世界网络模型。该模型是通过用"随机化加边"取代 WS 小世界模型构造中的"随机化重连"而得到的，具体构造算法如下。

（1）从规则图开始：考虑一个含有 N 个节点的最近邻耦合网络，它们围成一个环，其中每个节点都与它左右相邻的各 $K/2$ 个节点相连，K 是偶数。

（2）随机化加边：以概率 p 在随机选取的一对节点之间加上一条边。其中，任意两个不同的节点之间至多只能有一条边，并且一个节点不能有边与自身相连。

NW 小世界模型具有和 WS 小世界模型类似的小世界特性，不过它们的度分布和随机网络一样，都是服从泊松分布，该分布在度的均值处有一个峰值，在两侧呈指数衰减，因此这样的网络也被称为指数网络。而大量的对现实复杂网络的统计结果表明，实际复杂网络的度分布服从幂律分布。为了解释这种幂律分布产生的机理，

Barabási 和 Albert 在 1999 年提出了 Scale-Free 网络模型，即 BA 无标度网络模型。他们认为以前的许多网络模型都没有考虑到实际网络的如下两个重要特性。

（1）增长（growth）特性，即网络的规模是不断扩大的。而现实网络是由持续不断地向网络加入新的节点演化而成的，最典型的是科学家合作网络和万维网，如每个月都会有大量新的科研文章发表，而万维网上则每天都有大量新的网页产生，这些网络的规模由于不断地有新节点的加入而增大。

（2）优先连接（preferential attachment）性，即新加入的节点更倾向于与那些具有较高连接度的节点相连接。这种现象也称为"富者更富"（rich get richer）或"马太效应"（Matthew effect）。以万维网连接为例，人们在选择将网页连接到何处时，理论上可以从上亿个网站中进行选择，但大部分人只熟悉整个万维网的一小部分，如雅虎（Yahoo）、美国有线电视新闻网（Cable News Network）主页，这一小部分中往往包含那些拥有较多连接的网站，只要连接到这些站点，就等于造就或加强了对它们的偏好。

计算机模拟仿真表明，BA 模型的度分布确实为幂律分布（Albert et al.，1999；Barabási and Albert，1999；Albert and Barabási，2002）。自 WS 小世界网络模型和 BA 无标度网络模型的开创性工作提出以来，科学与工程各个领域掀起了关于复杂网络研究的热潮（Monasson，1999；Adamic et al.，2001；Barabási，2003；Jones and Handcock，2003）。

3.1.2　加权局域世界演化网络模型的研究现状

在对互联网的研究中发现，计算机网络是基于域-路由器的结构来组织管理的，一台主机通常只与同一域内的其他主机相连，而路由器则代表它内部域的主机与其他路由器相连。其中，优先连接机制不是对整个网络，而是在每个节点各自的局域世界中有效。在对世界贸易网（world trade web）的研究中发现，全局的优先连接机制并不适用于那些只与少数（小于 20 个）国家有贸易往来关系的国家。在这个贸易网中，一个节点就代表一个国家；两个国家之间有贸易关系，则相应两个节点之间存在连接边。研究表明，许多国家都致力于加强与各自区域经济合作组织内部的国家之间的经济合作和贸易关系（Surdeanu et al.，2003）。这些组织包括欧盟（European Union，EU）、东盟（Association of Southeast Asian Nations，ASEAN）和北美自由贸易区（North American Free Trade Area，NAFTA）等。在世界贸易网中，优先连接机制是存在于某些区域经济体中的。另一个例子则是由 Dayhoff 等（1983）提出的蛋白质的族系（family）和超族系（superfamily）的概念，这里族系被定义为一组相关的蛋白质序列，而超族系则包括两个或者更多相关联的族系。这几个例子的共同之处在于，优先连接机制不是对整个网络，而是对每个节点各自的局域世界有效。这里的局域世界概念可以是实体化的世界贸易网中的区域经济合作组织、计算机网络中的域、蛋白质间相互作用网络中的族系或超族系。类似的，甚至在人们的社团组织中，每一个人实际上生活在各自的局域世界里。每个人各自接受着不同的信息，具有不同的判断力，有着各自不同的世界观；每一个人也有着各自的亲朋好友和个人的社会关系群体。此外，在信息急剧膨胀的今天，每一个人所能获得的信息都是有限和局部的。所有这些都说明，在诸多实际的复杂网络中存在着局域世界。

BA 无标度网络模型通过计算每一个节点的优先连接概率，由此得到幂律形式的网络度分布。然而，在许多现实的网络中，由于局域世界连接性的存在，每一个节点都有各自的局域世界，因而也只占有整个网络的局部连接信息。国内外有很多学者提出用局域优先连接的网络来有效刻画这种现象。其中最著名的是 Li 和 Chen 在 2003 年提出了局域世界演化网络模型（local-world evolving network model）（Li and Chen，2003）。模型的构造算法如下。

（1）增长：网络初始时有 m_0 个节点和 e_0 条边。每次新加入 1 个节点和 m 条边。

（2）局域世界优先连接：随机从网络已有的节点中选取 M 个节点（ $M \geq m$ ），作为新加入节点的局域世界。新加入的节点根据优先连接概率

$$\Pi_{\mathrm{Local}}(k_i) = \Pi'(i \in \mathrm{LW}) \frac{k_i}{\sum_j {}_{\mathrm{Local}} k_j} \equiv \frac{M}{m_0 + t} \frac{k_i}{\sum_j {}_{\mathrm{Local}} k_j} \tag{3-1}$$

来选择与局域世界中的 m 个节点相连。

在每一时刻，新加入的节点从局域世界中按照优先连接原则选取 m 个节点来连接，而不是像 BA 无标度网络模型那样从整个网络中来选择。构造一个节点的局域世界的法则因实际不同的局域连接性而不同，上述模型中只考虑随机选择的简单情形。

显而易见，在 t 时刻， $m \leq M \leq m_0 + t$ 。因此，上述局域世界演化网络模型有两个特殊情形： $M = m$ 和 $M = m_0 + t$ 。

当 $M = m$ 时（极端情况 1），新加入的节点与其局域世界中所有的节点相连接，这意味着在网络增长过程中，优先连接原则实际上已经不发挥作用了。这等价于 BA 无标度网络模型中只保留增长机制而没有优先连接时的特例。此时，第 i 个节点的度的变化率为

$$\frac{\partial k_i}{\partial t} = \frac{m}{m_0 + t} \tag{3-2}$$

网络度分布服从指数分布

$$P(k) \sim \mathrm{e}^{-\frac{k}{m}} \tag{3-3}$$

当 $M = m_0 + t$ 时（极端情况 2），在这种特殊情形下，每个节点的局域世界其实就是整个网络，并且随着时间的增长而增长。因此，局域世界演化网络模型此

时完全退化到 BA 无标度网络模型。

当 $m \leqslant M \leqslant m_0 + t$ 时，网络处于一般情况，局域世界演化网络模型的度分布当然会呈现指数分布和幂律分布的区别。Li 和 Chen 证明了：这时，如果局域世界演化网络模型规模 M 被固定到一个远大于 m 的常数，则该模型同样具有与 BA 无标度网络模型相近的无标度特征，即 $P(k) \sim 2m^2 k^{-3}$。

在此之后，人们又进一步提出了很多模型来刻画实际网络的局域连接特性。陈关荣等在 2005 年提出了用来模拟互联网的多局域世界（multi-local-world，MLW）网络模型（Chen et al.，2005）。MLW 模型很好地反映了互联网的局域世界特性，且刻画了节点的连接度幂律分布和网络的层次结构，幂律指数和聚类系数与实际值相当，模型得到了比较好的数据支持，很好地反映了互联网的拓扑特征。刘慧等（2006）研究了局域权值演化，并为其建立了 WDLW（weight-driven local world，即加权多局域世界）模型，此模型不仅考虑了网络拓扑对网络的影响，也考虑了权值在多个局域世界演化过程中对网络的影响。

另外，加权网络也具有很强的实际意义，它不仅能反映实际网络的拓扑结构，而且能反映真实网络上的动力学特征。例如，在交通网中，边权反映道路的交通流量情况，边权过大时会出现拥塞现象，可能会影响网络的拓扑增长等；在科学家合作网中，边权可表示两个科学家合作发表了多少篇文章；在互联网中，边权可以表示两个路由器之间的流通量；等等。

不过，目前对于加权网络的研究工作开展较少，在上述工作的基础上，尤其是多局域世界模型的启发下，将局域世界演化网络模型推广到加权局域世界模型中，不但考虑了局域内不断增加新节点和新边、局域之间不断增加新的连接，以及新的局域的添加，而且考虑了局域内和局域间连接的权重的不同。实际上，对于局域世界模型只有考虑了边权和节点的强度才能更真实地反映实际复杂系统。该模型符合现实中的更多系统，如软件系统、航空网络、互联网等，所以要更加贴切地深入研究复杂网络的各种性质，有必要先建立一个更加符合实际复杂网络中节点连接有向性的网络模型。这是目前复杂网络建模研究的发展方向和趋势。

3.2　WDLW 模型的生成算法

非常规突发事件在演化中本质上呈现出主体事件和客体事件相互作用的一个系统过程，非常规突发事件自身的演变发展过程同样有助于非常规突发事件的传播。因此，应当从事件主体之间的关联和时间演化两个维度构建网络演化模型，以挖掘非常规突发事件传播的内在规律。其中不同类型的事件集合可以表示为局域世界网络（Strogatz，2001），其内部的链接密度要远高于局域世界之间的链接密度（不同类型的突发事件）。针对非常规突发事件传播网络的演化特征，本章以网络演化模型的节点代表特定的突发事件，以连边代表事件主体之间的关联性（加权网络中可将关联性定义为突发事件间的相似程度），将非常规突发事件传播系统表示为一个网络。网络的初始状态为 m_0 个孤立固定的、内部均有 m 个节点和 e_0 条边的局域世界网络，并给每条边赋予初始权值 1。取初始的局域世界网络为加权 BA 网络。

网络拓扑的增长过程分为 5 步。

（1）新局域世界的增长：以概率 p_1 增加一个有着 m 个节点、e_0 条边的局域世界网络 Ω_1，将新局域 Ω_1 加入原有加权 BA 网络，同时赋予 Ω_1 一个唯一的标号。

（2）新节点的添加：以概率 p_2 添加一个新节点 v 到一个已存在的局域世界 Ω_2，与其内部的节点建立 m_1 条链接，其中局域世界的选取是随机的。根据强度优先概率

$$p(i) = \frac{s_i}{\sum_{j \in \mathrm{Local}} s_j} \tag{3-4}$$

在局域内选取节点 i 与新节点 v 相连并以 BBV 链接的方式（Li and Maini，2005；Petrov S V and Petrov V F，2007）进行权值演化（图 3-2），每次新增边的权值为 1，不允许重连。

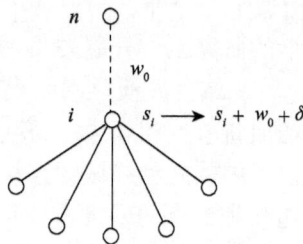

图 3-2　BBV 网络权值演化

通过前两步的演化，经过 t 步，每个局域内的平均节点数为

$$M = \frac{m_0 m + p_1 m_0 t + p_2 t}{m_0 + p_1 t} = \frac{Ft + m_0 m}{m_0 + p_1 t} \tag{3-5}$$

其中，$F = p_1 m_0 + p_2$。

（3）新链接的添加：以概率 p_3 在一个随机选取的局域世界 Ω_3 内部添加 m_2 条链接，其中链接的一端点在 Ω_3 内随机选取，概率为 $q(i) = \frac{1}{M}$，另一端点在 Ω_3 内根据强度优先概率 [式（3-4）] 选定，允许重连。若重连，则按此种方式连接的边，边权 w_{ij} 增加 1；若不是重连，则按此种方式增加新边，新增边权值 w_{ij} 赋为 1。

（4）旧链接的删除：以概率 p_4 在一个随机选取的局域世界 Ω_4 内部删除 m_3 条链接 $e = uv$，其中链接的一端 u 以概率 $r(i) = u_1 p(i) + u_2 q(i)$（$u_1 + u_2 = 1$）选取，链接的另一端 v 随机选取。

（5）局域间添加链接：以概率 p_5 在两个随机选取的局域世界 Ω_5 和 Ω_6 间添加 m_4 条链接，链接的一端按照强度优先概率（3-4）在 Ω_5 和 Ω_6 内任意选取，另一端随机选取，允许重连。若重连，则按此种方式连接的边，边权 w_{ij} 增加 a；若不是重连，则按此种方式连接的边，边权 w_{ij} 赋予 a。其中，各个概率满足 $p_1 + p_2 + p_3 + p_4 + p_5 = 1$。

可以推测出，经过 t 次增长过程之后，网络中共有 $m_0 m + p_3 t$ 个节点和 $m_0 e_0 + (p_1 e_0 + p_2 m_1 + p_3 m_2 - p_4 m_3 + p_5 m_4)t$ 条边，且当 $p_1 = 0, p_3 = 0, p_4 = 0, p_5 = 0$ 且 $\delta = 0$ 时，为加权 BA 网络，强度分布的幂律系数 γ 为 3，且对于所有的节点 i 都有 $k_i \approx s_i$；为验证其合理性，本章给出了节点强度的动力学方程。

3.3　加权局域世界模型的强度分析计算

根据加权局域网络的生成算法，本章用平均场理论分别给出其中五步的强度的动力学公式，公式如下：

$$\frac{\partial s_i}{\partial t} = 0 \tag{3-6}$$

$$\frac{\partial s_i}{\partial t} = p_2 \frac{m_1}{m_0 + p_1 t}(2\sigma + 1)\frac{s_i}{\sum\limits_{j \in \text{Local}} s_j} \tag{3-7}$$

$$\frac{\partial s_i}{\partial t} = p_3 \frac{m_2}{m_0 + p_1 t}\left(\frac{s_i}{\sum\limits_{j \in \text{Local}} s_j} + \frac{1}{M}\right) \tag{3-8}$$

$$\frac{\partial s_i}{\partial t} = -p_4 \frac{m_3}{m_0 + p_1 t}\left[\left(u_1 \frac{s_i}{\sum\limits_{j \in \text{Local}} s_j} + u_2 \frac{1}{M}\right) + \frac{1}{<k>}\right] \tag{3-9}$$

$$\frac{\partial s_i}{\partial t} = \frac{p_5 a m_4 s_i}{\sum\limits_{j \in \text{Local}} s_j}\left(\frac{1}{m_0 + p_1 t} + \frac{1}{m_0 + p_1 t - 1}\right) \approx \frac{2 p_5 a m_4}{m_0 + p_1 t}\frac{s_i}{\sum\limits_{j \in \text{Local}} s_j} \tag{3-10}$$

综合 1~5 步，总的强度变化为

$$\frac{\partial s_i}{\partial t} \approx \frac{1}{m_0 + p_1 t}\left(C\frac{s_i}{\sum_{j \in \text{Local}} s_j} + D\frac{1}{M} \right) \qquad (3\text{-}11)$$

其中，$C = p_1 e_0 + p_2(2\delta + 1)m_1 + p_3 m_2 - p_4 m_3 + ap_5 m_4$。

$$D = p_3 m_2 - p_4 m_3\left(1 + \frac{M}{<k>}\right) \qquad (3\text{-}12)$$

在 t 时刻，网络中新增的总的强度对所有的局域世界网络取平均，则

$$\sum_{j \in \text{Local}} s_j = \frac{t\left[p_1 e_0 + p_2(\delta + 1)m_1 + p_3 m_2 - p_4 m_3 + ap_5 m_4 \right]}{m_0 + p_1 t} = \frac{Et}{m_0 + p_1 t} \qquad (3\text{-}13)$$

其中，设 $E = p_1 e_0 + p_2(\delta + 1)m_1 + p_3 m_2 - p_4 m_3 + ap_5 m_4$。

在 t 时刻，网络中总的节点数对所有的局域世界网络取平均，则

$$\frac{\partial s_i}{\partial t} \approx \left(s_i\frac{C}{Et} + \frac{D}{Ft} \right) = \left(s_i\frac{A}{t} + \frac{B}{t} \right) \quad (\text{当 } t \to \infty \text{ 时}) \qquad (3\text{-}14)$$

其中，设 $\dfrac{C}{E} = A$，$\dfrac{D}{F} = B$。

因为 $A \neq 0$，开始条件为 $s_i(t_i) = m_1$，所以可得

$$s_i(t) = -\frac{B}{A} + \left(m_1 + \frac{B}{A} \right)\left(\frac{t}{t_i} \right)^A \qquad (3\text{-}15)$$

进一步，由于节点 i 的时间概率密度为

$$p_i(t) = \frac{1}{m_0 m + t\left[1 + (m_0 - 1)p_1\right]} \qquad (3\text{-}16)$$

因此，可以将 $s_i(t)$ 小于 s 的节点的概率 $P(s_i(t) < s)$ 写为

$$P(s_i(t) < s) = P\left[t_i > t\left(\frac{m_1 + B/A}{s + B/A} \right)^{1/A} \right] \qquad (3\text{-}17)$$

得到强度的概率分布为

$$P\left[t_i > t\left(\frac{m + B/A}{s + B/A} \right)^{1/A} \right] = 1 - \frac{t}{\left[3m_0 + (1 + 2p_1)t \right]}\left(\frac{m_1 + B/A}{s + B/A} \right)^{1/A} \qquad (3\text{-}18)$$

于是节点强度为 s 的概率为

$$p(s) = \frac{\partial P(s_i < s)}{\partial s} = \frac{t}{\left[3m_0 + (1 + 2p_1)t \right]}\frac{(m_1 + B/A)^{1/A}}{A(s + B/A)^{1+1/A}} \qquad (3\text{-}19)$$

从而当 t 足够大时，强度分布近似为

$$p(s) \approx \frac{1}{1 + 2p_1}\frac{(m_1 + B/A)^{1/A}}{A(s + B/A)^{1+1/A}} \qquad (3\text{-}20)$$

由式（3-20）可知，该模型的强度的分布为幂律分布，幂律系数 $\gamma = 1 + 1/A$，其中，

$$A = \frac{C}{E} = \frac{p_2 m_1(1+\delta) + p_3 m_2 u_1 - p_4 m_3 + 2ap_5 m_4}{p_1 e_0 + p_2 m_1(1+\delta) + p_3 m_2 - p_4 m_3 + ap_5 m_4} \tag{3-21}$$

从 A 的形式可以看出，幂律系数的大小与初始网络的种类无关，而且当 $p_1 = 0, p_3 = 0, p_4 = 0, p_5 = 0$ 且 $\delta = 0$ 时，幂律系数 γ 为 3，这和加权 BA 网络是一致的，因此符合分析结果，证明了推导的正确性。

我们进一步分析两个重要的统计性质：期望值 $E(s)$ 和方差值 $D(s)$。假设强度 s 的最大值为 $s_{\max}$，最小值为 1，那么

$$E(s) = \int_1^m sR\left(s+\frac{B}{A}\right)^{-\gamma} \mathrm{d}s = \frac{R}{1-\gamma}\left[s\left(s+\frac{B}{A}\right)^{1-\gamma}\bigg|_1^{s_{\max}} - \frac{\left(s+\frac{B}{A}\right)^{2-\gamma}}{2-\gamma}\bigg|_1^{s_{\max}}\right] \tag{3-22}$$

$$\begin{aligned} D(s) = &\frac{R}{1-\gamma}\left[s^2\left(s+\frac{B}{A}\right)^{1-\gamma}\bigg|_1^{s_{\max}} - \frac{2\left(s+\frac{B}{A}\right)^{2-\gamma}}{2-\gamma}\bigg|_1^{s_{\max}}\right] \\ &- \left\{\frac{R}{1-\gamma}\left[s\left(s+\frac{B}{A}\right)^{1-\gamma}\bigg|_1^{s_{\max}} - \frac{\left(s+\frac{B}{A}\right)^{2-\gamma}}{2-\gamma}\bigg|_1^{s_{\max}}\right]\right\}^2 \end{aligned} \tag{3-23}$$

假设 m 的值变化不大，而且 γ 变化范围为 2~3，我们可以发现期望值 $E(s)$ 和方差值 $D(s)$ 随着 γ 的增大而增大。实际上，这个结果可以从 WDLW 模型的无标度性质中发现：在无标度网络中，幂律系数 γ 越大，大强度节点和小强度节点的强度的差距越大，因此根据定义，强度的期望值 $E(s)$ 和方差值 $D(s)$ 也随之增大。

3.4　实验模拟与结果分析

3.4.1　验证理论推导的正确性

为了验证上述对强度分布推导的正确性，我们对 WDLW 模型进行实验模拟，图 3-3 和图 3-4 是为了证明式（3-17）的正确性。图 3-3（a）为节点数为 5 000、

初始局域网络规模 $m=30$ 的加权局域网络的强度分布图、度势相关、权值分布图和度分布图。其中，$p_1=p_3=p_4=p_5=0$、$e_0=60$、$m_1=m_2=m_4=3$、$m_3=2$、$a=10$、$u_1=0.55$、$u_2=0.45$、$\delta=1$。图 3-3（b）为节点数为 5 000、初始局域网络规模 $m=30$ 的加权局域网络的强度分布图。其中，$p_1=p_3=p_4=p_5=0$、$e_0=60$、$m_1=m_2=m_4=3$、$m_3=2$、$a=10$、$u_1=0.55$、$u_2=0.45$、$\delta=0$。此时的加权局域网络相当于加权 BA 网络。从图 3-3（b）可以看出，度分布的模拟值和理论值较为符合且幂律系数为 3。

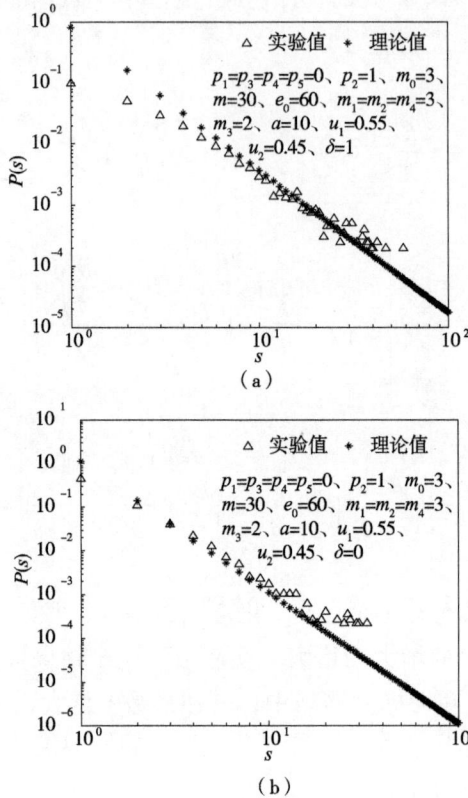

图 3-3　理论值和实验值示意图（一）

图 3-3（a）和图 3-3（b）展示了两种不同参数下的 WDLW 网络的理论值和实验值的对比情况。两种情况的节点数都为 5 000，结果取 100 次独立结果的平均。从结果可以发现，理论值和实验值能取得很好的一致

下面分别模拟节点数为 5 000、初始局域网络规模 $m=30$ 的两个 WDLW 网络，其中，图 3-4（a）为网络特征为 $p_1=0.01$、$p_2=0.49$、$p_3=0.3$、$p_4=0.18$、$p_5=0.02$、$e_0=60$、$m_1=m_2=m_3=m_4=3$、$a=10$、$u_1=0.55$、$u_2=0.45$、$\delta=1$ 的强度分布图，图 3-4（b）为网络特征为 $p_1=0.1$、$p_2=0.3$、$p_3=0.3$、$p_4=0.2$、$p_5=0.1$、

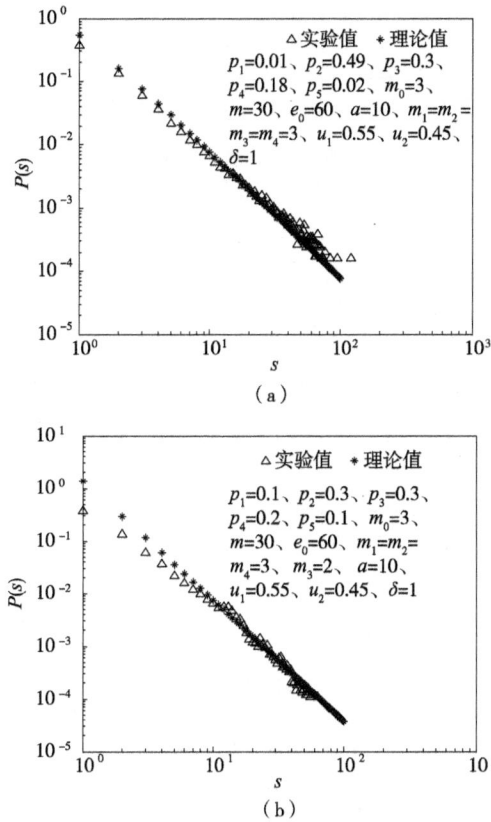

图 3-4　理论值和实验值示意图（二）

图 3-4（a）和图 3-4（b）展示了两种不同参数下的 WDLW 网络的理论值和实验值的对比情况。两种情况的节点数都为 5 000，结果取 100 次独立结果的平均。从结果可以发现，理论值和实验值能取得很好的一致

$e_0 = 60$、$m_1 = m_2 = m_4 = 3$、$m_3 = 2$、$a = 10$、$u_1 = 0.55$、$u_2 = 0.45$ 和 $\delta = 1$ 的强度分布图。从图 3-4（a）和图 3-4（b）可以看出理论值和实验值较为吻合，不吻合之处产生于参数的选取造成的与理论值之间的误差，通过增大网络规模可以降低这种误差。

　　图 3-5（a）和图 3-5（b）展示了参数为 $p_1 = 0.01$、$p_2 = 0.49$、$p_3 = 0.3$、$p_4 = 0.18$、$p_5 = 0.02$、$e_0 = 60$、$m_1 = m_2 = m_3 = m_4 = 3$、$a = 10$、$u_1 = 0.55$、$u_2 = 0.45$、$\delta = 1$ 和参数为 $p_1 = p_3 = p_4 = p_5 = 0$、$e_0 = 60$、$m_1 = m_2 = m_4 = 3$、$m_3 = 2$、$a = 10$、$u_1 = 0.55$、$u_2 = 0.45$、$\delta = 0$ 下的 WDLW 网络的强度 s 和度 k 的关系。两种情况的节点数都为 5 000，结果取 100 次独立结果的平均。实际上，在这些特殊参数下的 WDLW 网络和 BBV（具有边权演化特征）网络的性质是相似的，但是从图 3-5 可以发现，强度 s 和度 k 没有明显的线性关系。因此，WDLW 网络的模型参数能

够给出比简单二进制网络更多的信息。

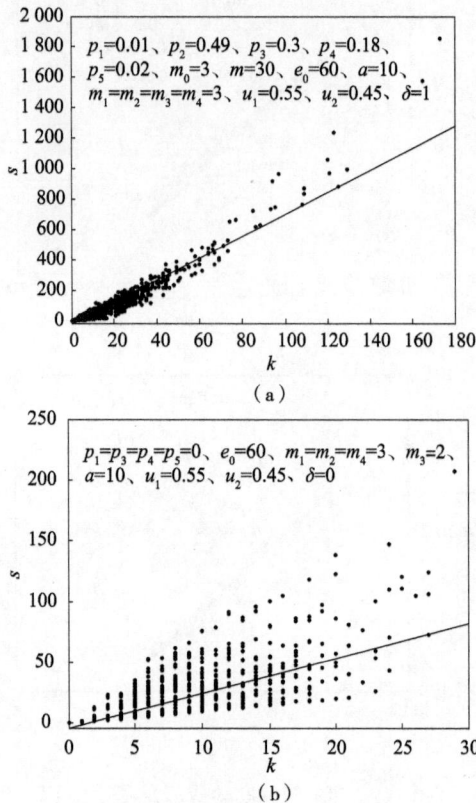

图 3-5　强度 s 和度 k 的关系

图 3-5（a）和图 3-5（b）展示了两种不同参数下的 WDLW 网络的强度 s 和度 k 的关系。两种情况的节点数都为 5 000，结果取 100 次独立结果的平均。从结果可以明显发现，强度 s 和度 k 没有明显的线性关系

3.4.2　关于网络特性的研究

图 3-6（a）和图 3-6（b）分别为局域网络规模 $m=40$ 的 WDLW 网络的参数 a 和 δ 与幂律系数 γ 之间的关系图，其中 $p_1=0.01$、$p_2=0.49$、$p_3=0.3$、$p_4=0.18$、$p_5=0.02$、$e_0=80$、$m_1=m_3=m_4=3$、$m_2=2$、$u_1=0.55$、$u_2=0.45$。

从图 3-6（a）可以看出，幂律指数 γ 随权值 a 的增大而减小。当 a 趋近于 0 时，幂律指数趋近于 2.65；当 a 趋近于无穷大时，幂律指数趋近于 2。权值 a 趋近于 0，相当于模型的局域内与局域外的连接是无效的，此时考虑的仅仅是局域世界的内部演化与增长加权网络。当权值 a 趋近于无穷大时，也就是说，只要 p_1 不为 0（如图 3-6 中取 $p_1=0.01$），一旦在局域内与局域外各选一点，这两个点的强度立即变得很大。即使它们不是老节点，仅通过这次连接也立刻变得很有优势。

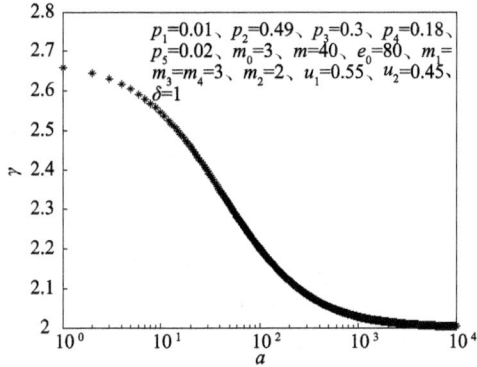

（a）a与幂律系数γ之间的关系

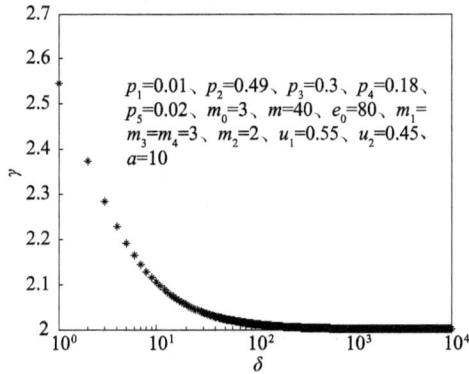

（b）δ与幂律系数γ之间的关系

图 3-6　a 和 δ 与幂律系数 γ 之间的关系

　　从图 3-6（b）可以看出，幂律系数 γ 随 δ 的增大而减小。当 δ 趋近于 0 时，幂律指数趋近于 2.55；当 δ 趋近于无穷大时，幂律指数趋近于 2。δ 趋近于 0 意味着新增节点时的 BBV 权值演化方式将变为加权 BA 方式；当 δ 趋近于无穷大时意味着在局域内新增一个节点就可以立即使与其相连的原有的局域内节点的强度变得很大，让这些连接节点变得很有优势。这对以往的优先连接（也就是富者越富）提出了挑战，如较为年轻的节点因更富有竞争力而蓬勃发展。此时幂律指数与统计出来的万维网、电话网的幂律指数是比较吻合的。

　　图 3-7（a）和图 3-7（b）分别为 p_3/p_4、p_3/p_5 的值和幂律系数 γ 之间的关系图，其中，$p_1=0.01$、$p_2=0.49$、$p_4=0.18$、$p_5=0.02$、$m=40$、$e_0=80$、$m_1=m_3=m_4=3$、$m_2=2$、$a=10$、$u_1=0.55$、$u_2=0.45$ 和 $\delta=1$。从图 3-7（a）可以看出，当 p_1、p_2 和 p_5 为固定值（$p_1=0.01$、$p_2=0.49$、$p_5=0.02$）时，幂律指数 γ 随 p_3/p_4 的增大而增大，这表明：当边增加的趋势大于边删减的趋势时会导致 γ 的增大，此时 γ 的范围为 2.55~2.71，也就是说，增加边的趋势会使原有网络的强度分布变得更加不平均，使富者更富，穷者更穷。

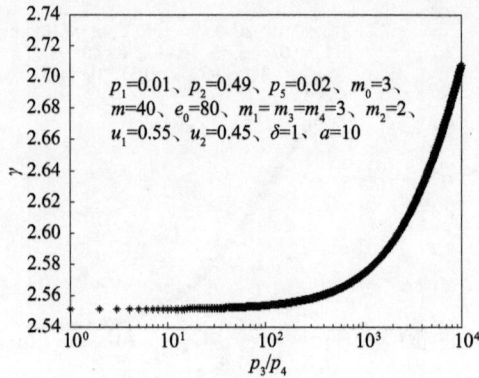

（a）p_3/p_4 与幂律系数 γ 之间的关系

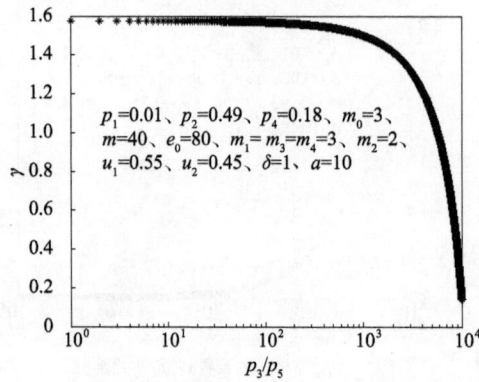

（b）p_3/p_5 与幂律系数 γ 之间的关系

图 3-7　p_3/p_4、p_3/p_5 与幂律系数 γ 之间的关系

从图 3-7（b）可以看出，当 p_1、p_2 和 p_4 为固定值（$p_1 = 0.01$、$p_2 = 0.49$、$p_4 = 0.18$）时，幂律指数 γ 随 p_3/p_5 的增大而减小，这表明：局域世界内部与外部的联系增强，会导致 γ 的降低，并且 γ 的范围为 1.6~0。此现象表明增加局域间的连边会使网络的强度分布变得均匀，中和网络中节点强度的贫富差距，这与社会网络中人际关系现象较为吻合。

3.5　WDLW 网络上的传播行为研究

3.5.1　网络拓扑与传播行为

传播行为是复杂网络中一种重要的现象，具有很重要的研究价值。我们采用

SI（Ma et al., 2009）病毒传播模型研究病毒爆发在 WDLW 网络中的动态演化情况。在此病毒传播模型中，节点只有两种状态，即易感染状态（susceptible，S）和感染状态（infective，I），且已感染的节点是不能复原的，适用于病毒爆发初期的研究，但是只需稍加改动就可以扩展到 SIS［susceptible（易感者），infected（染病者），susceptible（易感者）］模型或 SIR［susceptible（易感者），infected（染病者），removal（移动者）］模型中。

我们把节点间边的权重看做节点间的连接的紧密程度。因此，紧密程度的不同将影响到节点间病毒传播速率的不同。为描述不同权重的边对连接的强弱不同这一现象，我们假设网络中边的权重越大，连接越紧密，病毒的传播速度也越大（李慧嘉和马英红，2009；许丹等，2006）。为简单起见，我们假设节点 i 和 j 之间的权重为 w_{ij}，则定义它们之间的病毒感染率 λ_{ij}（Gang et al., 2005）为

$$\lambda_{ij} = \left(\frac{w_{ij}}{w_{max}}\right)^{\theta}, \quad w_{max} > 0 \qquad (3\text{-}24)$$

其中，w_{max} 是 w_{ij} 的最大值，保证 $\lambda_{ij} \leq 1$；θ 是常数。

取网络规模为 5 000 的 WDLW 网络模型，下面给出改进的加权局域网络上的一些重要的病毒传播性质。

3.5.2 局域世界规模 m 对病毒传播的影响

下面分析局域世界规模大小对病毒传播的影响。设在 WDLW 网络中 $p_1 = 0.01$、$p_2 = 0.49$、$p_3 = 0.3$、$p_4 = 0.18$、$p_5 = 0.02$、$e_0 = 2m$、$m_1 = m_2 = m_4 = 3$、$m_3 = 2$、$a = 10$、$u_1 = 0.55$、$u_2 = 0.45$ 和 $\delta = 1$。网络规模 N 都是 5 000。图 3-8（a）和图 3-8（b）为不同 m 的 WDLW 网络中稳态感染密度随时间的变化趋势图，其中各条曲线皆为 50 次病毒传播的平均。由图 3-8 可以看出，当局域世界规模 m 上升时，稳态时的感染密度会增加。

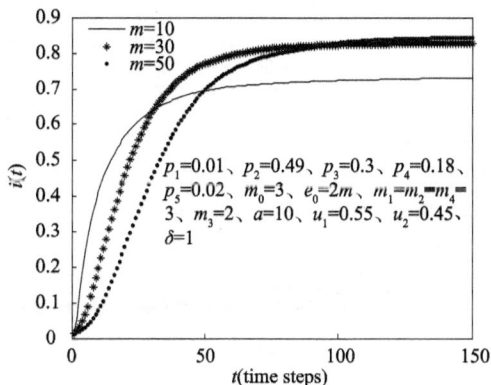

（a）

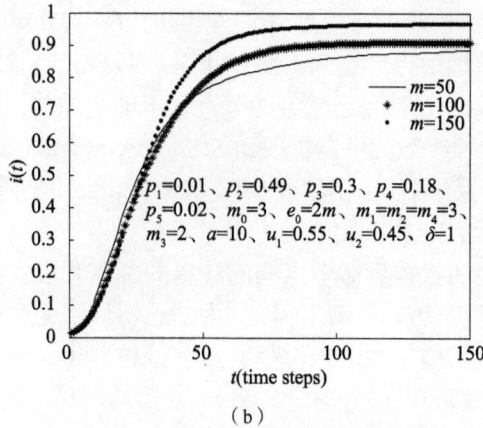

（b）

图 3-8　感染节点密度变化图

不同 m 值时，WDLW 网络中感染节点密度随时间的变化情况。情况（a）和（b）的数据为 50 次独立结果的平均

　　下面研究病毒传播速率随 m 的变化。定义病毒传播的速率为网络中被感染个体的变化速率（Gang et al.，2005）：

$$v_{\text{inf}}(t) = \frac{\mathrm{d}i(t)}{\mathrm{d}(t)} \approx \frac{I(t) - I(t-1)}{N} \qquad （3-25）$$

我们模拟了在规模为 5 000 的 WDLW 网络中，当 m=5、20、50、100 时，50 次病毒传播的传播速率随 m 的变化趋势。

　　从图 3-9 中我们可以清楚地看出，病毒传播速率随 m 的增大而减小，不同 m 下的病毒传播速率差距很大且层次分明。

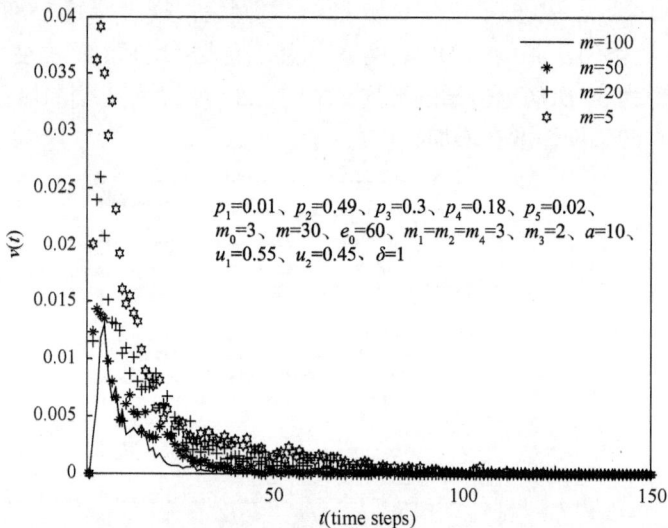

图 3-9　WDLW 网络中不同 m 值时的病毒传播速率变化

从上述 m 对病毒传播的影响的分析可以看出,缩小局域网络规模 m 对病毒传播从数量上和速度上都有极大的抑制作用,因此从实际来说,当病毒爆发时,减少个人接触的范围,以家庭为单位实行隔离策略,可以为病毒防治乃至从根本上消除病毒传播起到积极作用(Pastor-Satorras and Vespignani,2001;夏承遗等,2007)。

3.5.3　WDLW 网络感染节点的平均强度变化

为了分析不同节点在病毒传播中的作用,我们给出了当 $p_1=0.01$、$p_2=0.49$、$p_3=0.3$、$p_4=0.18$、$p_5=0.02$、$m=30$、$e_0=60$、$m_1=m_2=m_4=3$、$m_3=2$、$a=10$、$u_1=0.55$、$u_2=0.45$ 和 $\delta=1$ 时的 WDLW 网络中感染节点的平均强度的双对数和线性变化图,网络规模为 5 000。我们定义新感染节点在 t 时刻的平均强度(Gang et al.,2005)为

$$\overline{S}_{\inf}(t)=\frac{\sum_s s[I_s(t)-I_s(t-1)]}{I(t)-I(t-1)} \tag{3-26}$$

其中,$I_s(t)$ 是强度为 s 的感染节点的数量。

从图 3-10 我们可以分析,由于 $\overline{S}_{\inf}(t)$ 大致呈现幂律分布,因此节点强度越大,被感染后的危险性就越大。因此从免疫的角度分析,如果想要对整个网络实行有效的防护,应该优先选择强度大的节点。

总的来说,本章研究了一个新型的基于局域世界网络的突发事件演化网络模型。在这个模型中,网络的动态增长包括新局域的增加、新节点的增加、新边的增加和旧边的删除。网络演化模型的强度分布呈现出显著的幂律特性,这与现实世界的很多网络是相同的,因此符合现实世界规律。从建模的角度,本章只是完成了非常规突发事件演化特性的一部分。随着数据的完善,在此基础上进行实证方面的研究将具有重要的现实意义。同时,非常规突发事件自身的演变特征同样是今后研究的一个重点。

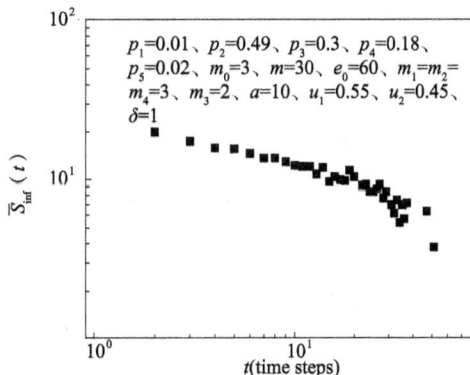

(a)

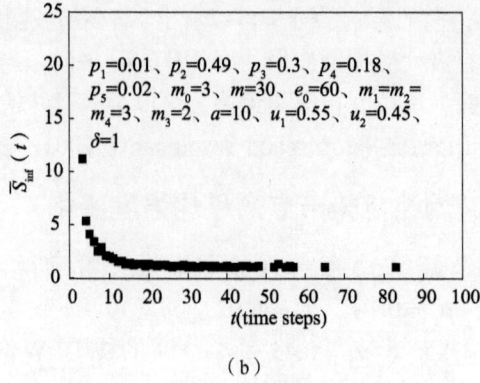

（b）

图 3-10　感染节点平均强度变化图

第4章 突发事件特征关联提示分析理论与模型

由于突发事件发生具有很大的不确定性，且在突发事件发生后，其传播和发展规律具有很强的动态性，这些特征决定了突发事件间关系具有很高的复杂性。传统基于过去突发事件处理规律的经验管理方式带有诸多主观性因素，导致信息缺失和突发事件管理效果不佳，因而需要对突发事件因素及其交互关系进行定量的分析。

本章对突发事件管理体系及其要素进行全面分析，结合专家调研及智能化算法，分析突发事件间的共生关系及突发事件间的传导关系，从而明晰突发事件相互作用机制及传播路径，为科学管理突发事件提供有效依据，总体来说，本章主要有以下几个目标。

（1）研究突发事件管理体系的各组成部分，全面分析突发事件要素，为深入研究和分析突发事件关系建立突发事件管理体系框架。

（2）研究突发事件基于联合概率密度的突发事件共生关系，结合对突发事件关系的专家调研和评分意见，建立突发事件共生关系的量化模型。

（3）研究突发事件基于贝叶斯网络的突发事件传导关系，深入分析具有传导关系突发事件的层次和结构，模拟各层突发事件的传播路径，分析突发事件传导关系原理与机制，建立突发事件传导关系的量化模型。

（4）结合突发事件共生模型和突发事件传导关系模型，构建突发事件关系整体研究框架，建立综合的突发事件关系体系。

4.1 突发事件关联关系

4.1.1 突发事件共生关系

"共生"一词源于生物学，最早由德国著名微生物学家安东·德贝里于 1879

年提出。生物界广义共生概念是指不同生物密切生活在一起的方式。历经百年的研究和发展，共生概念已在生态学种间研究中被广泛使用。生物学共生方法的本质，就是系统地描述生物种间关系以及生物同其生存环境关系的方法（刘祥，2014）。

进入 20 世纪 50 年代后，对共生学说的研究和运用，已从生物学领域拓展到哲学、社会经济、生态学等诸多领域。哲学层面的共生理论带来了全新的世界观、方法论和价值观。花崎皋平（1993）比较了共生思想在生态学和社会哲学方面的区别，并对"共生的道德"进行了全新的研究。黑川纪章（2004）认为城市设计哲学理念的主体即为共生思想，其核心是广纳百川的共存理念。

在社会经济管理领域，袁纯清（1998）、彭浩（2013）首次将生物学中的共生学说创新为适用于研究社会经济的共生理论，并用其研究小型经济体之间类共生关系。在其研究中定义了共生体系的三要素为共生单元、共生模式和共生环境。他们认为共生系统是共生单元按某种共生模式构成的共生关系集合，并提出共生系统的状态可以通过建立共生组织模式和行为模式的组合来进行判断，运用共生理论体系分析小型经济的类共生现象，他们认为向一体化共生进化和向对称互惠共生进化是促进小型经济进化的主要方向。张健华等（2008）运用共生理论分析闽台旅游合作机制的形成，并基于共生理论，对促进闽台共生进化的动力和阻尼机制进行分析。

胡晓鹏（2008）将生物共生学和产业发展实践进一步结合，认为产业链中存在的共生现象在内、外因素驱动下，同类产业的不同价值模块和不同类产业都具有彼此联系的经济业务，提出了具有差异性的产业共生。

对于突发事件共生关系的研究，卢斌等（2014）运用共生理论分析了民间金融与实体经济、官方金融、农户等共生单元之间利益和突发事件平衡的共生关系，分析了民间金融的共生特性及其共生突发事件成因。

此外，对于具有共生关系的突发事件联动性研究，贾海彦和韩琭（2013）论述了复杂经济社会形势下的公共财政突发事件和养老金制度的突发事件共生现象，构建联动性突发事件防范机制，对公共类共生突发事件寻求联动性的制度进行革新。谢华等（2012）研究了在考虑多种致灾因子影响下的突发事件评估标准，以平原河网地区的排涝问题为例，建立了多种突发事件的联合概率分布模型，并基于 copula 函数构建的多变量联合概率模型，计算出多种致灾因子的各种量级组合下灾害发生的概率。

总体来说，对于区域突发事件联动性或共生性的研究和分析尚未运用生物共生理论。

本章所提出的突发事件共生关系模型，为针对共生突发事件的管理工作提供了科学依据，主要体现在以下几方面。

（1）通过突发事件共生关系模型，能够帮助管理人员在发现某种突发事件发生时，及时对尚未意识到的临近突发事件进行排查和修复，及时采取突发事件管理防治措施，对突发事件可能造成的损失及时进行弥补和修复，对突发事件做到综合管理。对于具有相同的突发事件诱因作用的突发事件，若只依靠管理经验来对这一类可能会同时发生的突发事件进行管理，是具有一定难度的。

　　本部分基于突发事件共生关系量化模型，能够找到共生关系较强的突发事件，这些突发事件同时发生的可能性比较大，从而若观察到每对中有一个突发事件发生，突发事件管理工作人员就应及时对另一个与之具有较强共生关系的突发事件进行检查，若该共生突发事件已经发生，有利于突发事件管理工作人员及时对共生突发事件进行修复；若该共生突发事件尚未发生，突发事件管理工作人员应及时对很大可能发生的共生突发事件采取防治措施。基于此，突发事件共生关系模型对区域共生关系的量化，能够为突发事件管理工作人员提供科学的决策依据，更有针对性、也更有效率地对临近突发事件进行排查和修复。

　　（2）通过突发事件共生关系模型，能够帮助突发事件管理工作人员识别共生突发事件的主要诱因，有助于对导致突发事件发生的因素及时采取修复措施，在一定程度上防范了其他相近突发事件的发生。基于突发事件共生关系量化模型，能够找到共生关系较强的突发事件，这些突发事件同时发生的可能性比较大。

　　若任一共生突发事件尚未发生，而观察到可能导致这些突发事件的共同诱因存在时，突发事件管理工作人员应积极进行部门间的合作，对于这类突发事件诱因可能导致的共生突发事件，应及时通知其他部门。某一管理部门发现管辖区域存在严重突发事件诱因时，都应及时通报另一部门，从而各管理部门都能够结合自身情况，并能够分别针对可能存在的突发事件诱因以及可能发生的突发事件采取相应的预防措施和突发事件救助措施。

4.1.2　突发事件传导关系对突发事件应急管理的启示

　　目前对于突发事件之间传导关系作用的研究，主要体现在自然灾害突发事件系统中，对自然灾害突发事件之间的相互关系及其评估方法的研究。在自然灾害复杂性关系的描述中，常常使用"灾害链"、"级联效应"、"多米诺效应"、"连锁反应"和"诱发效应"等"术语"来描述一种灾害引发另一种灾害的现象，也可以称为突发事件的传导关系（黄卫东等，2015）。

　　在自然灾害突发事件的传导关系研究中，史培军等（2014）定义了灾害链是因一种灾害发生而引起的一系列灾害发生的现象，并提出了我国常见的台风-暴雨灾害链、寒潮灾害链、干旱灾害链和地震灾害链。张卫星（2013）基于供应链系统的突发事件计量方法，建立了自然灾害链的突发事件评估概念模型。裘江南等（2011）研究突发事件链中各突发事件之间的关系，并运用贝叶斯网络，构建了突发事件链突发事件及其损失之间的传导关系结构，对自然灾害突发事件的连锁反应过程进行预测。

　　此外，其他领域具有传导关系突发事件的研究中，孟锦等（2011）对软件系统中存在的具有关联度的突发事件进行了研究，并通过建立基于模块突发事件关联度和模块突发事件关联集的改进 multi-Dijkstra 算法模型，对软件系统的模块突发事件关联性进行评估。耿雪霏等（2007）对供应链系统及其子系统之间的突发事件进行研究，运用模糊数学理论构建了供应链系统突发事件的多级模糊综合评价模型，为供应链系统的突发事件管理提供了量化方案。张磊（2011）提出将专家小组突发事件评价信息和突发事件管理矩阵相结合，基于突发事件发生概率和损失评估，对多个突发事件之间的关联性进行评估。

总体来说，自然环境和社会生产的各个环境都面临突发事件，对广泛意义上的突发事件传导关系的研究仍有广阔的发展空间，目前对突发事件传导关系的研究方法在定性方法研究的基础上，已有一部分学者运用数学模型和计算机模拟方法对各自不同领域的突发事件进行定量化的研究和评估，但对区域突发事件系统中存在的具有传导关系的突发事件尚未有全面的研究。本章所提出的基于贝叶斯网络的突发事件传导关系模型，为针对传导关系突发事件的突发事件管理工作提供了科学依据，主要体现在以下几方面。

（1）区域传导关系模型能够帮助突发事件管理工作人员进一步梳理突发事件的诸多要素并进行明确分类，有助于突发事件管理工作人员掌握突发事件中突发事件环境、突发事件载体和突发事件表现的交互、融合作用过程，为突发事件管理工作人员提供决策依据。

通过突发事件传导关系初始贝叶斯网络结构的构建，能够充分梳理原生突发事件的各类突发事件后果及其可能导致的次生突发事件，有助于突发事件管理工作人员全面了解突发事件及其传导过程。

（2）区域传导关系模型的贝叶斯网络能够帮助突发事件管理工作人员明确区域中某一初始突发事件发生后，可能存在的突发事件传导路径，有助于对次生突发事件及其诱因采取针对性的防护措施，及时切断突发事件传导链，预防次生突发事件的发生，防止突发事件蔓延恶化。

基于贝叶斯网络的突发事件传导关系量化模型，能够在充分梳理突发事件主要要素、突发事件后果的同时，综合考虑突发事件要素的先验概率和条件概率，对突发事件传导关系进行量化。

4.2　突发事件特征分析

4.2.1　突发事件特征分析的理论框架

突发事件的研究可以借鉴自然灾害突发事件系统理论。在自然灾害突发事件系统理论中，学者一致认为，灾害系统是由孕灾环境、致灾因子和承灾体三个要素共同组成的，突发灾害事件是灾害系统中各子系统相互作用的产物（图 4-1）（陈英和顾国昌，2008）。

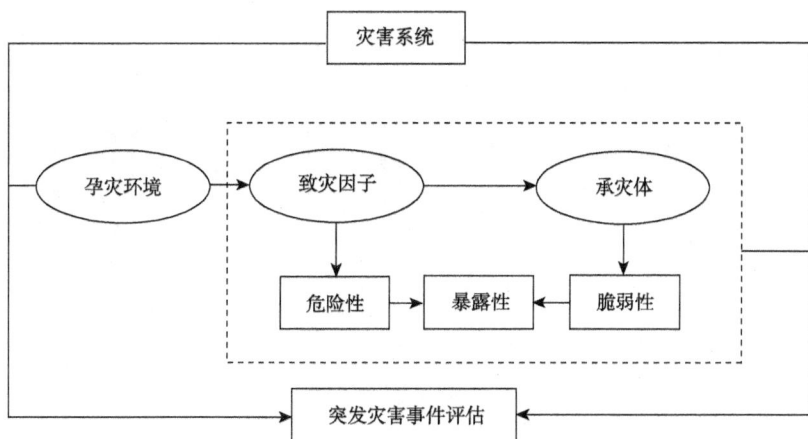

图 4-1　自然灾害突发事件系统及其各要素间作用关系

本部分借鉴自然灾害突发事件系统构建突发事件体系，将致灾因子作为突发事件体系中的突发事件环境，表现为突发事件诱因；将承灾体作为突发事件体系中的突发事件载体；突发事件诱因作用于突发事件载体，产生的突发事件作为突发事件体系中的突发事件表现。由此构建突发事件管理体系，对突发事件管理环境和管理部件做全面分析。

本部分体现综合突发事件管理的理念，从突发事件载体、突发事件环境、突发事件表现三方面建立突发事件管理体系（图 4-2），对突发事件中所有可能承受突发事件的部件进行突发事件载体分析；对突发事件中所有可能导致产生突发事件的领域进行突发事件环境分析；在突发事件环境和突发事件载体共同作用下，对所有可能产生的突发事件进行突发事件表现分析。并借鉴席建超等（2007）、邹永广和郑向敏（2011）对突发事件管理体系的多维度划分，建立突发事件管理体系。

4.2.2　突发事件载体分析

整体来看，突发事件载体可以大致划分为物品载体、自然环境载体、区域设施载体、防灾避险系统和人员载体几大类（表 4-1）。根据不同区域的属性特点，突发事件载体可以进一步细分到可管理操作部件。

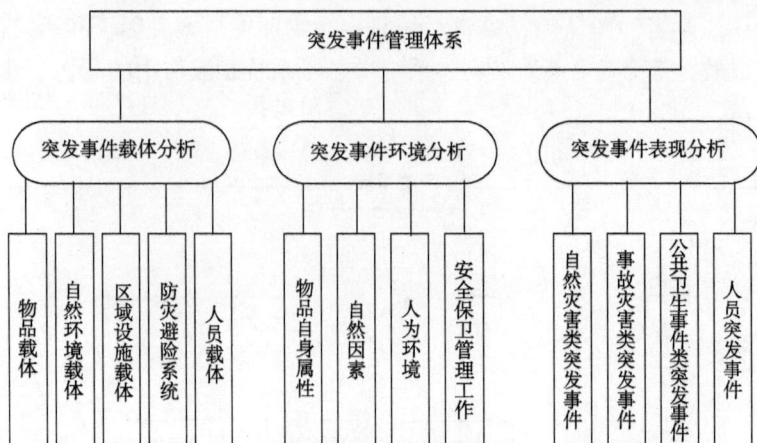

图 4-2 突发事件管理体系

表 4-1 突发事件载体体系

一级突发事件载体名称	二级突发事件载体名称
物品载体	建筑物
	建筑物配套设施
自然环境载体	水体环境
	山石
	地被
	树木
区域设施载体	供水系统
	交通系统
	配电用电设备
防灾避险系统	消防设备
	救生设备
人员载体	工作人员
	非工作人员

4.2.3 突发事件环境分析

在突发事件载体分析的基础上，对安全管理工作所面临的环境中有可能导致突发事件发生的领域进行全面的突发事件环境分析，也就是对可能导致突发事件发生的突发事件诱因的分析，可以从物品自身属性、自然因素、人为环境、安全保卫管理工作四个方面进行划分（图 4-3）。在突发事件管理的实际工作中，将结合特定区域属性和特点，在该突发事件环境分析的基础上对管理工作进一步细化和科学化。

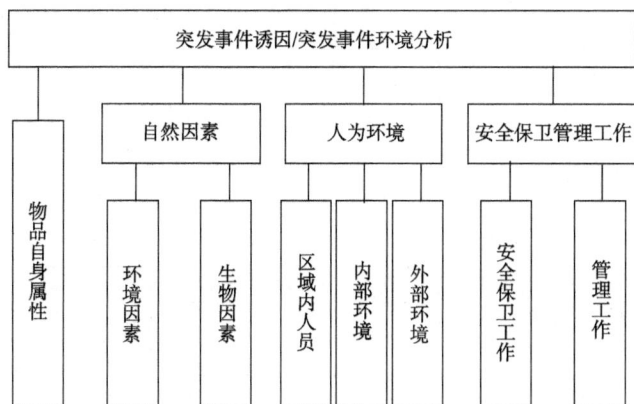

图 4-3 突发事件诱因/突发事件环境分析

4.2.4 突发事件表现分析

结合突发事件载体和突发事件环境分析,对突发事件载体和突发事件环境进行交叉分析,可以进一步总结出突发事件表现类别。整体来看,可以将突发事件表现划分为自然灾害类突发事件、事故灾害类突发事件、公共卫生事件类突发事件和人员突发事件四大类(表 4-2)。结合不同区域的属性特点,对突发事件表现分类进行有针对性的调整。

表 4-2 突发事件表现分类

一级突发事件表现名称	二级突发事件表现名称
自然灾害类突发事件	自然风化、锈蚀、老化
	自然松动、脱落
	虫灾
	倒塌
	滑坡
	水灾
	风灾
	雪灾
	火灾
	生物或微生物侵蚀
	冻害
	植物流行病害
事故灾害类突发事件	盗抢、丢失
	人为损毁
	火灾

续表

一级突发事件表现名称	二级突发事件表现名称
事故灾害类突发事件	爆炸
	视觉破坏（外部环境）
	污染（生态环境破坏）
	供水系统破坏（破裂、堵塞、停水）
	供电系统破坏
	信息系统破坏（网络中断、数据丢失）
	通信系统破坏
	防盗网络瘫痪
	视频系统瘫痪
	消防系统瘫痪
	医疗救助系统瘫痪
	温湿系统瘫痪
	（库房）原料泄漏（油料间、液化气瓶间、船只等）
公共卫生事件类突发事件	疫情（动物、传染病等）
	食品安全（变质等产品自身问题）
	人为投毒
人员突发事件	人员落水
	人员自杀
	人员受伤（外伤、食物中毒等）
	人员死亡（外力）
	人员拥挤踩踏
	人员对服务工作的投诉
	人员贵重物品丢失
	人员到达非对外开放处所
	人员秩序破坏（打架等）
	工作人员落水
	工作人员伤亡

4.3　突发事件的共生关系理论与模型

突发事件中存在的受到共同突发事件环境的影响，多个突发事件同时发生的现象值得关注，这种现象和生物学的"共生"现象十分类似，本节借鉴"共生"现象及其理论来对突发事件间受到共同诱因而发生的关系进行研究和分析，我们称为突发事件共生关系。

4.3.1　共生理论简介

"共生"这一概念最早于 1879 年由德国著名微生物学家安东·德贝里提出，用来描绘生物学领域不同种属按某种物质联系而生活在一起的生物现象，也早已成为自然界普遍存在的现象。

近百年来，随着对共生的研究不断深入，共生理论已被广泛应用于社会学、经济管理、农业生产等诸多学科领域，这也使对共生理论的研究不断发展，研究成果不断深入。彭浩（2013）首次完整地阐述了共生理论的基本框架和原理，并结合共生理论对小型经济的组织形态和行为模式进行分析，提出了我国小型经济共生关系和企业发展战略。下面就彭浩阐述的共生理论对共生理论的基本要素和共生系统作一般性阐述。

1. 共生理论的基本要素

共生是指共生单元之间在一定共生环境按某种共生模式形成的关系。共生的三要素为共生单元、共生模式和共生环境。

共生单元是指构成共生体或共生关系的基本能量生产和交换单位，是形成共生体的基本物质条件。共生模式，也称共生关系，是指共生单元相互作用的方式或相互结合的形式。共生模式同时反映共生单元之间的作用关系和作用强度。在行为方式上可以将共生关系划分为寄生关系、偏利共生关系和互惠共生关系；在组织程度上可以将共生关系划分为点共生、间歇共生、连续共生和一体化共生等多种形态。共生环境是共生单元外因素的总和，是共生单元存在发展的外生条件。

2. 共生系统

共生系统是共生单元按照某种生物模式构成的共生关系的集合。共生系统的状态由共生组织模式和共生行为模式的组合共同决定。以 $\vec{M}$ 表示组织模式向量，共生系统中可能存在的组织模式有点共生、间歇共生、连续共生和一体化共生；以 $\vec{P}$ 表示行为模式向量，共生系统中可能存在的行为模式有寄生关系、偏利共生关系和互惠共生关系。那么共生系统的状态向量 $\vec{S}(\vec{M},\vec{P})$ 可由组织模式向量和行为模式向量的乘积得到，见表 4-3。

表 4-3　共生系统的状态

组织模式　　行为模式	点共生模式 M_1	间歇共生模式 M_2	连续共生模式 M_3	一体化共生模式 M_4
寄生 P_1	$S_{11}(M_1,P_1)$	$S_{12}(M_2,P_1)$	$S_{13}(M_3,P_1)$	$S_{14}(M_4,P_1)$
偏利共生 P_2	$S_{21}(M_1,P_2)$	$S_{22}(M_2,P_2)$	$S_{23}(M_3,P_2)$	$S_{24}(M_4,P_2)$
非对称互惠共生 P_3	$S_{31}(M_1,P_3)$	$S_{32}(M_2,P_3)$	$S_{33}(M_3,P_3)$	$S_{34}(M_4,P_3)$
对称互惠共生 P_4	$S_{41}(M_1,P_4)$	$S_{42}(M_2,P_4)$	$S_{43}(M_3,P_4)$	$S_{44}(M_4,P_4)$

4.3.2　突发事件的共生原理

在同一区域中具有相同的突发事件环境，所以当两种突发事件在相同突发事件诱因，如风、雨、雷、电、生物、微生物、人员行为等共同诱因作用下时，突发事件表现很可能同时具有相互作用关系，并具有一定强度的联系，形成突发事件之间的作用关系。

突发事件间的这种具有共同突发事件环境而可能同时发生的关系和生物共生理论中的共生关系十分类似。因而可以借鉴生物共生理论的思想，建立突发事件共生系统。对比共生理论中的要素，突发事件共生体系中包含突发事件共生要素和突发事件共生系统两部分，其中突发事件共生要素由区域共生环境、区域共生单元和区域共生模式三方面构成，下面对突发事件共生要素和突发事件共生系统进行详细说明。

1. 突发事件共生要素

突发事件共生单元：在共生理论中，共生单元是指构成共生体或共生关系的基本能量生产和交换单位，是形成共生体的基本物质条件。同样的，在突发事件共生理论体系中，突发事件共生单元是构成突发事件关系系统的基本组成部分，是形成突发事件体系的基本要素，那么突发事件表现就是突发事件共生体系中的突发事件共生单元。

突发事件共生环境：在共生理论中，共生环境是共生单元外因素的总和，是共生单元存在发展的外生条件。同样的，在突发事件共生理论体系中，突发事件共生环境就是突发事件共生单元之外的因素总和，或者说是突发事件体系中除去突发事件表现外的因素。那么突发事件共生环境包含了突发事件环境，表现为突发事件诱因，也就是说，突发事件环境表现为突发事件诱因，在突发事件的共生体系中形成了突发事件共生环境。

突发事件共生模式：在共生理论中，共生模式也称为共生关系，是指共生单元相互作用的方式或相互结合的形式，反映共生单元之间的作用关系和作用强度。类似的，在突发事件共生体系中，区域共生突发事件在相同的突发事件环境下，由于具有共同的突发事件诱因，可能同时发生，那么这些共同的突发事件诱因就描述了突发事件之间的作用关系，同时，突发事件共生单元之间作用强度也由具有的共同突发事件诱因决定。那么上述通过突发事件诱因作用而形成的突发事件单元，即突发事件之间的作用关系和作用强度就是突发事件共生模式。

2. 突发事件共生系统

在生物共生理论中，共生系统是共生单元按照某种生物模式构成的共生关系的集合，其状态由共生组织模式和共生行为模式的组合共同决定。在突发事件共生系统中，突发事件共生模式可以从行为方式和组织程度上进一步划分。

突发事件共生模式从广义的行为方式上可以划分为突发事件寄生关系、突发事件偏利共生关系和突发事件互惠共生关系。

突发事件寄生关系描述的是突发事件之间作用于同一承载体，使突发事件虽然受到共同突发事件诱因，但当一类突发事件发生时，另一类突发事件因该突发事件发生而不会发生的突发事件关系。这种突发事件的寄生关系是一种极端情况，适用于描述在狭小空间内或同一突发事件载体上，由于突发事件环境恶劣，当一类突发事件发生时，另一类突发事件因毁灭性破坏而不会发生的情形。

突发事件偏利共生关系描述的是突发事件之间虽然某种程度上受到共同突发事件诱因的作用，但两种突发事件同时发生的可能性几乎不存在的情形。由于受到共同诱因对突发事件表现的作用强度不同，且两种突发事件除了共同诱因作用外，考虑到突发事件载体属性，存在非共同诱因，从而两种突发事件几乎不会同时发生。这种突发事件偏利共生关系适用于描述两种突发事件受到共同突发事件诱因的作用，但存在的共同突发事件诱因对某一突发事件作用强度较弱，而不会导致两种突发事件同时发生的情况。

突发事件互惠共生关系描述的是突发事件之间受到共同突发事件诱因的作用而同时发生的情形，也就是狭义上的突发事件共生关系。这种突发事件互惠共生关系具有共同突发事件环境，并且共同的突发事件诱因对突发事件具有一定作用强度，可以使两种突发事件同时发生。从突发事件的综合管理角度出发，突发事件互惠共生关系表明两种突发事件同时发生的情况，应为突发事件管理的主要对象。

此外，在共生理论中，从组织程度上可以将共生关系划分为点共生、间歇共生、连续共生和一体化共生等多种形态。在突发事件共生理论中，突发事件之间由于地理位置上临近，并且受到相同的突发事件环境影响，在共同突发事件诱因的作用下，突发事件可能会同时发生。而突发事件共生环境影响仍在持续，突发事件受共同突发事件诱因的作用是不间断的，因而在突发事件共生体系中，突发事件共生模式在组织程度上是连续的，称为突发事件连续共生。

突发事件共生系统由突发事件共生模式和突发事件组织程度共同决定，用 $\vec{M}$ 表示组织模式向量，用 $\vec{P}$ 表示行为模式向量，突发事件共生系统可能存在的状态 $\vec{S}\left(\vec{M},\vec{P}\right)$ 由突发事件组织模式向量和突发事件行为模式向量的乘积得到，见表 4-4。

表 4-4　突发事件共生系统状态

组织模式＼行为模式	寄生 P_1	偏利共生 P_2	互惠共生 P_3
连续共生模式 M_1	$S_{11}(M_1,\ P_1)$	$S_{21}(M_1,\ P_2)$	$S_{31}(M_1,\ P_3)$

突发事件共生系统状态中，由突发事件共生组织程度为连续共生模式 M_1 和突发事件共生行为方式为互惠共生 P_3 组成的状态 $S_{31}(M_1,P_3)$ 代表着突发事件具有共同突发事件环境，并且具有相同的突发事件诱因持续不断地对突发事件产生一定作用强度，从而使两种突发事件同时发生的系统状态。这也是从突发事件的综合管理角度出发，有必要进行突发事件管理的突发事件共生系统状态。

根据前文对突发事件共生要素及突发事件共生系统的描述，对应于突发事件管理体系，借鉴生物共生理论，构建的突发事件共生系统示意图见图 4-4。

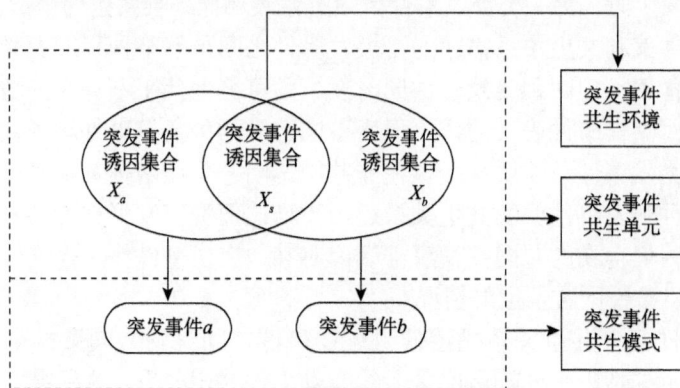

图 4-4　突发事件共生系统示意图

在突发事件形成的共生系统中，存在着突发事件环境或突发事件诱因，所有突发事件诱因集合是突发事件共生体的共生环境。

突发事件表现 a 和 b 是突发事件共生体的共生单元。突发事件共生体中的突发事件表现受到某些共同诱因的作用，这些共同的突发事件诱因作为集合 X_s 导致突发事件发生，使共生突发事件具有共生关系的同时，也产生一定强度的联系，这些共同的突发事件诱因集合和突发事件的作用关系即为共生模式。

4.3.3　突发事件共生关系的量化模型

对突发事件共生体系的要素列举的定性化分析并不能完全满足突发事件科学管理的要求，有必要对突发事件共生系统进行量化，建立突发事件共生体系的量化模型，以定量研究突发事件共生模式，为区域共生突发事件的管理提供决策依据。

依据突发事件共生的原理，分别从突发事件共生环境、突发事件共生单元、突发事件共生模式三方面进行量化，建立突发事件共生体系的量化模型。突发事件共生体系的量化模型能够客观地描述和表现突发事件共生体系要素之间的相互作用关系和强度，是区域共生突发事件管理的有效分析和支持决策工具。

1. 突发事件共生环境的模型表示

在突发事件共生系统中，突发事件共生环境表现为突发事件诱因，通常突发事件诱因具有一定先验发生概率，对区域共生突发事件系统的量化可以用突发事件诱因的先验发生概率来表示。

设突发事件诱因为 $\varphi_s, s = 1, 2, \cdots, n$，所有突发事件诱因集合形成了突发事件共生环境 $\varPhi = \{\varphi_1, \varphi_2, \cdots, \varphi_n\}$，对于 $\forall \varphi_s \in \varPhi$，其先验发生概率为 $p(\varphi_s)$。

2. 突发事件共生单元的模型表示

在突发事件共生系统中，突发事件共生单元就是每一个可能存在的突发事件表现，用突发事件发生的先验发生概率表示其发生的可能性；并且突发事件是由突发事件共生环境引起的，任何突发事件诱因都有一定可能性引起突发事件的发生。因而可以用突发事件诱因引起突发事件发生的条件概率来量化突发事件共生环境对突发事件共生单元的作用。

设突发事件共生单元集合为 $R = \{r_1, r_2, \cdots, r_m\}$，对于 $\forall r_i \in R$，其突发事件环境为 $\varPhi_i$，$\varPhi_i \subseteq \varPhi$。对于 $\forall \varphi_s \in \varPhi_i$，其导致 r_i 发生的概率为 $p(r_i \mid \varphi_s)$，那么突发事件共生单元 r_i 发生的概率可以通过全概率公式由 $p(\varphi_s)$ 和 $p(r_i \mid \varphi_s)$ 来表示：

$$p(r_i) = \sum p(r_i \mid \varphi_s) p(\varphi_s) \tag{4-1}$$

3. 突发事件共生模式的模型表示

突发事件共生模式是突发事件共生单元在突发事件共生环境下的作用关系及其强度。对突发事件共生模式的量化，即突发事件共生关系强度的量化，可以考虑基于联合概率密度的量化方法。

从区域共生突发事件系统的原理出发，突发事件共生单元具有相同的突发事件共生环境，受到共同突发事件诱因的作用，使突发事件共生单元具有一定可能性同时发生。通常可以获得突发事件共生单元的先验发生概率以及突发事件共生单元基于突发事件诱因的条件概率数据，可以运用突发事件共生单元的联合概率密度来表示区域共生突发事件的作用关系，从而量化突发事件共生模式的关系强度。

令突发事件共生单元 r_i 和 r_j 的突发事件共生环境为 $\varPhi_i \bigcap \varPhi_j \triangle \varPhi_{ij}$，假设在 $\varPhi_{ij}$ 的作用下 r_i 和 r_j 表现为独立，且对于 $\forall \varphi_s \in \varPhi_{ij}$，$r_i$ 和 r_j 同时发生的概率为条件概率 $p(r_i r_j \mid \varphi_s)$，从而可以得到突发事件共生关系强度 C_{ij} 的联合概率密度：

$$C_{ij} = \sum p(r_i r_j \mid \varphi_s) p(\varphi_s) \tag{4-2}$$

运用基于联合概率密度的方法，是将突发事件共生关系模式进行量化，考虑突发事件共生系统中各要素相互作用关系和环节的一种方式。在突发事件管理的操作中，该方法更贴合区域综合突发事件管理的思路，具有一定的实践价值。

4.4　突发事件的传导关系理论与模型

在各类突发事件中，经常观察到火灾发生时，会有"趁火打劫"的现象发生。后一突发事件和前一突发事件发生的突发事件环境和突发事件类型都不相同，却观察到后一突发事件由于前一突发事件发生而发生，前后两种突发事件之间具有某种因果关系。进一步剖析这种先后发生的突发事件现象，以"趁火打劫"为例，当区域内有火灾发生时，可能导致区域内安全监控设施破损；或者区域内人群密度增加，发生拥挤；或者区域内安全管理工作人员忙于救火，工作量大，无法兼顾其他盗窃管理工作。上面这些火灾突发事件发生而导致的后果，都形成了盗窃突发事件发生的突发事件环境，都具有一定可能性导致盗窃突发事件发生。可以进一步概括为，突发事件内存在某一突发事件的结果形成另一突发事件的突发事件环境，这一突发事件受到突发事件诱因的影响，具有一定可能性会发生，产生突发事件表现的现象。

突发事件内存在的这种某一突发事件的后果形成其他突发事件的突发事件环境，从而引起该突发事件发生的现象值得关注，这种现象和自然灾害系统中存在的台风-暴雨灾害链、地震灾害链等一样，具有"链"性的特征，后一突发事件表现可以视为前一突发事件表现的次生突发事件（王炎龙，2010）。本节借鉴自然灾害系统理论研究和分析突发事件之间由于突发事件后果形成另一突发事件的突发事件环境的关系，我们称为突发事件传导关系。

4.4.1　自然灾害链简介

突发事件的传导关系同自然灾害系统中的灾害链十分相似，史培军等（2014）在自然灾害的大量理论和实践研究中，建立了灾害系统的理论框架，并将灾害链定义为"一种灾害发生而引起的一系列灾害发生的现象"。下面就史培军提出的灾害系统理论中灾害链的部分作一般性描述。

1. 灾害链的基本特性

诱生性：灾害链存在引起与被引起的关系，即一种或多种灾害的发生是由另一种灾害的发生所诱发的，没有这种诱生作用发生的多种灾害，不能被称为灾害链。

时序性：灾害链的诱生作用使灾害发生有一定的先后顺序，即原生灾害在前，次生灾害在后。

扩展性：重大灾害发生时，往往会产生次生灾害，使其影响范围扩大，不同灾种对环境的敏感性不同，有的灾种甚至对特定环境基本不敏感，因此不同灾种的影响范围也不尽相同。

2. 灾害链的突发事件评估

基于自然灾害的诱生性、时序性和扩展性三大特征，对自然灾害链的风险进行评估时，需分别考虑灾害链中每种致灾因子危险性强度、该致灾因子对应的影响范围以及可能诱发次生灾害的概率，通过此流程即可确定每个评估单元中致灾因子的数量、类型与强度。

在评估灾害链风险时通常用转移概率来表示，即综合考虑该初始灾害诱发其他灾害的概率、初始各致灾因子的强度以及相应灾害影响面积变化等要素，得到初始灾害引起的其他次生灾害发生的概率。

4.4.2　突发事件的传导原理

在同一区域内，受地理位置、区域间隔等诸多"便利"条件影响，当一个突发事件发生后，可能产生两种后果：一种是直接产生突发事件损失，这种突发事件损失本身也是广义上的突发事件，如房屋倒塌导致人员伤亡和财产损失；另一种是突发事件发生后，产生突发事件后果形成了另一个突发事件的突发事件环境，即产生的突发事件后果是另一个突发事件发生的突发事件诱因，从而可能导致另一个突发事件发生。例如，建筑物发生火灾，导致道路被中断，道路中断是人群拥挤踩踏的突发事件诱因，就可能引起人群拥挤踩踏事故发生。

从上述两种突发事件发生可能产生的突发事件后果可以看到，一个突发事件发生后，基于该突发事件产生后果的类型，当突发事件后果同时形成另一个突发事件的突发事件诱因时，这一突发事件作用会继续传导，从而导致另一个突发事件发生，因而形成突发事件的传导关系链。图 4-5 是基于突发事件后果得到的突发事件传导关系示意图。

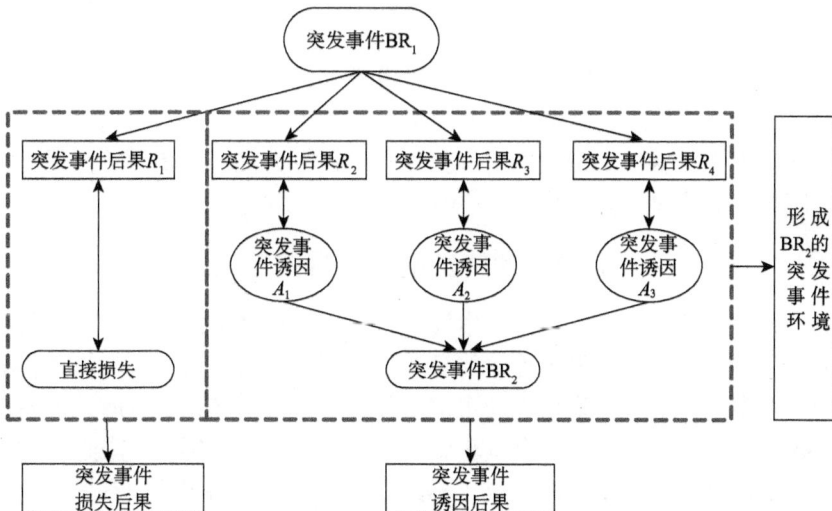

图 4-5　突发事件后果类型示意图

从图 4-5 中可以看到，当区域内某一突发事件发生时，存在以下两种突发事件后果类型。

1. 突发事件—损失后果

突发事件 BR_1 发生后产生突发事件损失后果 R_1，该突发事件后果并不能引起其他突发事件发生，会导致直接突发事件损失，未形成突发事件传导链。

2. 突发事件—突发事件诱因—突发事件

突发事件 BR_1 发生后产生的突发事件后果 R_2、R_3、R_4，同时形成了突发事件 BR_2 的突发事件环境，作为突发事件诱因的 A_1、A_2、A_3，可能导致突发事件 BR_2 的发生，从而形成突发事件 BR_1 到突发事件 BR_2 的传导链。

突发事件的传导链同自然灾害中的灾害链十分相似，类似的，突发事件传导关系链具有如下特征。

（1）区域传导突发事件的诱生性：区域传导关系的突发事件存在引起和被引起的关系，即一种或多种突发事件的发生是由另一种突发事件的发生所诱发的。

（2）区域传导突发事件的时序性：区域传导关系的突发事件的发生具有一定的先后顺序，原生突发事件在前，次生突发事件在后。原生突发事件发生后，通过突发事件后果形成次生突发事件的突发事件诱因，从而引起次生突发事件发生。

（3）区域传导突发事件的扩展性：区域传导关系中的原生突发事件发生后，次生突发事件对原生突发事件后果形成的突发事件诱因的敏感度不同，传递给次生突发事件，致其发生的概率也不同，因而区域传导突发事件的影响不尽相同。

基于突发事件的基本特征，对于突发事件的传导关系的评估，需要在区域传导关系突发事件中原生突发事件的发生概率、原生突发事件的后果概率、突发事件诱因对次生突发事件的诱发概率的基础上，计算突发事件传导关系原生突发事件对次生突发事件的转移概率。

4.4.3 基于贝叶斯网络的突发事件传导关系模型

由于突发事件传导关系具有诱生性、时序性和扩展性的特征，并且其结构呈现"链式"特点，在对突发事件的传导关系进行评估时，已知突发事件传导关系系统中突发事件环境及突发事件表现信息具有一定先验知识的同时，突发事件传导关系存在一定不确定性和结构的复杂性。为对突发事件传导关系进行结构分析，结合突发事件传导关系系统的特点，考虑运用贝叶斯网络来建立突发事件传导关系模型，从而为突发事件管理决策提供科学依据。

1. 贝叶斯网络简介

近年来，随着计算机领域人工智能技术的迅猛发展，对于不确定性难题的研究也取得了一定成果，贝叶斯网络便是解决不确定性问题的方法之一。贝叶斯网络以概率论、图论为基础理论，对不确定问题具有结构描绘和推理的能力，是不确定问题的求解方法之一。因此除在人工智能领域对贝叶斯网络进行研究之外，贝叶斯网络还被应用于许多其他领域。

贝叶斯网络的本质是基于条件概率的因果关系图，对系统变量进行因果关系推理和系统结构分析。一个贝叶斯网络即一个有向无环图，用节点表示待研究系统中的向量，用连接节点的有向边表示变量之间的传递关系，用概率来表示贝叶斯网络中子父节点之间的关系。

图 4-6 是一个简单的贝叶斯网络结构示意图，通常对一个贝叶斯网络做如下形式的描述：

$$BN = (N, E, P)$$

其中，
$$\begin{cases} N = \{X_1, X_2, \cdots, X_n\} \\ E = \{(X_j, X_i) | X_i \in N, X_j \in \pi_{X_i}\} \\ P = \{p(X_i | \pi_{X_i}) | X_i \in N\} \end{cases}$$

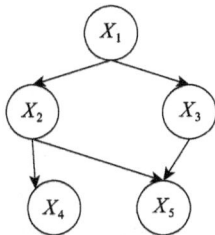

图 4-6 贝叶斯网络结构示意图

一个贝叶斯网络 BN 由表示节点变量的集合 N、表示变量因果关系的有向边集合 E 和表示节点变量条件概率的集合 P 构成。节点变量的集合 N 和因果关系集合 E 代表贝叶斯网络 BN 的网络结构，其每条有向边代表节点的条件传递关系。条件概率集合 P 表示贝叶斯网络 BN 中子父节点的依存关系，是每个子节点 X_i 同其父节点 π_{X_i} 的条件概率 $P(X_i | \pi_{X_i})$ 的集合，对于没有父节点的节点，用其节点变量的先验概率表示。

基于贝叶斯网络 BN=(N,E,P)，可以得到其节点变量的联合概率分布：

$$p(X_1, X_2, \cdots, X_n) = \prod_{i=1}^{n} P(X_i | \pi_{X_i}) \tag{4-3}$$

贝叶斯网络的有向图结构中蕴含了条件独立性的假设，对处理复杂系统结构数据和大量数据运算具有先天性优势，可以只考虑与该节点变量相关的有限变量，大大简化了运算维度。在将贝叶斯网络用于因果推理计算时，贝叶斯网络可以对先验概率和样本信息进行互补，有效弥补样本信息缺失的不足。同时，贝叶斯网络具有自我修正能力，在获得新数据后，贝叶斯网络根据变量间的定性依赖关系和定量条件概率关系，可以进行系统化的更新。

2. 基于贝叶斯网络的突发事件传导关系模型设计

在安全突发事件应急管理领域的相关研究中，许多学者结合突发事件链性特征，建立表征灾害链的致灾因子、孕灾环境和承载体相互作用的模型，将突发事件中灾害及其次生灾害的传递链抽象为输入、状态和输出三层网络结构，并运用贝叶斯网络进行灾害间因果关系推理，确定突发事件链的网络结构，对系统遭受的损失进行评估。

在突发事件实际管理中，突发事件环境复杂多变、数目众多，且受到区域空间位置的影响，突发事件传导速度快，使突发事件环境实时监控可行性低。人们通常在没有注意到突发事件环境变化时，直接看到某个突发事件已经发生。研究突发事件表现通过突发事件诱因对其他突发事件的传递有助于区域管理者及时切断突发事件传递链，控制事故后果蔓延恶化。

本部分基于裘江南等（2012）提出的具有关联关系的单一事件贝叶斯网络合并模型，结合突发事件传导关系的特点，对单一安全突发事件贝叶斯网络进行重新设计，将观察到的突发事件表现作为贝叶斯网络的输入层，将能够作为其他突发事件诱因的突发事件后果作为中间层，将先发生的突发事件的次生突发事件作为输出层，来研究突发事件传导结构关系，建立基于贝叶斯网络的突发事件传导关系模型，图4-7为突发事件传导关系贝叶斯网络结构示意图。

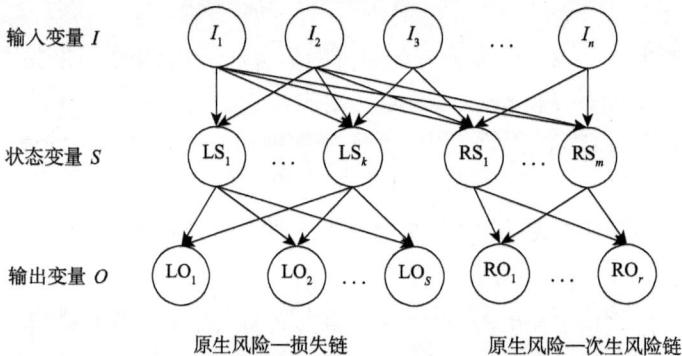

图4-7　突发事件传导关系贝叶斯网络结构示意图

在图 4-7 中，将突发事件变量划分为输入变量 I、状态变量 S 和输出变量 O，这三层变量之间的相互作用形成突发事件传导关系贝叶斯网络的网络结构，每一层变量的具体含义如下。

（1）输入变量 I：表示突发事件传导关系贝叶斯网络中的起点，是观察到的已经发生的突发事件表现。

（2）状态变量 S：表示先发生的突发事件到指定的突发事件后果的状态和特征，包含突发事件后果直接表现为损失的损失状态 LS 和突发事件后果形成其他突发事件的突发事件环境的诱因状态 RS。

（3）输出变量 O：表示后发生的突发事件表现或直接表现为损失的突发事件后果，基于状态变量来进行判断，包含基于损失状态判断的损失输出 LO 和基于诱因状态判断的次生突发事件表现输出 RO。

可以看到，根据状态变量 S 的特征，在突发事件传导关系贝叶斯网络结构中，包含两种突发事件变量传递关系，即原生突发事件—损失关系链和原生突发事件—次生突发事件关系链。

（1）原生突发事件—损失关系链：传导路径为 $I \rightarrow \mathrm{LS} \rightarrow \mathrm{LO}$，由先发生的突发事件后果是否为损失状态决定，当产生的突发事件后果为直接损失，如人员伤亡、财产损失时，则停止传导。在突发事件传导关系贝叶斯网络模型的实际应用中，可以将判断突发事件后果是否为直接损失的状态变量进行简化，直接将突发事件损失后果输出。

（2）原生突发事件—次生突发事件关系链：传导路径为 $I \rightarrow \mathrm{RS} \rightarrow \mathrm{RO}$，表示先发生的突发事件后果形成另一突发事件的突发事件环境，状态变量表现为突发事件诱因的传导关系链。

依据以上突发事件传导关系贝叶斯网络结构和突发事件传导关系链的分析，为满足突发事件科学管理的要求，有必要进一步对突发事件传导关系的贝叶斯网络进行量化，建立突发事件传导关系的量化模型，为区域传导关系突发事件管理提供更为客观和科学的决策依据。

根据已建立的突发事件传导关系的贝叶斯网络结构，建立基于贝叶斯网络的突发事件传导关系量化模型。突发事件传导关系的贝叶斯网络 $\mathrm{AN} = (N, E, P)$，可以通过突发事件变量集合 N、突发事件传导关系的有向边集合 E 和突发事件传导关系链的条件概率集合 P 来描述。

（1）突发事件变量集合 N 的模型表示。

突发事件变量集合 N 由作为区域传导关系贝叶斯网络中的输入变量、状态变量和输出变量构成，即由突发事件传导关系链的原生突发事件 I、突发事件后果损失状态变量 LS、突发事件后果诱因状态变量 RS、基于损失状态判断的损失输出 LO，以及基于诱因状态判断的次生突发事件表现输出 RO 构成。可以将突发事件

变量集合 N 表示为如下的形式：

$$N = I \cup S \cup O \qquad (4\text{-}4)$$

其中，$\begin{cases} I = \{i_r \mid 1 \leqslant r \leqslant l\} \\ S = \mathrm{LS} \cup \mathrm{RS} = \{s_j \mid 1 \leqslant r \leqslant m\} \\ O = \mathrm{LO} \cup \mathrm{RO} = \{o_k \mid 1 \leqslant k \leqslant n\} \end{cases}$ 。

（2）突发事件传导关系的有向边集合 E 的模型表示。

突发事件传导关系的有向边集合 E 表示区域传导突发事件的因果关系集合。在区域传导关系的贝叶斯网络结构中，共有原生突发事件—损失关系链（传导路径为 $I \to \mathrm{LS} \to \mathrm{LO}$ ）和原生突发事件—次生突发事件关系链（传导路径为 $I \to \mathrm{RS} \to \mathrm{RO}$ ）两种关系链。

令 (a,b) 表示一条由 a 指向 b 的有向边，那么原生突发事件—损失关系链包含 (i_r, ls_j) 、 $(\mathrm{ls}_j, \mathrm{lo}_k)$ 两种有向边，原生突发事件—次生突发事件关系链包含 (i_r, ls_j) 、 $(\mathrm{rs}_j, \mathrm{ro}_k)$ 两种有向边，因而突发事件传导关系的有向边集合 E 可以表示为如下形式：

$$E = \left\{ (i_r, s_j), (s_j, s_i), (s_j, o_k) \mid i_r \in I, s_j \in S, o_k \in O \right\}$$

$$= \left\{ (i_r, \mathrm{ls}_j), (i_r, \mathrm{rs}_j), (s_j, s_i), (\mathrm{rs}_j, \mathrm{ro}_k), (\mathrm{ls}_j, \mathrm{lo}_k) \mid i_r \in I, s_j, \mathrm{ls}_j, \mathrm{rs}_j \in S, \mathrm{ro}_k, \mathrm{lo}_k \in O \right\}$$

$$(4\text{-}5)$$

（3）突发事件传导关系链的条件概率集合 P 的模型表示。

突发事件传导关系链的条件概率集合 P 表示区域传导关系突发事件条件概率的集合，是突发事件传导关系量化的基础。根据区域传导关系的贝叶斯网络结构所表示的传导突发事件因果关系，突发事件传导关系链的条件概率集合 P 由原生突发事件的先验概率 $p(i_r)$ 、原生突发事件引起突发事件后果状态的条件概率 $p(s_j \mid i_r)$ ，以及原生突发事件后果状态引起次生突发事件的条件概率 $p(o_k \mid s_j)$ 组成。

因而，突发事件传导关系链的条件概率集合 P 可以表示为如下形式：

$$P = \left\{ p(i_r), p(s_j \mid i_r), p(o_k \mid s_j) \mid i_r \in I, s_j \in S, o_k \in O \right\}$$

$$= \left\{ p(i_r), p(\mathrm{ls}_j \mid i_r), p(\mathrm{rs}_j \mid i_r), p(\mathrm{ro}_k \mid \mathrm{rs}_j), p(\mathrm{lo}_k \mid \mathrm{ls}_j) \mid i_r \in I, \mathrm{ls}_j, \mathrm{rs}_j \in S, \mathrm{ro}_k, \mathrm{lo}_k \in O \right\}$$

$$(4\text{-}6)$$

综上，突发事件传导关系的贝叶斯网络 $\mathrm{BN} = (N, E, P)$ 的模型表述如下：

$$\mathrm{BN} = (N, E, P) \qquad (4\text{-}7)$$

其中，

$$\begin{cases} N = I \cup S \cup O \\ I = \{i_r \mid 1 \leqslant r \leqslant l\} \\ S = \text{LS} \cup \text{RS} = \{s_j \mid 1 \leqslant r \leqslant m\} \\ O = \text{LO} \cup \text{RO} = \{o_k \mid 1 \leqslant k \leqslant n\} \\ E = \{(i_r, \text{ls}_j), (i_r, \text{rs}_j), (s_j, s_i), (\text{rs}_j, \text{ro}_k), (\text{ls}_j, \text{lo}_k) \mid i_r \in I, s_j, \text{ls}_j, \text{rs}_j \in S, \text{ro}_k, \text{lo}_k \in O\} \\ P = \{p(i_r), p(\text{ls}_j \mid i_r), p(\text{rs}_j \mid i_r), p(\text{ro}_k \mid \text{rs}_j), p(\text{lo}_k \mid \text{ls}_j) \mid i_r \in I, \text{ls}_j, \text{rs}_j \in S, \text{ro}_k, \text{lo}_k \in O\} \end{cases}$$

　　基于以上突发事件的贝叶斯网络 BN，可以得到区域传导关系突发事件各变量的联合概率分布：

$$p(i_1, i_2, \cdots, i_l, s_1, s_2, \cdots, s_m, o_1, o_2, \cdots, o_n)$$

$$= \prod_{r=1}^{l} p(i_r) \prod_{j=1}^{m} p(s_j \mid i_1, i_2, \cdots, i_l) \cdot \prod_{j=1}^{m} p(s_j \mid s_1, s_2, \cdots, s_m) \cdot \prod_{k=1}^{n} p(o_k \mid s_1, s_2, \cdots, s_m) \quad (4\text{-}8)$$

　　进而可以得到区域传导突发事件的贝叶斯网络中，通过原生突发事件后果传导的原生突发事件和次生突发事件的联合概率分布：

$$p(i_1, i_2, \cdots, i_l, o_1, o_2, \cdots, o_n)$$

$$= \prod_{r=1}^{l} p(i_r) \cdot \prod_{j=1}^{m} p(\text{rs}_j \mid i_1, i_2, \cdots, i_l) \cdot \prod_{k=1}^{n} p(\text{ro}_k \mid \text{rs}_1, \text{rs}_2, \cdots, \text{rs}_m) \quad (4\text{-}9)$$

　　进一步地，将式（4-9）变换得到区域传导突发事件的贝叶斯网络中，原生突发事件引致次生突发事件发生的条件概率分布：

$$p(o_1, o_2, \cdots, o_n \mid i_r) = \frac{\displaystyle\prod_{r=1}^{l} p(i_r) \cdot \prod_{j=1}^{m} p(\text{rs}_j \mid i_1, i_2, \cdots, i_l) \cdot \prod_{k=1}^{n} p(\text{ro}_k \mid \text{rs}_1, \text{rs}_2, \cdots, \text{rs}_m)}{p(i_r)}$$

$$(4\text{-}10)$$

　　当突发事件传导关系的贝叶斯网络中突发事件变量条件概率数据可得时，可以通过式（4-10）求得原生突发事件引致次生突发事件发生的条件概率，从而对突发事件进行贝叶斯网络结构推理，得到突发事件变量的传导关系，为突发事件管理决策提供依据。

4.5　实验模拟与结果分析

　　本节结合××区域突发事件应急管理的特点，建立基于特征分析的××区域突发事件的关联分析网络。

4.5.1　××区域突发事件的特征分析

本部分在突发事件管理体系理论框架的基础上，以××区域为例，从突发事件载体、突发事件环境和突发事件表现三方面建立景区突发事件管理体系，说明突发事件管理体系的实际构建过程。

1.××区域突发事件的载体分析

××区域为独具特色的大型山水园林，××区域突发事件载体在自然环境载体划分上包含码头、船只、船坞等水体环境载体，以及山石、地被、树木载体。××区域内大量稀有文物以及古建筑物、古树名木均为突发事件载体。景区内供水系统、配电用电、交通系统等设施内也可能发生各类突发事件，成为突发事件载体，如表4-5所示。

表 4-5　××区域突发事件载体体系

一级突发事件载体名称	二级突发事件载体名称
文物	露天文物
	展室展厅文物
	库藏文物
	古建筑物
	桥梁
	古树名木
	地上、地下遗存
水体环境	水体
	码头
	船坞
	其他岸边
	机械船只（柴油）
	机械船只（充电）
	人工船只（游客驾驶）
	人工船只（工作人员驾驶）
山石	
地被	
树木	
供水系统	给水管线
	污水管线
	蓄水池
	深井泵房
	水泵房

续表

一级突发事件载体名称	二级突发事件载体名称
交通系统	道路
	停车场
	自行车棚
	车辆
	景区大门
	建筑物入口
配送电设备	配电室
	闸箱
	线路
用电设备	办公、生活用电
	商业用电
	施工用电
库房	油料间
	材料库
	液化气瓶间
	商品库
	票库
	农药库
行政办公地点	财务室
	电话室
	网络机房
	档案室
旅游设施	商业网点
	临时商业网点
	座椅
	导示牌
	果皮箱
	垃圾废弃物
	垃圾场
	公用电话
	卫生间
	解说系统
	售票室
	广播室
	临时性设备（如舞台等）

续表

一级突发事件载体名称	二级突发事件载体名称
餐饮	对外餐饮
	对内餐饮
防灾避险系统	消防设备
	防爆设备
	防汛设备
	安防设备
	救生设备
	园内消防通道
	园外消防通道
	中控室
	派出所
	急救中心
	应急电话
	避雷装置
周边环境	公交站点
	周边自然环境
园内人员	

2. ××区域突发事件的环境分析

　　××区域突发事件载体可能存在着各类突发事件诱因，同××区域突发事件载体共同作用，最终导致突发事件发生。例如，××区域展示厅内文物存在着可移动性、可燃性、珍惜性等物品属性；区域内古建筑物受到风、雨、地震等自然环境因素的影响，可能发生倒塌、老化的突发事件；区域内树木、水体都可能受到微生物类、昆虫类等生物因素威胁，而被侵蚀污染；区域内施工噪声污染、尾气排放可能导致水体或人员发生突发事件；区域内基础设施线路老化可能导致火灾；区域内道路狭窄，人员密度高，可能发生人员拥挤踩踏事故；等等。考虑到突发事件载体特点，××区域突发事件环境体系如表4-6所示。

表4-6　××区域突发事件环境体系

一级突发事件环境	二级突发事件诱因
物品自身属性	可燃性
	可移动性
	可腐蚀性
	导热性
	爆炸性

续表

一级突发事件环境		二级突发事件诱因
物品自身属性		珍稀性
		传染性
		毒性
		导电性
自然因素	环境因素	风
		雨
		雷电
		雪
		地震
		空气干湿度
		空气温度
		山势、地势
	生物因素	飞禽
		昆虫类
		猫类
		微生物类
		植物类
		软体动物类
		鼠类
人为环境	外部环境	施工建设
		尾气排放
		噪声污染
		物流运输
		"黑导游""游商"等
	园内环境	避雷装置
		线路老化
		不合格产品
		用电设备增加
		弱电环境与强电环境的临近性
		防洪系统失灵
		恒温恒湿系统失灵
		应急联动系统缺失
		建筑、工程质量问题
		道路狭窄
		群体院落

续表

一级突发事件环境		二级突发事件诱因
人为环境	园内环境	分布的分散性
		警示牌等设施的毁坏
		安全监控设施的缺失与损坏
		消防设施出现问题（压力不够、消火栓中没有水等）
		救生设备缺失、损毁
	园内游客	明火（吸烟、打火机）
		损坏行为（刀刻等）
		人群拥挤
		犯罪行为（偷窃、投毒等）
		游客不按照规定游玩（划船打闹、到冰面滑冰等）
		特殊的管理对象（老弱病残类）
安全保卫管理工作	园内职工	使用明火
		用电
		用水
		取暖
		维修设备
		（违反）工作操作规程（移动文物、食品消毒与加工等）
		临时工流动性大、比例高
		员工素质
	管理工作者	工作量大，安排不到位
		安全工作人员不足
		资金不到位
		维修保养不及时
		培训不到位
		应急预案的制订与管理问题
		安全管理手册的制定
		园内安全检查工作的制定与落实
		合作单位的安全检查工作的落实
		安全管理职责部门交叉、责任无法落实的问题

3. ××区域突发事件的表现分析

在××区域突发事件载体的基础上，结合突发事件环境，可以进一步总结出××区域各部件的突发事件类别，如表4-7所示。

表 4-7　××区域突发事件管理体系分析——突发事件表现分析

一级突发事件表现	二级突发事件表现
自然灾害类突发事件	自然风化、锈蚀、老化
	自然松动、脱落
	虫灾
	倒塌
	滑坡
	水灾
	风灾
	雪灾
	火灾
	生物或微生物侵蚀
	冻害
	植物流行病害
事故灾害类突发事件	盗抢、丢失
	人为损毁（园内物体本身）
	火灾
	爆炸
	视觉破坏（外部环境）
	污染（生态环境破坏）
	供水系统破坏（破裂、堵塞、停水）
	供电系统破坏
	信息系统破坏（网络中断、数据丢失）
	通信系统破坏
	防盗网络瘫痪
	视频系统瘫痪
	消防系统瘫痪
	医疗救助系统瘫痪
	温湿系统瘫痪
	（库房）原料泄漏（油料间、液化气瓶间、船只等）
公共卫生事件类突发事件	疫情（动物、传染病等）
	食品安全（变质等产品自身问题）
	人为投毒
人员突发事件	游客落水
	游客自杀
	游客受伤（外伤、食物中毒等）
	游客死亡（外力）

续表

一级突发事件表现	二级突发事件表现
人员突发事件	游客拥挤踩踏
	游客对服务工作的投诉
	游客贵重物品丢失
	游客到达非对外开放处所
	游览秩序破坏（打架等）
	工作人员落水
	工作人员伤亡

4.5.2　××区域突发事件关联关系的基本框架

本部分针对突发事件关系进行了全面的分析和研究，在对突发事件进行管理的实际工作中，掌握突发事件之间的相互作用关系、作用强度和作用方向，能够为突发事件管理工作提供一个更为客观和科学的决策依据。

研究中对突发事件关系的分析是从突发事件共生关系和突发事件传导关系两方面进行的。其中，突发事件共生关系是从突发事件在景区区域中，面对共同的突发事件环境，可能具有的共同突发事件诱因角度出发的，从而得到具有共同诱因的突发事件能够同时发生的可能性；而突发事件传导关系是从观察到的已经发生的突发事件表现出发，对该突发事件引起的后果，可能形成其他突发事件的突发事件环境，从而可能导致其他突发事件发生的可能性。综合考虑突发事件的共生关系和传导关系两方面，突发事件共生关系和突发事件传导关系存在的同时，另外一种突发事件关系也可能存在，在突发事件管理工作的实践中，突发事件管理工作人员可以从实际观察到的现象角度入手，对突发事件进行全面管理。图 4-8 是突发事件关系的一个基本框架，综合考虑了突发事件共生关系和传导关系。

综合突发事件的共生关系和传导关系，能够得到突发事件关系的基本框架，在突发事件管理的实践中，可以结合易观察到的现象，从突发事件环境、突发事件表现、突发事件后果任何角度出发，都能够基于突发事件关系，有效展开突发事件管理工作。对突发事件关系的更深入分析，有待结合更多突发事件的实际数据，进行进一步研究。

1.××区域突发事件的共生关系分析

本部分以××区域为例，说明突发事件共生关系模型建模方法及应用过程，具体数据包含××区域各类突发事件发生的可能性、突发事件后果严重性、导致突发事件发生的突发事件诱因评估、单个突发事件诱因导致突发事件发生的概率等数据。

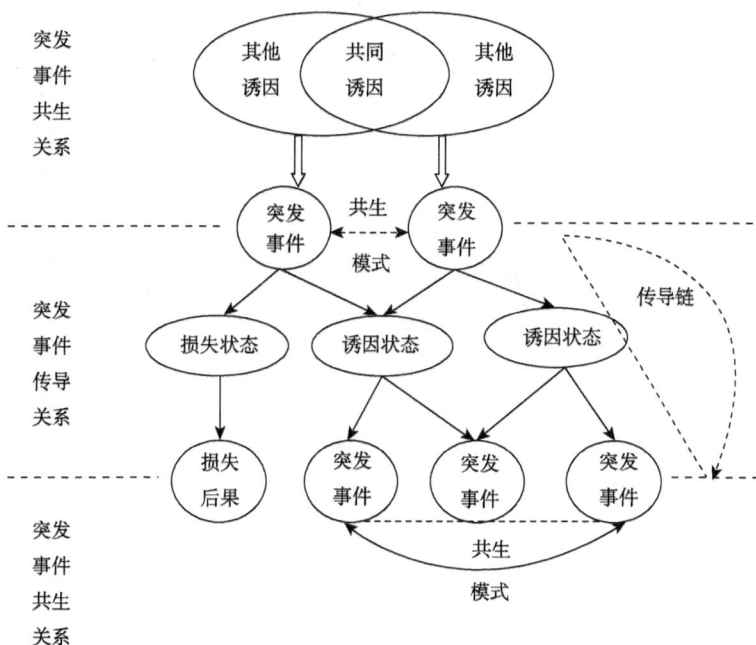

图 4-8　突发事件关系的基本框架

基于××区域突发事件中的突发事件发生认可度 $\hat{\varepsilon}_i$ 和突发事件发生可能性评估 $\overline{\mu}_j$，得到每个突发事件发生概率 $p(\text{BR}_j)=\dfrac{\overline{\mu}_j}{5N\hat{\varepsilon}_i}$，且根据指标"突发事件诱因对突发事件表现的作用是否存在"η_{ij} 和突发事件中的突发事件发生认可度 $\hat{\varepsilon}_i$，可以估计突发事件诱因对突发事件表现的条件概率 $p(\text{BR}_j|C_i)=\dfrac{\eta_{ij}}{\hat{\varepsilon}_i}$。根据突发事件诱因对突发事件表现的条件概率 $p(\text{BR}_j|C_i)$ 可求得基于估计的突发事件发生概率 $p(\text{BR}_j)$ 对上述条件概率的全概率公式，进而进行多元线性回归，即 $p(\text{BR}_j)=p(\text{BR}_j|C_i)\cdot p(C_i)$，从而得到突发事件诱因的先验概率估计值 $p(C_i)$，见表 4-8。

表 4-8　××区域突发事件诱因先验概率估计

类别	属性	突发事件诱因	$p(a_s)$
自然因素	环境因素	风	0.027 7
		雨	0.009 0
		雪	0.050 2
		空气干湿度	0.003 4

续表

类别	属性	突发事件诱因	$p(a_s)$
自然因素	环境因素	空气温度	0.027 5
	生物因素	昆虫类	0.001 3
		微生物类	0.020 5
人为环境	外部环境	施工建设	0.019 8
		尾气排放	0.000 3
		噪声污染	0.000 2
	园内环境	避雷装置	0.000 2
		线路老化	0.022 2
		不合格产品	0.000 3
		用电设备增加	0.000 4
		弱电环境与强电环境的临近性	0.041 9
		防洪系统失灵	0.000 4
		恒温恒湿系统失灵	0.060 1
		应急联动系统缺失	0.000 4
		建筑、工程质量问题	0.000 4
		道路狭窄	0.000 4
		群体院落	0.000 2
		分布的分散性	0.078 4
		警示牌等设施的毁坏	0.069 7
		安全监控设施的缺失与损坏	0.002 1
		消防设施出现问题	0.000 4
		救生设备缺失、损毁	0.037 7
	园内游客	明火	0.000 4
		损坏行为	0.005 9
		人群拥挤	0.025 7
		犯罪行为	0.026 5
		游客不按照规定游玩	0.034 7
		特殊的管理对象	0.000 1
物品自身属性	可燃性		0.008 3
	可腐蚀性		0.047 8
	可移动性		0.073 7
	爆炸性		0.023 1
	毒性		0.047 8

续表

类别	属性	突发事件诱因	$p(a_s)$
物品自身属性	导电性		0.006 3
安全保卫管理工作	园内职工	使用明火	0.000 2
		用电	0.000 1
		用水	0.000 2
		取暖	0.000 2
		维修设备	0.000 4
		违反工作操作规程	0.000 2
		临时工流动性大、比例高	0.000 4
		员工素质	0.039 6
	管理工作者	工作量大，安排不到位	0.036 9
		安全工作人员不足	0.000 1
		资金不到位	0.000 1
		维修保养不及时	0.040 7
		培训不到位	0.024 4
		应急预案的制订与管理问题	0.005 6
		安全管理手册的制定	0.000 2
		园内安全检查工作的制定与落实	0.015 3
		合作单位的安全检查工作的落实	0.001 2
		安全管理职责部门交叉、责任无法落实的问题	0.000 2

依据本部分的突发事件共生关系模型，将突发事件表现对突发事件诱因的条件概率 $p(A_i\,|\,x_k)$、突发事件诱因先验概率 $p(x_k)$ 及突发事件发生概率 $P(A_i)$ 数据代入式（4-2）中，从而得到基于共同突发事件诱因的突发事件共生关系。以下举例说明突发事件关系模型对突发事件共生关系的分析结果。

1）展示厅文物和古建筑物自然风化、锈蚀、老化突发事件共生关系

当景区内展示厅文物发生自然风化、锈蚀、老化时，古建筑物和其具有相近的风、雨、空气干湿度、空气温度等突发事件诱因，从而同时发生自然风化、锈蚀、老化的概率为 0.422 9，两种突发事件同时发生的概率很高，当工作人员看到园内展示厅文物或古建筑物发生自然风化、锈蚀、老化现象时，对另一景点进行监控，很可能突发事件已经发生（图 4-9）。

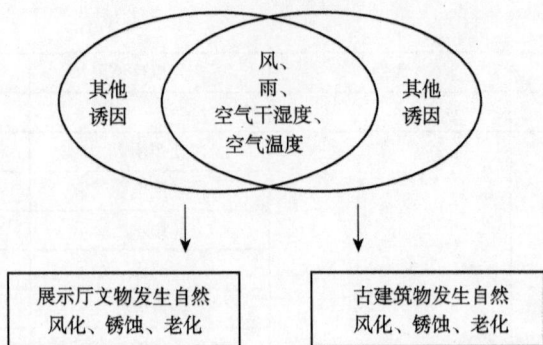

图 4-9　展示厅文物和古建筑物自然风化、锈蚀、老化突发事件共生关系

2）库藏文物和展示厅文物盗抢、丢失突发事件共生关系

当库藏文物发生盗抢丢失时，展示厅文物发生盗抢丢失的突发事件和其具有共同的可移动性、珍惜性、安全监控设施故障、园内游客的犯罪行为等突发事件诱因，两者同时发生的概率高达 0.489。在景区实际管理操作中，对库藏文物或展示厅文物进行防盗突发事件预防，或某一突发事件已经发生时，都应及时检查另一区域是否发生盗抢、丢失的突发事件，及时采取管理措施（图 4-10）。

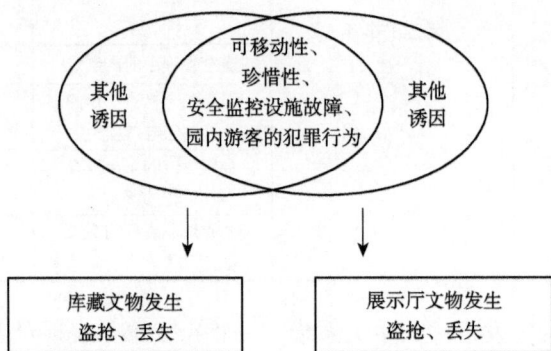

图 4-10　库藏文物和展示厅文物盗抢、丢失突发事件共生关系

3）水体污染、生态环境破坏和园林树木遭受微生物侵蚀突发事件共生关系

景区水体受到污染、生态环境遭到破坏时，园林树木受到生物或微生物侵蚀的突发事件和其具有共同生物微生物、园内游客损坏行为、工作人员维护保养不及时等突发事件诱因，两种突发事件同时发生的概率为 0.311。那么，水体管理部门或园林管理部门发现管辖区域内发生上述突发事件或发现存在严重突发事件诱因时，都应及时通报另一部门，以采取突发事件预防和突发事件救助措施（图 4-11）。

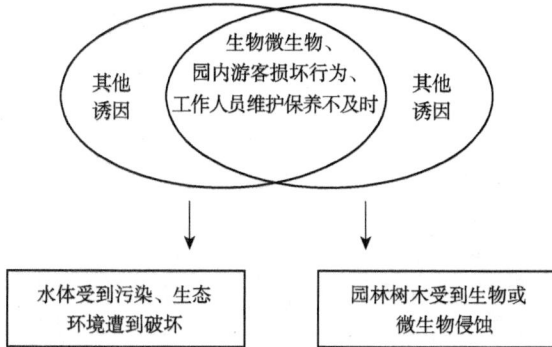

图 4-11 水体污染、生态环境破坏和园林树木遭受微生物侵蚀突发事件共生关系

4）展示厅文物发生火灾和消防设备发生火灾突发事件共生关系

景区展示厅文物发生火灾时，基于共同的可燃性、园内人员使用明火、线路老化等突发事件诱因，旅游设施中消防设备同时发生火灾的概率为 0.34。当景区内某处发生火灾时，应及时检查火灾共生关系强的区域，及时采取应对措施；同时，当发现某一区域存在线路老化等突发事件诱因时，亦应对其他区域线路进行排查，合理预防火灾突发事件发生（图 4-12）。

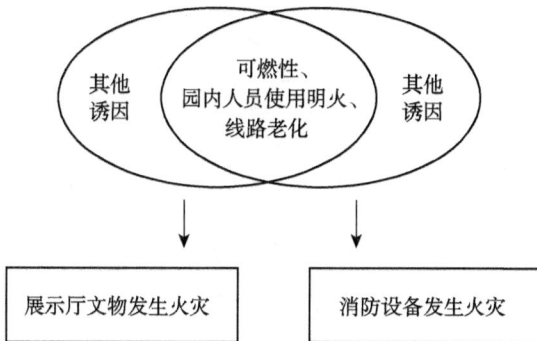

图 4-12 展示厅文物发生火灾和消防设备发生火灾突发事件共生关系

2. ××区域突发事件的传导关系分析

本部分以××区域中山石滑坡突发事件和展示厅文物火灾分析为例，说明基于贝叶斯网络的突发事件传导关系模型建模方法及应用过程，具体数据包含××区域各类突发事件发生的可能性、突发事件后果严重性、导致突发事件发生的突发事件诱因评估、单个突发事件诱因导致突发事件发生的概率等。

根据图 4-13 所示的××区域发生山石滑坡突发事件的初始贝叶斯网络结构及各变量的条件概率或先验概率数据，用 Python 软件进行编程求解，得到山石滑坡突发事件的次生突发事件对原生突发事件的条件概率，并对突发事件传导关系不显著的突发事件输出层变量进行剪枝后，得到××区域山石滑坡突发事件传导的贝叶斯网络结构，如图 4-14 所示。

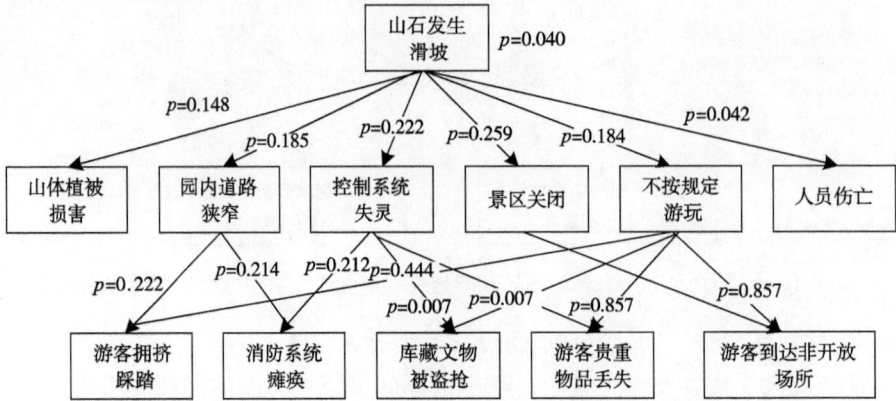

图 4-13　××区域发生山石滑坡突发事件的初始贝叶斯网络结构

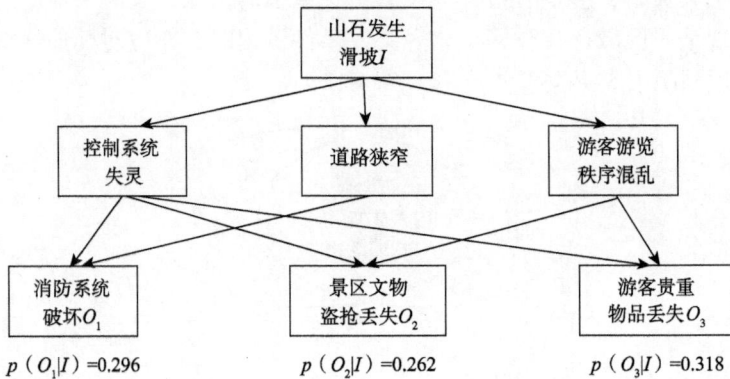

图 4-14　××区域山石滑坡突发事件传导的贝叶斯网络结构

由图 4-14 可以看到，当景区发生山石滑坡突发事件时，导致其控制系统失灵、道路狭窄和游客游览秩序混乱的突发事件后果，形成了消防系统破坏、景区文物盗抢丢失及游客贵重物品丢失等突发事件的突发事件环境，并且经过贝叶斯网络的计算，次生突发事件发生的可能性较大。山石滑坡引致消防系统破坏突发事件的条件概率是 0.296，引致景区文物盗抢丢失突发事件的条件概率是 0.262，引致游客贵重物品丢失突发事件的条件概率是 0.318。那么，在突发事件管理的实际工作中，一旦发生山石滑坡突发事件，管理工作人员在对直接损失进行处理和抢险的同时，应该对其可能引起的次生突发事件的传导链进行有效处理，避免突发事件蔓延。

景区展示厅文物发生火灾突发事件时，最直接的突发事件损失后果是文物损毁，若险情严重也可能直接导致人员伤亡。同时，当展示厅发生火灾后，可能导致展示厅内安全监控设施烧毁被破坏，处于慌乱的人群可能造成拥挤，由于突发事件的发生，管理人员工作量瞬时增大，人手会不足。当山石发生滑坡至地面后，园内道路可能被阻塞，变得狭窄，造成景区内部分景点关闭。这些突发事件后果的产生，可能会进一步导致游客拥挤，酿成踩踏事故，导致展示厅内外文物会在慌乱中失窃等次生突发事件。

在景区展示厅文物发生火灾突发事件为原生突发事件的贝叶斯网络中，景区展示厅文物发生火灾为输入变量，其引起的突发事件后果状态变量中，文物损毁和人员伤亡为损失状态的突发事件后果；安全监控设施破坏、人群拥挤以及管理人员人手不足为诱因状态的突发事件后果，可能进一步导致次生突发事件。而这些诱因状态的突发事件后果形成了展示厅文物被盗抢、防盗网络瘫痪、游客贵重物品丢失等突发事件的突发事件环境，可能导致这些次生突发事件发生。

结合突发事件管理专家对展示厅文物发生火灾突发事件后果可能性的评估意见处理后的数据，以及式（4-7）中景区区域传导突发事件的贝叶斯网络模型，可以构建××景区展示厅文物发生火灾的初始贝叶斯网络结构，如图 4-15 所示。

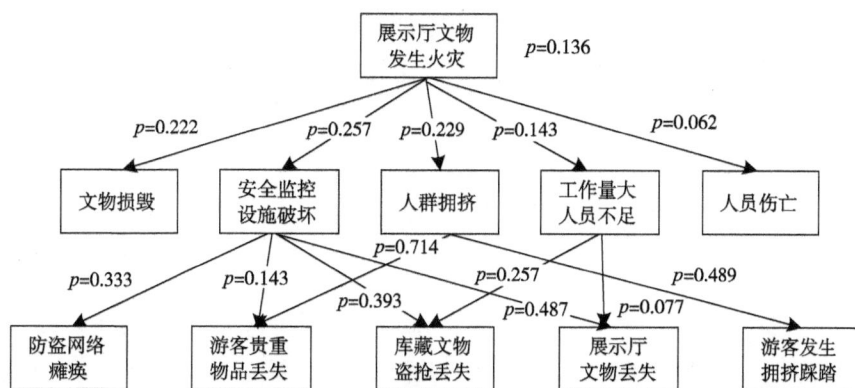

图 4-15　　××景区展示厅文物发生火灾的初始贝叶斯网络结构

根据图 4-15 所示的××景区展示厅文物发生火灾的初始贝叶斯网络结构及各变量的条件概率或先验概率数据，用 Python 软件进行编程求解，能够得到展示厅文物发生火灾突发事件的次生突发事件对原生突发事件的条件概率，并对突发事件传导关系不显著的突发事件输出层变量进行剪枝，得到××景区展示厅文物发生火灾突发事件传导的贝叶斯网络结构，如图 4-16 所示。

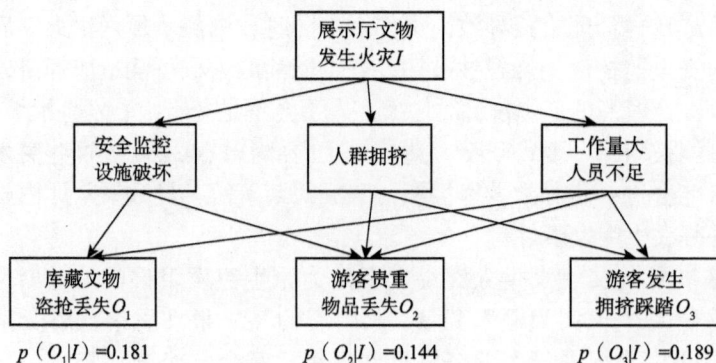

图 4-16　××景区展示厅文物发生火灾突发事件传导的贝叶斯网络结构

　　由图 4-16 的景区展示厅文物发生火灾突发事件传导的贝叶斯网络结构可以看到，当景区展示厅文物发生火灾时，导致其安全监控设施破坏、人群拥挤以及管理工作人手不足的突发事件后果，形成了库藏文物盗抢丢失、游客贵重物品丢失和游客发生拥挤踩踏事故等突发事件的突发事件环境，并经过贝叶斯网络的计算，次生突发事件发生的可能性较大。展示厅文物发生火灾引致库藏文物盗抢丢失的条件概率是 0.181，引致游客贵重物品丢失突发事件的条件概率是 0.144，引致游客发生拥挤踩踏突发事件的条件概率是 0.189。那么，在突发事件管理的实际工作中，一旦景区展示厅文物发生火灾突发事件，管理工作人员在对直接损失进行处理和抢险的同时，应该对其可能引起的次生突发事件的传导链进行有效处理，避免突发事件蔓延。

第5章 突发事件网络本体关联提示分析理论与模型

近期，一个非常新颖的思路是将非常规突发事件之间通过其内部的相似性和关联性，构造出一个规模充分，具有统计分析意义的网络，然后通过该网络找出隐藏于非常规突发事件内部的模型和特性。大量的实证研究表明，许多现实世界网络往往具有一些共性（汪大海等，2012）。例如，聚类系数高，即节点之间聚集程度较高；类别结构强，即网络是由若干内部元素联系紧密的子图构成的，这些子图之间联系稀疏，更有可能具有相同的性质和功能。这些共性就意味着我们通过构建具有显著指导意义的非常规突发事件网络，可以寻找新发生的非常规突发事件与网络中的已有时间之间的关联性，找出关联性最强的事件，利用其处理方案作为借鉴及经验，在短时间内指导突发灾害的应急管理。如图 5-1 所示，当新的突发事件爆发时，我们可以将其转化成新节点 New 加入突发事件网络中，然后找到与其最相关的节点所代表的事件作为参照和指导，快速及时地减少突发事件所带来的人民生命危险和财产损失。

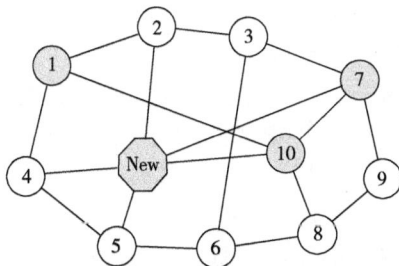

图 5-1　引入新节点 New 的突发事件网络结构示意图
灰色的节点表示与新节点最相似的节点

相比于一般的应急事件，非常规突发事件应急存在一些重大差异：其中，非常规突发事件的罕见性，决定了我们很难依赖历史数据或经验案例直接找到处理危害的应急方案，需要经过全面的统筹规划，通过非常规、非传统和非程式化的手段，做出快速果决的决断和行动；非常规突发事件的迫切性，决定了我们需要对具体的事件情景实现快速的决策响应，以合理应对其带来的次生及衍生危害。针对复杂问题隐含的巨大不确定性空间，可以考虑通过各种手段，寻找敏捷快速的行动方式直奔新加入事件主体，从而对问题本质准确定位，用最快的响应和处理速度将事件产生的危害降到最小。本章基于非常规突发事件之间的各种关系及关联程度，创新性地将非常规突发事件用本体形式来表示，进一步构建基于本体的非常规突发事件网络。为了能够快速地找到最相关的案例并及时地指导，在本体网络的基础上，我们提出了一种利用交互时间距离（commute time distance，CTD）的快速搜索算法，该算法利用谱分析和复杂网络性质分析，能快速找到与新加入节点（新发生突发事件）最相关的案例，从而利用相关措施对紧急危害进行及时的指导。最后本章分析了网络性质并验证了实际案例，特别是利用青岛"11·22"输油管道爆炸案，验证了快速搜索算法的有效性，结果表明此方法可以高效而方便地应用到各种实际情况中。

5.1　非常规突发事件与网络分析

突发事件大多是在人们毫无准备之下发生的，尤其是非常规突发事件往往使应急救援人员不知所措，很可能导致错误决策或者错过最佳应对时间。2003 年 12 月重庆开县特大井喷事故爆发后最初的 18 小时内应急响应失误，说明应急决策人员在突发事件的响应和处置过程中需要发挥聪明才智和坚强意志之外，还需要现代科技的支持与协助。而随着计算机技术的高度发展，智能化的决策支持工具和方法已成为可能。因此，借助计算机智能辅助决策技术帮助决策者在紧急情景中准确快速做出决策，成为非常规突发事件应急决策工作的重要研究内容与服务目标。

应急决策活动表现为一个动态过程，是指在突发事件突然发生时，应急决策主体在有限的时间、资源和人力等约束的压力下，搜集、处理灾难事故现场的信息，通过全局性考量而明确问题与目标，依据决策经验和计算机辅助决策支持系统等，分析评价各种预案并选择适用的方案，组织实施应急方案，跟踪检验并调整方案直至事件得到控制为止的一个动态决策过程。这里的突发事件既包括一般突发事件也包括非常规突发事件。在前一种情况中是一些常规的、一般性的突发事件时，事件处置的目标和问题往往是结构化、程序化的，这类问题的求解过程即决策相对简单，决策者往往依靠预案和个人经验即可做出合理决策。

而在非常规突发事件的非常态情景下，突发事件往往表现出高度破坏性、衍生性、快速扩散性和不研究性等特征。每一次非常规突发事件的发生对于决策者而言，很可能都是类型全新、特征全新、危害全新的灾难，如何快速且有效应对这类非常规突发事件或极端事件则是一个半结构化或非结构化的决策问题，与常规决策在决策时间、决策信息、可用资源以及决策模式上都存在差异，是一个特殊的决策活动过程。本书将这类事件的应急决策问题作为研究对象。

　　非常规突发事件的紧急性、信息不完全、决策面临的高度不确定性和可用资源的约束等因素，给决策者短时间内作出决策带来巨大困难。由于这类事件是极少遇到或从未遇到的小概率事件，决策者常常缺乏对这类事件演化发展的规律认识和处理经验，往往面临极大的心理压力，决策者所能依赖的只是应急预案、应急知识以及个人经验、感觉等。如果应急预案不符合当前事件的特征而无法使用，加之决策者个人经验和感觉出现偏差，应急决策出现盲目行为甚至错误决定则在所难免。而随着计算机、信息化技术的发展，案例辅助决策法成为理论界和应急实践界颇受重视的应急决策方法，其中以案例推理技术最为典型。如何开发和应用面向突发事件的以服务应急决策为目标的案例推理技术，成为目前应急理论研究的前沿领域和重要目标。

　　国外关于突发事件演化的研究从 Mileti 开始，Burkholder 和 Michael（1995）、McMullan（1997）、Mitroff（2001）、Shaluf（2003）等先后构建了突发事件演化的阶段理论或概念模型。而有关事件演化与应急决策的关系研究，比较早的是 Allison 和 Zelikow（1971）文章中阐述的危机与决策的关系以及决策模式，强调了信息在危机决策中的作用。Janis（1989）在总结决策模式基础上，提出危机决策流程的约束模型及四大步骤，讨论了信息搜集在问题确认，资源利用、分析和方案形成、评估以及方案选择中起的作用，此外还有一些研究集中于应急决策模型和应急决策影响因素，如Pauwels 等（2000）、Barbarosoglu 和 Arda（2004）、Serafini（2006）等的研究。

　　近年来，国内开始关注突发事件演化研究，研究者从发生、发展、蔓延、衍生、转化、耦合等多个角度出发并审视其内在规律性，如刘铁民（2006）在对典型重特大事故比较研究的基础上，应用系统动力学理论分析重大事故孕育、发生、发展和激变的动力学特征，并建议应用系统动力学理论与方法建立决策实验室，以提高对重大事故风险控制水平。余廉和蒋珩（2007）、余廉和雷丽（2008）也较早地采用系统动力学方法，对突发事件扩散中的测度、扩散模式、驱动力、影响因素等进行了研究。还有学者就突发事件演化中的信息处理问题进行研究，如谢力（2004）、汤敏轩（2004）等，部分学者还专门就突发事件扩散机理进行了研究，如吴国斌（2007）、荣丽丽和张继永（2012）等，还有学者借用博弈理论、复杂网络理论等来分析突发事件的演化模型，如刘德海（2005）、孙康和廖貅武（2006），或演化模式，如陈长坤等（2009）、荣丽丽和张继永（2012），或演化流程，如罗成琳和李向阳（2009），或危机事件动力学模型，如温宁和刘铁民（2011），等等。

　　总体来说，国外研究更多地关注事件演化规律，并试图建立一般抽象模型，重视信息在危机决策中的作用，关注应急决策模型和应急决策影响因素，缺少对事件演化的内在机理分析的细分以及建立在演化基础上的决策过程分析。国内有关研究渐增，多为质性研究，少量研究开始尝试采用定量方法，研究重点在于事件演化规律而非演化之于应急决策的影响，缺少事件演化规律对应急决策的影响和作用机理的研究，从演化机理出发探讨应急决策的过程和效果评价的研究更不多。

5.2　事件本体关联网络概念及定义

5.2.1　事件的本体关联

为了开展研究，我们需要构建出基于非常规突发事件的网络结构，并以此为基础，研究非常规突发事件相关的快速检索及动态分析。一般来说，非常规突发事件的案例通常是利用文本的形式表达并存储的，而网络是由点和边构成的。句子是文本中能够表示完整语义信息的最小单位，因此我们用节点表示句子，以句子为单位进行文本的结构特征分析具有可靠性。而网络中边的界定原则是如果两个句子间有一个或多个共同的名词则产生一条关联边，否则两者不相连。基本做法如下：构建两个矩阵 A 和 W，矩阵 A 表示句子间是否存在边，具体来说如果节点 i 和节点 j 之间有边，则 $a_{ij} = a_{ji}$ 等于 1，否则为 0。矩阵 W 表示边的权重，w_{ij} 表示节点 i 和节点 j 中出现共同词的次数。通过这种方式，可以得到两个句子所代表的事件之间共同名词的关系和关联度，并最终构建出给予文本的复杂网络。

进一步，我们还可以利用本体技术来分析非常规突发事件的案例。当利用本体表示案例的时候，本体之间的关联可以分解为事件或者实体的关联的集合或运算，因此这是一种更加高效的表示方法，但也更加复杂。本节重点介绍本体网络构建形式。

非常规突发事件本体关联实例图如图 5-2 所示。

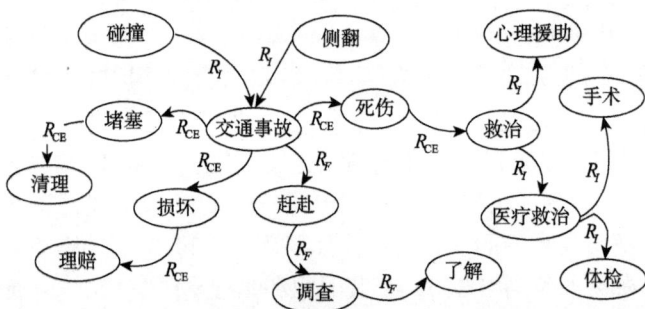

图 5-2　非常规突发事件本体关联实例图

定义 5-1（事件要素）：我们可以利用一个六元组 $E=(O, A, T, V, P, L)$ 表示非常规突发事件。其中，我们将 E 中的元素定义为事件的要素，其中 O 表示对象（object）、A 表示动作（action）、T 表示时间（time）、V 表示环境（environment）、P 表示断言（predicate）、L 表示语言（language）。我们将具有共同特征的事件归并为一个事件类（event class），并用 EC 表示它：

$$EC=(E, C_1, C_2, \cdots, C_6)$$

其中，元素 E 表示事件的集合；O, A, T, V, P, L 分别表示事件集合 E 中的每个事件在对应要素上具有的共同特性的集合。

定义 5-2（事件本体）：我们可以把事件本体的逻辑结构定义为一个三元结构 $EO=\{ECS, R, Rules\}$，其中，ECS 是所有事件类的集合；R 包括事件类之间的分类关系和非分类关系，分类关系可构成事件类的层次，非分类关系上标明关系种类名。

定义 5-3（事件之间的基本关系）：

一是构成关系。如果一些子事件 e_i（$i \in [1,n]$）共同构成一个整体 e，那么它们具有构成关系。如果事件 e_1 是事件 e_2 的组成部分，那么该构成关系表示为 $R_I(e_1, e_2)$。

二是伴随关系。如果在事件 e_1 发生之后事件 e_2 会在一定时间后也伴随着发生，并且这种伴随发生的概率大于特定的阈值，那么可以称事件 e_1 和事件 e_2 之间具有伴随关系，并表示为 $F_O(e_1, e_2)$。

三是因果关系。如果事件 e_2 的发生是由事件 e_1 引起的，而且这种引起的概率大于特定的阈值，则事件 e_1 和事件 e_2 间具有因果关系，并表示为 $R_{CE}(e_1, e_2)$。

四是共生关系。如果事件 e_1 和 e_2 会在一定的时间内同时或先后发生，而且这种同时或先后发生的概率大于特定的阈值，则称事件 e_1 和 e_2 之间具有共生关系，并表示为 $R_C(e_1, e_2)$。

对非常规突发事件的检索匹配，单向关系不是必需的，因此这里我们不要求单向关系，网络中一律取无向边。

5.2.2　事件的相似度和差异度

定义 5-4（事件相似度）：对任意两个事件 e_i 和 e_j，它们之间的相似度可以定义为对应事件要素之间的相似度之和 $\mathrm{SIM}(e_i, e_j) = \sum_{k=1}^{6} w_k s(e_{ik}, e_{jk})$，$k=(o, a, t, v, p, l)$，其中，$\mathrm{SIM}(e_i, e_j)$ 表示事件 e_i 和 e_j 之间的相似度；e_{ik} 为 e_i 的第 k 个要素，e_{jk} 为 e_j 的第 k 个要素，w_k 表示事件各要素的权重，其值位于区间[0, 1]并且标准化为 $\sum w_k = 1$。从定义可以看出，事件 e_i 和 e_j 之间的相似度 $\mathrm{SIM}(e_i, e_j)$ 位于区

间[0，1]，其中 0 表示事件 e_i 和 e_j 完全不相似，1 表示事件 e_i 和 e_j 完全相似，即同一个事件。这里，相似度低于特定的阈值时，我们也可以认为两个事件完全不相似。

定义 5-5（事件差异度）：计算事件差异度是构建关联权重网络的基础。对任意两个事件 e_i 和 e_j，它们之间的差异度可以定义为对应事件要素之间的相似度之和

$$\text{DIF}(e_i,e_j)=1-\text{SIM}(e_i,e_j)=1-\sum_{k=1}^{6}w_k s(e_{ik},e_{jk})，k=（o，a，t，v，p，l）$$，其中，SIM

（e_i，e_j）表示事件 e_i 和 e_j 之间的相似度。因为 SIM（e_i，e_j）的值位于区间[0，1]，从定义可以看出，事件 e_i 和 e_j 之间的差异度 DIF（e_i，e_j）也位于区间[0，1]，其中 0 表示事件 e_i 和 e_j 完全相似，1 表示事件 e_i 和 e_j 完全不相似。事件的差异度可以定义为网络中边上的距离权重，一般距离最小（差异度最小）的事件对被认为是最相似的事件对。

5.2.3　非常规突发事件网络的构建

定义 5-6（非常规突发事件网络）：根据定义 5-5，构建非常规突发事件网络，其中网络节点表示事件，网络连边表示事件之间的关系。我们可以将一系列的事件节点用连边组合成具有一定规模的无向加权图，即为非常规突发事件网络，并用 NET=[N，L，W]表示，其中 E 表示事件的集合，$N\{a_1，a_2，a_3，\cdots，a_n\}$为节点集，其中节点 a_i 表示一个特定事件特征，n 为网络中节点的个数；L：$\{(a_1,a_2,\omega(a_1,a_2)),(a_1,a_3,\omega(a_1,a_3)),\cdots,(a_i,a_j,\omega(a_i,a_j)),\cdots\}$为边集，其中边 l_{ij}（i，j=1，2，$\cdots$，n，且 $i\neq j$）表示两个邻接节点 a_i 和 a_j 代表事件之间的各类对应关系；W 表示事件之间的关系距离（差异度权重）集合，即边 l_{ij} 的权值 $\omega(a_i,a_j)$，对应于我们前面计算的事件之间的差异度 DIF（e_i，e_j）。

构建非常规突发事件网络的具体步骤如下。

步骤一：将节点集合 N 和边集合 E 初始化为空集{}。

步骤二：将事件集合 $E=\{e_1,e_2,\cdots,e_i,e_j,\cdots,e_n\}$ 中的各个事件映射到非常规突发事件网络图结构的节点上，进而得到节点集合 $N=\{a_1,a_2,\cdots,a_i,a_j,\cdots,a_n\}$。

步骤三：对节点集合 N 中的任意节点 a_i，依次分析与 a_i 相关联的节点 a_j 及其之间具有构成、伴随、因果及共生关系，有关系则添加一条边 l_{ij}。

步骤四：计算边 l_{ij} 对应的事件 e_i 和 e_j 之间的差异度 DIF（e_i，e_j），使其等于边 l_{ij} 的距离权重 $\omega(a_i,a_j)$。如果事件之间的差异度大于等于某个阈值，则保留边 l_{ij}，否则删除 l_{ij}。

重复步骤三和步骤四，从而得到网络边集合 $L=\{\cdots,l(a_i,a_j),\cdots\}$。整合全部要素产生的 NET=[N，L，W]即事件集合对应的非常规突发事件网络。

5.3　基于网络分析的非常规突发事件案例提示技术

本节利用前面建立的非常规突发事件网络来进行快速的案例匹配及评估等工作。特别需要指出的是，当出现非常规突发事件时，可以将该事件看做新加入的节点（new adding node），并需要将该节点加入已存在的突发事件关联网络（existing network）中。新加入节点与已存在网络的关联建立，可以按照文本关联或者本体关联的形式。然后，利用网络拓扑结构及动力学分析，判断出新加入节点与现存网络中哪些节点最相似。这些最相似节点所代表的突发事件及相关的处理过程，对新发生的非常规突发事件具有重要的指导作用，如图 5-3 所示。

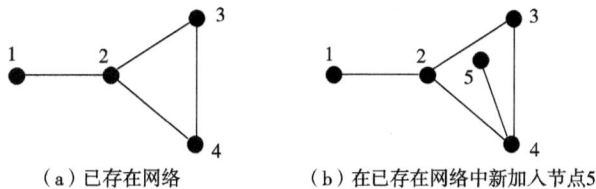

（a）已存在网络　　　　（b）在已存在网络中新加入节点5

图 5-3　已存在网络与新加入节点网络对比图

5.3.1　网络 Markov 概率转移矩阵

虽然基本思想简单明确，但是快速高效地计算新加入节点与现有网络节点的相关性，是一件非常困难的事情。一般来说，当一个新节点加入时，需要采取宽度搜索或广度搜索等方式，时间复杂性非常高。这里，我们提出一种高效的、利用交互时间距离的算法。假设网络表示为 $G=(V,E,W)$，V 为节点集合，E 为边集合，$W=\{\omega(i,j)\}$ 为距离边权集合（差异度，参考定义 5-5 和定义 5-6），我们先给出如下定义。

定义 5-7　设 i 是图 G 中的一个点，$N(i)$ 是点 i 的邻居。点 i 的加权度 d_i 表示为 $\sum_{j\in N(i)}\omega_{ij}$，图 G 的容量定义为 $V_G=\sum_{i\in V}d_i$。

定义 5-8　图 G 的 Markov 概率转移矩阵 $\boldsymbol{M}=(p_{ij})_{i,j\in V}$ 定义为

$$P_{ij}=\begin{cases}\dfrac{\omega_{ij}}{d_i}, & \text{if }(i,j)\in E\\0, & \text{otherwise}\end{cases}\qquad(5\text{-}1)$$

定义 5-9 设 P_0 是图 G 的初始分布。我们定义 $P_t = (M^{\mathrm{T}})^t P_0$，对于 $t \geqslant 0$，P_0 的分布是静态的。

定义 5-10 到达时间（hitting time）h_{ij} 是一个随机游走者（random walk）从点 i 出发，在第一次到达点 j 之前所走的期望的步数。到达时间可以定义为下列分支：

$$h_{ij} = \begin{cases} 1 + \sum_{l \in N(i)} p_{il} h_{lj}, & \text{if } i \neq j \\ 0, & \text{otherwise} \end{cases} \tag{5-2}$$

5.3.2 事件交互时间距离

定义 5-11 点 i 和点 j 之间的交互时间距离 c_{ij} 可以表示为 $c_{ij} = h_{ij} + h_{ji}$。

通过严格证明，我们可以得到下列两个定理及相关证明。

定义 5-12 根据特征值系统：

$$(L + \Delta L)(v + \Delta v) = (\lambda + \Delta \lambda)(v + \Delta v) \tag{5-3}$$

我们可以得到下列特征值差：

$$\Delta \lambda = \frac{\sum_{e \in E_n} \omega_e \big[v(i) - v(j) \big] \big[v(i) - v(j) + \Delta v(i) - \Delta v(j) \big]}{1 + v^{\mathrm{T}} \Delta v} \tag{5-4}$$

$$\Delta v = K^{-1} h$$

其中，$K = L + \Delta L - (\lambda + \Delta \lambda)$ 和 $h = (\Delta \lambda I - \Delta L) v$。

证明：考虑拉普拉斯矩阵的固定分解：

$$(L + \Delta L)(v + \Delta v) = (\lambda + \Delta \lambda)(v + \Delta v) \tag{5-5}$$

干扰是

$$\Delta L = \sum_{e \in E_n} \omega_e u_e u_e^{\mathrm{T}} \tag{5-6}$$

已知 $Lv = \lambda v$，

$$L\Delta v + \Delta L v + \Delta L \Delta v = \Delta \lambda v + \lambda \Delta v + \Delta \lambda \Delta v \tag{5-7}$$

左侧同时乘以 v^{T}：

$$v^{\mathrm{T}} L \Delta v + v^{\mathrm{T}} \Delta L v + v^{\mathrm{T}} \Delta L \Delta v = v^{\mathrm{T}} \Delta \lambda v + v^{\mathrm{T}} \lambda \Delta v + v^{\mathrm{T}} \Delta \lambda \Delta v \tag{5-8}$$

已知 $v^{\mathrm{T}} L = \lambda v^{\mathrm{T}}$（$L$ 是对称的），即 $v^{\mathrm{T}} \Delta \lambda (v + \Delta v) = v^{\mathrm{T}} \Delta L (v + \Delta v)$。接着我们对特征值 λ 进行修正：

$$\Delta \lambda = \frac{v^{\mathrm{T}} \Delta L (v + \Delta v)}{v^{\mathrm{T}} (v + \Delta v)} = \frac{v^{\mathrm{T}} \Delta L (v + \Delta v)}{1 + v^{\mathrm{T}} \Delta v}$$

$$= \frac{v^{\mathrm{T}} \sum_{e \in E_n} \omega_e u_e u_e^{\mathrm{T}} (v + \Delta v)}{1 + v^{\mathrm{T}} \Delta v} \tag{5-9}$$

$$= \frac{\sum_{e \in E_n} \omega_e \left[v(i) - v(j) \right] \left[v(i) - v(j) + \Delta v(i) - \Delta v(j) \right]}{1 + v^{\mathrm{T}} \Delta v}$$

从方程（5-9）我们有 $\left[L + \Delta L - (\lambda + \Delta \lambda) I \right] \Delta v = (\Delta \lambda I - \Delta L) v$，记 $K = L + \Delta L - (\lambda + \Delta \lambda) I$ 和 $h = (\Delta \lambda I - \Delta L) v$，得到 $\Delta v = K^{-1} h$。

5.3.3　一些定理与算法

定理 5-1　设点 i 是一个新加入节点，仅有一条边连接到已存在网络 G 中的一个现存节点 l[图 5-4（a）]。设 ω_{il} 是点 i 和 j 之间新边的边权，那么有

$$c_{ij} \approx c_{lj}^{\mathrm{old}} + \frac{V_G}{\omega_{il}} \tag{5-10}$$

其中，old 表示在加入新节点 i 之前图 G 中的 CTD（commute time distance，即交互时间距离）。

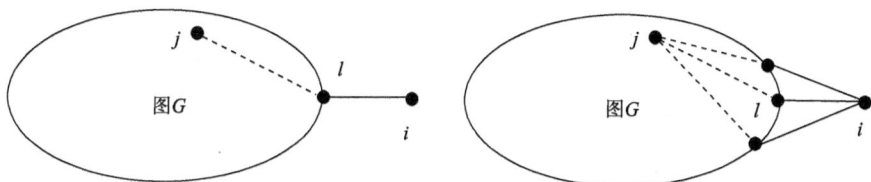

（a）新节点只有一条边连接到现有网格　　　　　　（b）新节点有 k 条边连接到现有网络

图 5-4　新节点连接到现有网络对比图

证明：由于随机游走者到达点 j 之前要经过 l，从 i 到 j 的交互距离是

$$c_{ij} = c_{il} + c_{lj} \tag{5-11}$$

$$c_{il} = \frac{V_G + 2\omega_{il}}{\omega_{il}} \tag{5-12}$$

用 V_G 表示图 G 的容量，定义为 $V_G = \sum_{i \in V} d_i$。同时已知 $c_{lj} = h_{jl} + h_{lj}$ 和 $h_{jl} = h_{jl}^{\mathrm{old}}$。唯一的未知元素是 h_{lj}。通过定义：

$$h_{lj} = 1 + \sum_{q \in N(l)} p_{lq} h_{qj} = 1 + \sum_{q \in N(l), q \neq i} p_{lq} h_{qj} + p_{li} h_{ij} \tag{5-13}$$

因为 $h_{qj} \approx h_{qj}^{\mathrm{old}}$，$p_{li} = (1 - p_{li}) p_{lp}^{\mathrm{old}}$，并且 $h_{ij} = 1 + h_{lj}$，则

$$h_{lj} \approx 1 + \sum_{q \in N(l), q \neq i} (1 - p_{li}) p_{lq}^{\mathrm{old}} h_{qj}^{\mathrm{old}} + p_{li}(1 + h_{lj}) \tag{5-14}$$

$$= 1 + (1 - p_{li}) \sum_{q \in N(l), q \neq i} p_{lq}^{\mathrm{old}} h_{qj}^{\mathrm{old}} + p_{li}(1 + h_{lj})$$

$$=1+\left(1-p_{li}\right)\left(h_{lj}^{\text{old}}-1\right)+p_{li}\left(1+h_{lj}\right)$$

简化后得

$$h_{lj}=h_{lj}^{\text{old}}+\frac{2p_{li}}{1-p_{li}} \tag{5-15}$$

就得到

$$c_{lj}\approx h_{jl}^{\text{old}}+h_{lj}^{\text{old}}+\frac{2p_{li}}{1-p_{li}} \tag{5-16}$$

由于从 i 到 G 只有一条路径，i 有可能是一个孤立点，因此 $p_{li}\ll 1$。所以

$$c_{lj}\approx h_{jl}^{\text{old}}+h_{lj}^{\text{old}}=c_{lj}^{\text{old}} \tag{5-17}$$

联立方程（5-11）、方程（5-12）和方程（5-17）：

$$c_{ij}\approx\frac{\left(V_G+2\omega_{il}\right)}{\omega_{il}}+c_{lj}^{\text{old}}\approx c_{lj}^{\text{old}}+\frac{V_G}{\omega_{il}} \tag{5-18}$$

　　我们可以自然地将新节点与现有网络 G 的连接数推广到 k 个，其分析是定理 5-1 的扩展。

　　定理 5-2　设点 i 是一个新加入节点，有 k 条边连接到包括点 l 在内的网络 G 中的 k 个节点［图 5-4（b）］。点 j 是网络 G 中的一个已有节点，那么新点 i 和 j 之间的交互距离为

$$c_{ij}\approx\sum_{l\in N(i)}p_{il}c_{lj}^{\text{old}}+\frac{V_G}{d_i} \tag{5-19}$$

　　证明：由于随机游走者到达点 j 之前要经过点 l［图 5-4（b）］，从点 i 到点 j 的交互距离可由以上公式得出。根据定义，可以得到

$$h_{lj}=1+\sum_{l\in N(i)}p_{il}h_{lj}=1+\sum_{l\in N(i)}p_{il}\left(1+\sum_{q\in N(l)}p_{lq}h_{qj}\right) \tag{5-20}$$

　　利用和定理 5-1（新节点只有一条边与网络相连）相同的方法，有

$$h_{lj}=1+\sum_{l\in N(i)}p_{il}\left[1+(1-p_{il})\sum_{q\in N(l),q\neq i}p_{lq}^{\text{old}}h_{qj}^{\text{old}}+p_{li}h_{ij}\right]$$
$$=1+\sum_{l\in N(i)}p_{il}[1+(1-p_{il})(h_{lj}^{\text{old}}-1)+p_{li}h_{ij}] \tag{5-21}$$

经过一些简单运算，我们得到

$$h_{lj}=\frac{1+\sum_{l\in N(i)}p_{il}h_{lj}^{\text{old}}-\sum_{l\in N(i)}p_{il}p_{li}h_{lj}^{\text{old}}+\sum_{l\in N(i)}p_{il}p_{li}}{1-\sum_{l\in N(i)}p_{il}p_{li}} \tag{5-22}$$

因为 $\sum_{l\in N(i)}p_{il}p_{li}\ll 1$，我们可以得到 $h_{lj}\approx 1+\sum_{l\in N(i)}p_{il}h_{lj}^{\text{old}}$。因为两个点之间的交互

距离是所有可能的路径长度的平均值，因此有 $h_{lj} \approx \frac{1}{k}\sum_{l\in N(i)} h_{il} + h_{lj}$。相比于一般的平均化处理，我们这里使用概率的形式 p_{ij}：

$$h_{lj} \approx \sum_{l\in N(i)} p_{il}(h_{il}+h_{lj}) = \sum_{l\in N(i)} p_{il}h_{il} + \sum_{l\in N(i)} p_{il}h_{lj} \tag{5-23}$$

因为 $h_{jl} \approx h_{jl}^{\text{old}}$，并且 $\sum_{l\in N(i)} p_{il}h_{li} = V_G/d_i + 1$，我们可以得到

$$h_{lj} \approx \sum_{l\in N(i)} p_{il}h_{lj}^{\text{old}} + \frac{V_G}{d_i} + 1 \tag{5-24}$$

根据式（5-24），我们可以得到

$$c_{ij} \approx 1 + \sum_{l\in N(i)} p_{il}c_{lj}^{\text{old}} + \frac{V_G}{d_i} + 1 \approx \sum_{l\in N(i)} p_{il}c_{lj}^{\text{old}} + \frac{V_G}{d_i} \tag{5-25}$$

可以看出，当 $k=1$ 时，式（5-25）跟公式（5-10）是完全一致的。证毕。

利用定理 5-1 和定理 5-2，我们可以非常方便地计算出新节点与旧网络中节点之间的交互时间距离。其现实意义为当出现新发生的非常规突发事件时，我们可以利用上述分析，快速地找到最相关的（交互距离最短的）突发事件案例，并利用此案例，作为我们下一步措施的基础和指导。

5.4　实证分析——以青岛"11·22"特大爆炸案为例

5.4.1　非常规突发事件网络的构建与描述

根据上述理论分析，构造出具有一定规模的、有显著指导意义的案例网络。经过整理分析现存的网络资源，我们构造出具有 184 个节点的网络，如图 5-5 所示。网络中一些节点的描述如表 5-1 所示。

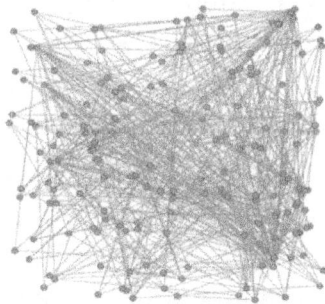

图 5-5　基于本体关联的非常规突发事件网络关联示意图

表 5-1　网络中一些节点的描述

节点序号	时间	地点	事件	结果
1	2008 年 5 月 12 日	四川省阿坝藏族羌族自治州汶川县	发生里氏 8.0 级地震	地震造成 69 227 人遇难,374 643 人受伤,17 923 人失踪
2	2012 年 10 月 17 日	四川省泸州市	泸州市龙马潭区红星路发生交通拥堵,附近交警及时赶赴现场疏堵	在疏通过程中产生纠纷,期间货车司机颇感不适,服药无效后死亡。现场群众过于愤怒,打砸烧毁了 7 辆警车
3	2008 年 7 月 19 日	云南省孟连傣族拉祜族佤族自治县	群体性突发事件,执行任务的 58 名警员被 500 多名民众围攻、殴打	冲突过程中,警员使用防暴枪自卫造成两人死亡。该事件同时造成 41 名警员和 19 名民众受伤,9 辆执行任务车辆不同程度损毁
4	2007 年 12 月	福建省厦门市	厦门对二甲苯(PX)项目事件,即厦门人民对该地计划兴建的对二甲苯项目所进行的抗议事件	由于担心化工厂建成后危及民众健康,该项目遭到百名政协委员联名反对,市民集体抵制,直到厦门市政府宣布暂停工程
5	2008 年 1 月	上海	上海向西延长磁悬浮线路的沿线小区部分市民的集体散步游行,称为上海磁悬浮事件	上海市政府对人民发出的"反对磁悬浮、还我家园"的呼声经过再三思量,最后决定继续开展和深化宣传教育活动
6	2008 年 8 月 4 日	云南省丽江市	丽江市华坪县兴泉村村民因水源污染问题与当地企业发生冲突,双方约 300 人参与,造成 6 名村民受伤和 13 辆汽车受损	公安机关已将 107 名涉嫌参与殴打他人的相关人员,按相关法律程序进行进一步调查处理,李克强也督促处理好城市环保与农村环保的关系,逐步改变农村与城市环境保护不平衡的状况,从总体上全面改善环境质量
7	2010 年 10 月 25 日	广东省广州市	番禺人民反对建设垃圾焚烧厂事件,进行集体抗议,被中国中央电视台称为全国性的公共决策事件	12 月 20 日,番禺区委书记谭应华应丽江花园业主代表邀请,与反对垃圾焚烧的业主座谈,表示已证实,会江项目目前已经停止

5.4.2　网络拓扑特性分析

在对大量存在的实际复杂网络的数据进行深入分析的基础上,研究人员提出了一系列的相关参量来描述复杂网络的节点特征。设节点集合为 $N = \{a_1, a_2, \cdots, a_i, a_j, \cdots, a_n\}$,$l_{ij}$ 表示节点 i 和 j 之间的连边,ω_{ij} 为边 l_{ij} 的权值,E 为边的集合。

(1)节点的度和强度:节点的度 k 是指该节点与其他节点相关联的边数,如果考虑边上的权重,则可以拓展到强度 d(加权度)

$$k_i = \sum_{l_{ij} \in E} a_{ij} \ ; \ d_i = \sum_{l_{ij} \in E} \omega_{ij} \qquad (5\text{-}26)$$

其中,a_{ij} 和 ω_{ij} 分别表示边 l_{ij} 在邻接矩阵和权重矩阵中对应的值。k_i 和 d_i 的值越大,则节点 i 与其他节点的连接性越强。如图 5-6~图 5-8 所示,非常规突发事件网络的度和强度分布呈现典型的无标度特征,而且度和强度无明显的线性相关性,说明基于案例相似性的网络边权具有较强的显著性。

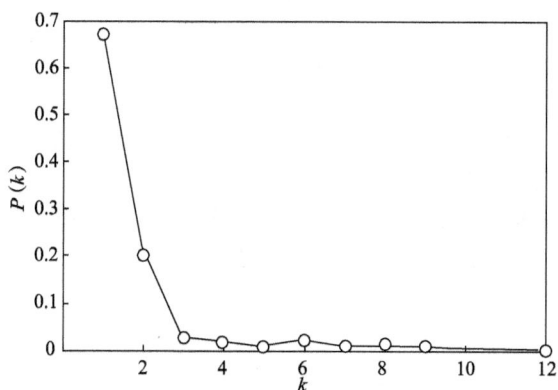

图 5-6　非常规突发事件网络度分布示意图

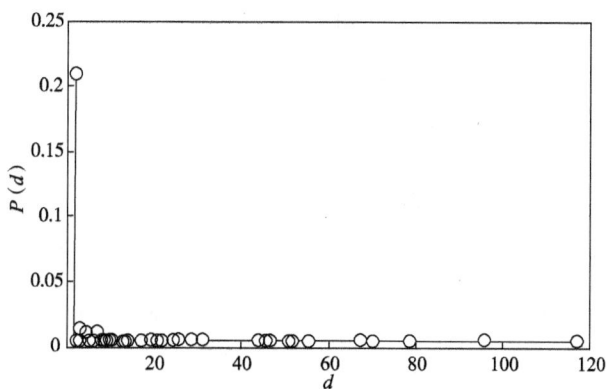

图 5-7　非常规突发事件网络强度分布示意图

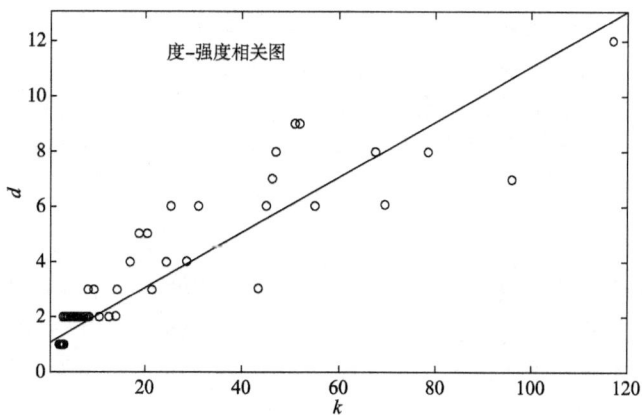

图 5-8　非常规突发事件网络度–强度相关性示意图

（2）加权聚集系数：点 i 的加权聚集系数 C_i 表示与该点相连的邻居节点之间相互连接的比例，即

$$C_i = \frac{2d_i}{k_i(k_i - 1)} \quad\quad (5-27)$$

其中，k_i 和 d_i 分别表示点 i 的度和强度。加权聚集系数 C_i 体现了点 i 局部范围内的节点之间的相互连接密度和强度。

（3）介数：点介数定义为网络中经过该节点的最短路径的数量比例，即

$$B_i = \sum_{i,j,k \in V} \frac{N_{jk}(i)}{N_{jk}} \quad\quad (5-28)$$

其中，$N_{jk}(i)$ 表示网络中经过节点 i 的连接节点 j 和节点 k 的最短路径的数量；N_{jk} 则是网络中所有连接点 j 和 k 的最短路径的数量。介数反映了节点在网络中的传输作用，介数越大，通过该节点的流量与影响力越高。

我们分析非常规突发事件网络中的参数，并将其值列在表 5-2 中。从全局来看，非常规突发事件网络是一类典型的无标度网络，其性质与大多数现实世界网络具有一定的相似性。

表 5-2　网络参数示意图

参数	平均加权度	聚类系数	平均路径长度
值	3.416	0.751	4.283

5.4.3　案例分析——以青岛"11·22"爆炸案为例

进一步，我们进行如下细化分析。

1. 中心性分析

我们通过节点的强度和介数，定义节点的重要性：如果一个节点的强度和介数值比较高，那么这个节点会有更多的边，进而有很大概率与更多的节点相似。在时间非常紧急的情况下，如果没有足够时间分析相似性或者相关性，我们可以寻找与突发事件相连的介数最大的节点作为指导案例，因为这种介数值高的节点具有一般性和广泛性，因此可以一定程度上指导新的突发事件。

2. 相似性分析

为了验证模型的有效性，我们下一步在突发事件网络中运行非常规突发事件案例提示算法。这里我们把 2013 年青岛"11·22"爆炸案设定为新节点，将其加入网络当中，其基本描述如下。

1）事件基本描述

2013 年 11 月 22 日上午，山东青岛黄岛经济开发区中石化黄潍输油管线泄漏

引发重大爆燃事故，截至 11 月 25 日已造成 55 人死亡、9 人失踪、166 人受伤；截止到 12 月 2 日，事故最后 1 名失踪人员遗体已找到并确认身份，此次事故共造成 62 人遇难。

2）事件发展过程

2013 年 11 月 22 日凌晨 2 时 40 分，位于山东青岛市的黄岛经济技术开发区秦皇岛路和斋堂岛街交汇处，中石化公司的输油管线发生破裂，造成原油严重泄漏。约 3 时 15 分，中石化公司发现事故，处理办法为及时关闭原油运输。但是由于原油泄漏位置存在雨水管道，原油不慎沿着其流入胶州海港。7 时 30 分，中石化为减少污染设置海上防油栏。7 时左右，青岛海相关海上部门检测出海上有原油污染。8 时 30 分，青岛市环境保护局进入海上进行援助处理。10 时 30 分许，事故泄漏位置因水油掺和发生爆炸，周边众多设施损坏，10 分钟后入海口处管道也发生爆炸，距离事故发生地大约 1 千米远。之后再次发生附近居民被紧急疏散。13 时终于把两处爆炸起火点消灭。

通过在非常规突发事件网络上运行算法，我们快速找到了最相关的一些事例。

1. 2010 年中石油大连石化分公司"7·16"火灾事故

1）事故描述

2010 年 7 月 16 日傍晚，大连新港附近发生了严重的火灾事故，储油区内原油储油罐被完全烧毁，其容积可达 10 万立方米。事故的起因是中石油位于大连新港地区的一条输油管道发生爆炸起火，管内部分原油流入大海。事后调查表明，此次事故至少造成附近海域 50 平方千米的海面污染，其中包括大面积的养殖海域。

至 7 月 19 日，事故现场的灭火工作已基本结束，除罐体内有少数几处仍在冒烟之外，现场的明火已经全部扑灭。而工作重点也随之转为更加艰巨的海上油污清理。

2）事故原因

7 月 23 日，国家安全生产监督管理总局和公安部通报了大连管道爆炸火灾事故经初步分析的原因，即输油管道内注入过多的含有强氧化剂的原油脱硫剂所导致的化学爆炸。事发时，受中油燃料油股份有限公司委托的天津辉盛达石化技术有限公司将加入原油脱硫剂作业安排给上海祥诚商品检验技术服务有限公司大连分公司，而当所属新加坡太平洋石油公司的 30 万吨级"宇宙宝石"游轮在暂停向大连中石油国际储运有限公司原油罐区卸送最终属于中油燃料油股份有限公司的原油的情况下，现场作业的上海祥诚商品检验技术服务有限公司大连分公司员工仍继续向输油管道中注入含有强氧化剂的原油脱硫剂，从而导致了这一事故。

2. 2006 年西南天然气管道"1·20"爆炸着火事故

1）事故描述

2006 年 1 月 20 日 12 时 17 分，西南天然气管道富加站至文宫站方向距工艺装置区约 60 米处，由于天然气泄漏发生了爆炸，事故起因为 Φ720 输气管线泄漏的天然气携带的硫化亚铁粉末遇空气氧化自燃，引发泄漏天然气的第一次管外爆炸。爆炸产生的大量热量使泄漏的天然气剧烈燃烧，从而导致高热空气由于管内产生相对负压迅速回流与管内天然气混合，引发天然气的第二次管内爆炸。

12 时 20 分左右，富加站至汪洋站方向距工艺装置区约 63 米处，又发生第三次爆炸，此次爆炸与第二次爆炸机理相同。在此次爆炸中，富加站值班宿舍内的员工和家属等逃生人员恰好位于爆炸点附近，导致多人伤亡。

值班工人在第一次爆炸发生后就立即向输气处调度室紧急报告了事故，输气管理处在接到报告后，立即通知沿线文宫、汪洋两站紧急关断干线截断球阀并进行放空。同时，管理处也向富加镇政府和派出所发出了告知。

13 时 11 分，文宫站至汪洋站管道完成放空。

13 时 30 分，事故现场大火扑灭。

17 时 40 分，事故发生点附近建筑物余火被完全扑灭。事故共造成 10 人死亡、3 人重伤，输气管道爆炸段长度达 69.05 米，损坏房屋共 21 户计 3 040 平方米，直接经济损失达 995 万元。

2）事故直接原因

第一次爆炸是天然气泄漏所导致的，其直接原因是 Φ720 管材螺旋焊缝缺陷的存在使在一定内压作用下管道出现裂纹，随即导致管内天然气的大量泄漏。而恰好有一棵树干直径 400 毫米，高约 17 米，主根部径向展开直径 1.8 米左右的白杨树位于泄漏点上方，泄漏的天然气在树根处较为疏松的土壤中聚集，天然气所携带的硫化亚铁粉末遇到空气发生自燃，点燃树根处聚集的大量天然气，发生管外爆炸，从而进一步导致管道开裂，爆炸产生的大量热量使泄漏的天然气剧烈燃烧，从而导致高热空气由于管内产生相对负压迅速回流与管内天然气混合，引发天然气的第二次管内爆炸。3 分钟后又发生一次爆炸机理与第二次爆炸相同的第三次天然气管内爆炸。

3）事故间接原因

（1）事故发生段天然气管道长时间使用后，管材老化，疲劳受损，易发生天然气泄漏。威远—青白江天然气输气管线，即威青线始建于 1975 年，1976 年投产，至 2006 年管道已建成投运 30 年，此外，除当时技术落后所导致的管材生产和抬运布管时造成的管道缺陷以外，检测技术手段落后，以及 20 世纪 90 年代流向调配、管道输送压力的频繁变化，导致部分管道老化受损。

（2）管道建设时期，防腐工艺落后。管道建设时期，防腐绝缘材料工艺落后、防腐绝缘手段较差、施工工艺也存在一定的限制，使管道外层严重腐蚀。

3. 2010 年大连中石油国际储运有限公司"10·24"火灾事故

1）事故简要情况

2010 年 10 月 24 日，大连中石油国际储运有限公司在拆除"7·16"事故损毁的 103 号储罐过程中发生火灾事故。

2）事故直接原因

事故发生时，作业人员擅自切割储罐浮船底板，引燃位于浮船底板下的残留油污等可燃物，引发火灾。

3）事故间接原因

（1）拆除施工方案本身存在一定的缺陷，作业人员又擅自违反拆除方案要求进行作业，且未做恰当的安全防护措施，导致事故的发生。

（2）施工现场安全管理不到位，安全监理工作不到位，作业过程安全监管不力。

4. 其他相关案例

除此之外，我们还找到一些较为相关的案例，举例如下。

（1）2011 年 8 月 29 日，中石油大连石化分公司储运车间柴油罐区一台容量为两万立方米的柴油储罐在进料过程中发生闪爆并引发火灾，直接经济损失达 780 余万元。

（2）2011 年 7 月 16 日，中石油大连石化分公司一台每年产量达 1000 万吨的常减压蒸馏联合装置发生了火灾事故，事故起因是减压蒸馏塔塔底换热器泄漏，直接经济损失达 187.8 万元，所幸无人员伤亡。

上述这些案例与青岛"11·22"输油管道爆炸案在事故要素和原因两方面极具相似性，其处理措施和应急管理也可以较为自然地应用到青岛爆炸案中，具有极大的借鉴作用，同时也证明了方法的有效性和高效性。

第6章　应急背景下决策者特征行为分析理论与模型

6.1　决策者特征行为概念及定义

6.1.1　过度自信

Burrell（1951）在1951年首次将行为心理学应用于经济学来对经济现象进行研究，其中过度自信（overconfidence）理论就是行为金融学的研究成果之一。de Bondt 等（1994）在1995年提出过度自信是决策心理学领域中最稳健的发现。人们在进行经验性判断时，由于对自身的知识能力和信息接收的精确性过于自信，进而对判断结果产生过度自信的倾向。在已有研究的定义中，过度自信被划分为三个不同的方面：①过高估计（unrealistic optimism），人们往往高估自身的实际能力、表现、对事件控制水平以及成功概率；②过高定位（better than average），即大多数人认为自身能力高于其他人的倾向；③过高精确（narrow confidence intervals），人们在估计不确定事件发生的可能性时，设置的校准区间往往太窄。例如，人们认为估值的置信区间包含真实值的概率有 98%，但是事实上置信区间包含真实值的概率比人们认为的小得多。

6.1.2　风险态度

风险态度（risk attitude）是指人对风险所采取的态度，是人们面对不确定性风险的一贯选择倾向，或对风险的回应方式。Weber 等（2002）将风险态度理解为人们参加风险行为的程度。Arrow（1971）将风险态度分为三种，即风险规避（risk averse）、风险偏好（risk appetite）和风险中性（risk neutral），分别表示人们尽量规避风险、喜欢追求风险和介于厌恶和偏好之间的中性态度。

有这样两个实验：实验一中，选项 A 是 100%肯定得到 1 000 元；选项 B 是

50%的可能得到 2 000 元, 50%的可能什么也得不到。实验中大部分人的选择是 A, 说明人是风险规避的。实验二中, 选项 A 是 100%肯定损失 1 000 元; 选项 B 是 50%的可能损失 2 000 元, 50%的可能什么都不损失。实验结果是大部分人选择 B, 说明他们是风险偏好的。

6.1.3　损失厌恶

损失厌恶(loss aversion)是前景理论(prospect theory)(Kahneman and Tversky, 1979)的一个理论基石。人们具有损失厌恶特征, 即同等的损失带来的痛苦要大于获得带来的快乐。损失厌恶反映了人们的风险偏好并不是一致的, 当涉及的是收益时, 人们表现为风险厌恶; 当涉及的是损失时, 人们则表现为风险寻求。

还有一种情况是短视损失厌恶 (myopic loss aversion), 这一理论在 "前景理论" 和 "心理账户" 的基础上, 由 Benartzi 和 Thaler (1995)构建, 认为在投资中, 通货膨胀的长期影响可能会超过短期内股票的涨跌, 投资者的长期收益可能会周期性地被短视损失打断。短视的投资者把股票市场视同赌场, 过分强调潜在的短期损失, 短视损失厌恶理论可以对此种现象予以合理解释。

举例说明生活中损失厌恶的现象: 赌徒共有 3 000 美元, 如果他在赌博之后赢了 100 美元, 此时要求他离开赌场, 他可能比较容易接受。但是如果他不但没有赢钱, 反而输了 100 美元, 这时他可能很难离开赌场。这说明人们对损失的感受比对收益更加敏感。前述风险态度所举的两个例子也可以对损失厌恶进行解释, 即人们面对收益和损失时的风险态度是不同的。

6.1.4　公平关注

公平关注 (fairness considerations), 指人们在生活中往往对公平性表现出极大的关注, 不仅关注自己的利益, 还会关注其他人的利益, 存在自我收益与他人收益的比较。个体不是完全理性地追求自身利益最大化, 而是他们更在意自己与他人的相对收益, 如 Güth 等 (1982)设计的最后通牒博弈 (ultimatum game)。博弈中有两个角色, 即提议者和反应者, 以及可在两人之间分配的固定收益。由提议者提出针对固定收益的分配方案, 反应者对这一方案有权选择拒绝或接受, 如果反应者接受方案, 则两人按照方案分配该固定收益, 如果反应者拒绝该方案, 则两人什么都得不到。该实验之后有许多学者进行了多次重复, 如 Camerer 和 Thaler (1995)、Roth (1995)。在这些实验中, 提议者的平均分配份额为 0.4~0.5, 很少人提出低于 0.2 的分配方案, 而这种方案通常会被拒绝。这一现象与自利性假设不符, 反应者认为提议者提出的方案不公平而选择拒绝方案, 即使这样两人什么也得不到。

6.1.5　信任

信任（trust）是一种社会事实，是人与人之间形成的一种关系，反映人们相互依赖的程度。Gambetta（1988）将信任定义为特定的主观概率水平，行为人依据这一概率水平判断另一人或另一群体将采取的特定行动。以往的研究有四种观点来解释信任的形成过程。一是社会认知观点，认为信任产生于人际互动中对他人和群体的认知评价；二是社会交换观点，认为信任产生于个体之间的重复利益交换过程，如情感、态度、价值观和行为的交换；三是经济交换观点，认为信任基于制度、基于威慑，与构建回报和惩罚契约的能力有关；四是映像理论观点，认为信任是一种决策，需要各方在互动中比较理想映像和当前映像，对信任对象进行映像相容性检验。

关于信任比较经典的研究有信任博弈（trust games）、公共品博弈（public goods games）。信任博弈由 Berg 等（1995）提出，实验内容如下：投资者和被信任者都有一定数额的钱 S，可以把其中的一部分钱 Y 分给被信任者，而被信任者将自动获得 $3Y$，之后选择返还 X 给投资者。此时投资者的收益为 $S-Y+X$，被信任者收益为 $S+3Y-X$。实验结果说明，投资者平均选择 $0.5S$ 给被信任者，被信任者返还略小于 $0.5S$ 的值，且 X 与 Y 成正比。

公共品博弈实验设置如下，有 n 个实验对象对一个公共项目进行投资，他们各有初始金额 y，设投资额为 g_i。投资结束后，将 n 个实验对象的总投资额 G 乘一个投资回报系数 m，回报给各实验对象，每人收益为 $i=y-g_i+mG$。实验结果为，在一次性实验中，人们会投资 50%的初始金额，投资额随实验次数增加而减少。然而在经济人假设的预测下，各实验对象的投资额应为零，这与假设相悖的实验现象反映了人们之间的互惠偏好和信任。

6.1.6　时间偏好与时间压力

时间偏好（time preference）是指行为主体相对于将来更加偏好现在的现象，具体来说，就是认为现期一个单位的货币收入所产生的价值（或效用）与下期相比要偏高。行为主体的不耐心程度体现为贴现率。Samuelson（1937）在 1937 年提出贴现效用模型，假定贴现率不变。但很多研究发现，人们的不耐心程度表现出前高后低的特征。例如，Thaler（1981）在 1981 年的实验中，当实验者获得 15 美元奖券时，他们可以选择立刻拿到钱，也可以选择等待一段时间领取更多的钱。实验者写出延长时间为 1 个月、1 年、10 年要求补偿的金额平均下来分别为 20 美元、50 美元、100 美元，对应的贴现率分别为 354%、126%、19%。不难看出，贴现率呈现递减的趋势。

时间压力（time pressure）是另一种与时间有关的概念，其与时间偏好的联系在于都将焦点凝聚在对时间的关注上，但两者的内涵存在很大的区别。由于现代生活节奏逐渐加快，时间变成了宝贵的资源，人们越来越多地感受到时间带来的压力，学者也因此对其进行了研究。时间压力的定义由 Svenson 和 Edland（1987）提出，即"时间压力反应决策者感觉完成任务的期限越来越紧迫而形成的焦虑程度"，认为只要在决策进行之前，可用的时间少于正常完成一项任务的时间便会形成所谓的时间压力。在决策心理学领域，由于应急决策强调快速反应，具有高强度的时间约束，存在一定的决策时间压力，其对决策带来的影响正逐渐被重视。

6.2　典型的决策者特征行为模型理论

6.2.1　过度自信理论

针对过度自信这一特征行为，比较典型的研究理论和模型有自我提升理论（self-enhancement theory）、权重差异理论（differential weighting theory）、信息差异理论（differential information theory）等。

自我提升理论认为，由于人们具有维持高自尊的动机，当人们在对自我的知觉和对他人的知觉进行比较时，会努力维持和提升积极的自我感觉，即存在自我提升倾向。自我提升理论从动机的角度对过度自信进行解释。

权重差异理论认为，在进行决策和判断的过程中，人们面对目标方案与备选方案时，往往过分集中精力于目标方案而忽视了备选方案的信息。也就是说，人们在进行判断评选时，通常过于主观，缺乏对备选方案和参照信息的客观评价分析。这一理论将过度自信产生的原因归结于信息偏差。

信息差异理论从两个维度对决策者的过度自信进行解释，分别是任务难度和比较对象。在简单任务中，人们会低估自己的水平，并且更加低估别人的水平，这使他们相信自己比别人好，从而产生"优于常人"的过度自信；在困难任务中，人们会高估自己的水平，并且更加高估别人的水平，导致他们相信自己比别人差。总结来说，就是对自己的评价总比对他人的评价更加极端。

在将过度自信模型化的研究中，通常有如下两种形式的数学描述：

过度自信水平定义为 $d=A-a$，d 为过度自信水平，A 为过度自信者自认为的能力水平，a 为过度自信者的实际水平，且有 $A>a$。

Keiber（2002）提出，人们在分析问题时难免会受到随机变量的影响，而假设随机变量 ε 的分布为正态分布，$E(\varepsilon)=0$，$\mathrm{Var}(\varepsilon)=\sigma^2$。过度自信者通常认为自己有能力将 ε 的方差控制在较小的范围内，用 $k\sigma^2$ 表示，k 为过度自信水平。

从过度自信理论提出以来，很多学者进行了基于过度自信的研究。Odean（1998）认为，不同类型的过度自信交易者在金融市场方面会产生不同的影响。Odean（1999）提出收入效应理论，认为之前投资的正效益会使投资者高估自身的能力和知识储备，导致其进行更多的交易活动，对证券市场交易量造成影响。Gervais 等（2002）研究发现过度自信与乐观的经理人与理性的经理人相比，其决策能更好地与股东利益相协调、有效降低代理成本。Malmendier 和 Tate（2005）分析了管理者过度自信与其并购行为的关系，认为过度自信管理者更容易做出造成损失的并购决策。Hayward 和 Hambrick（1997）认为良好的公司业绩、媒体对首席执行官（chief executive officer，CEO）表扬和 CEO 相对较高报酬的心理反应都会导致过度自信，CEO 过度自信会导致为达到目标出价过高的决策偏差。Statman 等（2006）发现管理者们在成本和销售预测方面普遍存在过度乐观现象。Snizek 和 Buckley（1995）指出决策者过度自信程度越高，建议者在最终决策中被采纳的权重就越低。Ren 和 Croson（2013）通过实验研究证明了报童易对需求方差估计过度自信，从而引起订货量偏离传统最优订货点。

上述文献已验证了在常规情景下，人的决策，特别是管理者的决策，常常受到过度自信的影响。近年来，已有国内学者在应急决策情景下讨论决策者的行为偏好对决策的影响。郝云宏等（2014）考虑了决策者对随机事件的方差估计偏小的过度精确行为，并指出该行为对运作系统应急能力恢复决策及应急绩效存在显著影响。曹杰和朱莉（2014）将决策者偏好引入城市群应急协调网络模型并讨论应急调配方式的随机选择问题。郑晶等（2015）将前景理论和决策者的应急偏好引入案例相似度测算中，提出了多时期应急方案措施。陈小君和林晓言（2014）在前景理论和时空经济分析框架基础上设计了交通基础设施应急疏散管理过程中群体决策行为的概念模型，以 2008 年初"南方雪灾"中的京珠高速湖南段交通疏散过程为例，验证了交通基础设施应急疏散管理分析框架的有效性。郝云宏等（2014）考虑应急情景下决策者对可获外部支援能力过度自信，借鉴报童理论构建了运作系统应急能力恢复决策模型，分析了过度自信对系统能力恢复决策及应急绩效的影响。在过度自信的实证研究方面，过度自信水平被刻画为自信水平与决策质量的偏差，即决策个体对每项任务完成的准确度判断与实际准确度的正向偏差定义为过度自信程度（Lichtenstein，1982；Kruger，1999；Lin and Su，1998）。

6.2.2　风险态度和损失厌恶——前景理论

1979 年，普林斯顿大学的心理学教授 Kahneman 和 Tversky（1979）提出了前景理论，把心理学研究引入决策过程中，解释决策者在风险环境下的决策行为，能够比较好地描述决策者的行为特征。在此基础上，1999 年 Tversky 和 Kahneman（1992）提出了累积前景理论（cumulative prospect theory，CPT），将前景理论对个人心理的研究扩展到累积的概念,部分解决了对强势占优和多个结果的处理问题。

累积前景理论由价值函数和概率权重函数共同决定,即

$$V = \sum_{i=1}^{n} \pi(p_i) v(x_i) \tag{6-1}$$

其中,$v(x)$ 是价值函数,是决策者主观感受形成的价值;$\pi(p)$ 是概率权重函数。

价值函数的公式为

$$v(x) = \begin{cases} x^a, & x \geqslant 0 \\ -\lambda(-x)^\beta, & x < 0 \end{cases} \tag{6-2}$$

其中,α 和 β 是风险态度系数,$0 < \alpha < 1$,$0 < \beta < 1$ 表示敏感性递减,两者越大表示决策者越倾向于冒险;λ 是损失厌恶系数。若 $\lambda > 1$ 表示损失厌恶,则决策者将对损失更加敏感。

价值函数曲线如图 6-1 所示。

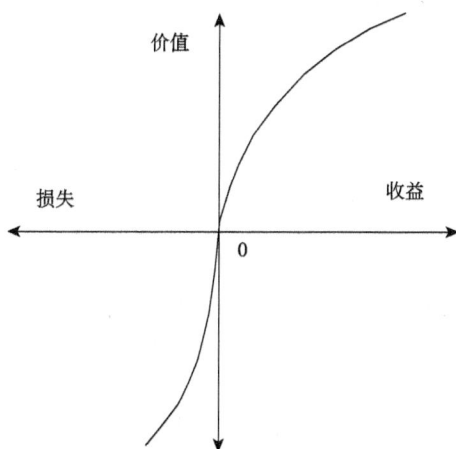

图 6-1　价值函数曲线

权重函数的定义如下:

$$\pi(p) = \begin{cases} \dfrac{p^\gamma}{\left(p^\gamma + (1-p)^\gamma\right)^{1/\gamma}}, & \text{在获益时} \\[4mm] \dfrac{p^\delta}{\left(p^\delta + (1-p)^\delta\right)^{1/\delta}}, & \text{在受损时} \end{cases} \tag{6-3}$$

其中,p 是判断概率;π 是 p 的递增函数,当出现的概率 p 很小时,$\pi(p) > p$,决策者会过于重视概率很小的事件;当出现的概率一般或很大时,$\pi(p) < p$,决策者过于重视概率一般或很大的事件。

决策权重函数曲线如图 6-2 所示。

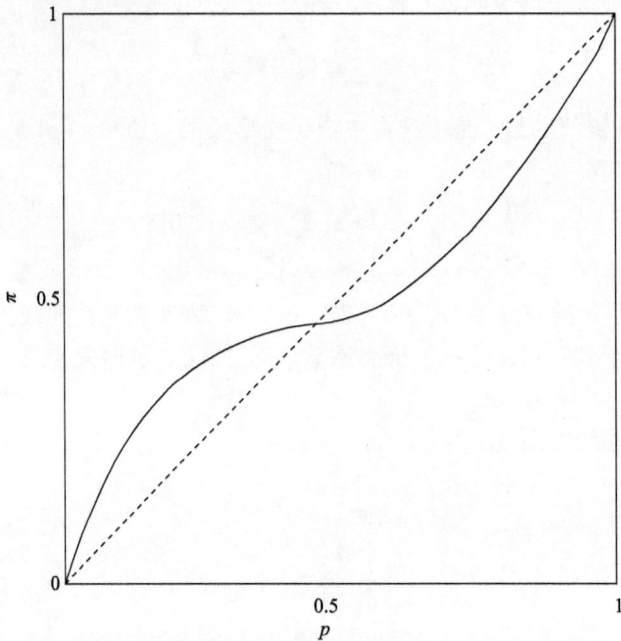

图 6-2　决策权重函数曲线

　　前景理论可以总结为：决策进行时，决策者的收益和亏损是相对于参考点而言的，同一问题参考点选择不同，决策结果随之改变。人们面对收益是风险规避的，面对损失是风险偏好的，并且对损失比收益更敏感。人们对事件概率变化的反应是非线性的。

　　在累积前景理论提出之后，学者对其进行不断研究和探讨，在此基础上针对其不足进行了改进，使其解释力增强、应用范围扩大。Tversky 和 Fox（1995）将决策理论分成两种，一种是知道可能结果概率的风险前景，一种是不知道可能结果概率的不确定性前景。Schmidt 等（2008）提出了第三代前景理论（third-generation prospect theory，PT3），其改进在于允许参考点不确定，为不确定性和风险决策的研究提供了支持。

　　前景理论包含风险态度和损失厌恶等理论，均有很多学者对这些理论进行研究。Weber 等（2002）指出，在不确定决策情境下，风险态度是导致个体之间存在差异的重要因素。陈波（2009）研究证实了不同的风险态度对人们回乡创业行为有不同的影响。也有学者专门在一个领域中划分出多个子领域进行风险态度实验。例如，Vlaev 等（2010）在金融领域中划分出七大领域，选取了不同领域的确定选项和风险选项，并且使用了分数分析和主成分分析进行风险态度相关性研究。

Weber 等（2002）设计了表 DOSPERT（domain special risk taking，即特定领域风险承担度表），从金融、健康安全、娱乐、道德和社会决策五个相关的领域对风险态度进行了研究。在应急环境下，Bartczak 等（2015）研究了在森林大火情境下风险态度对人们决策选择的影响。

　　面对损失情景，人通常表现出典型损失厌恶行为特征（Liu et al.，2015）。例如，行为学实验的描述，个人效用会随参考点变化而变化，对相同大小的潜在损失和潜在收益，人们对损失更加敏感（Tversky and Kahneman，1992；Tversky and Kahneman，1991）。传统博弈论建立在理性自利人的基础上分析相互策略，关于均衡的预测受到大量实验证据的反驳，实验中被试表现出显著的对自利最大化行为的背离（袁艺和李宗卉，2009）。更直接的证据来自神经成像研究，Canessa 等（2013）发现在损失情景下，决策人的大脑表现出损失厌恶的特性。近年来，已有学者将损失厌恶心理引入具体决策环境中，并应用行为决策理论分析决策优化过程。郝琳娜等（2015）在创新竞赛背景下，构建了"参赛者–组织者"博弈模型并分析了参赛者的损失厌恶行为对博弈均衡的影响。褚宏睿等（2014）讨论了对缺货惩罚损失厌恶的报童决策问题，采用前景理论效用函数表示报童的损失厌恶特征，并指出了损失厌恶报童的最优订货量与传统最优决策的偏差。Herweg 和 Schmidt（2014）在多轮谈判合同设计中引入决策者损失厌恶偏好，并指出损失厌恶行为可引起长期合同谈判陷入低效，然而却可以解释现实中当事人通常会放弃有益的长期合同的经济现象。

6.2.3　公平关注

　　公平关注的理论模型对人们遵循公平原则的行为特征进行描述和解释，共分为三类：一是基于收益分配结果的公平关注，二是基于行为动机的公平关注；三是基于收益分配结果和行为动机的综合的公平关注。

　　第一类基于收益分配结果的公平关注的典型模型由 Fehr 和 Schmidt（1999）在 1999 年提出，此模型认为，人们在判断收益分配结果的公平性时，会将自己的收益与他人进行比较，当自己的收益比他人低时会产生嫉妒负效用，比他人高时会产生同情负效用，其效用函数为

$$U_i(x) = x_i - \alpha_i \frac{1}{n-1} \sum_{j \neq i} \max\{x_j - x_i, 0\} - \beta_i \frac{1}{n-1} \sum_{j \neq i} \max\{x_i - x_j, 0\} \quad (6\text{-}4)$$

其中，α_i 反映参与者的嫉妒心理强度；β_i 反映参与者的同情心理强度。一般满足 $\alpha_i > \beta_i$，$0 \leqslant \beta_i < 1$，前者表示收益低于他人时产生的嫉妒负效用大于收益同等数额高于他人产生的同情负效用，从而产生更多的不公平感；后者表示即使存在同情负效用，但参与者仍偏好自己的相对收入更多。该模型可以很好地解释各种社会现象和实验结果。

第二类基于行为动机的公平关注运用"心理博弈论"（psychological game theory）的概念，由 Rabin（1993）在 1993 年提出，认为人们会对公平善意对待自己的人给予回报，也会对怀有恶意对待自己的人采取报复行为，即使需要为此付出代价，损害自己的利益。Rabin 构建了两个善意函数（fairness equilibrium），一个用于表示参与者 i 对 j 的友善程度：

$$f_i(a_i, b_j) = \frac{x_j(b_j, a_i) - x_j^f(b_j)}{x_j^h(b_j) - x_j^l(b_j)} \quad (6\text{-}5)$$

其中，a_i 是参与者 i 的策略；b_j 是 i 认为 j 采取的策略；$x_j(b_j, a_i)$ 为两参与者分别采取各自策略时 j 的收益；$x_j^h(b_j)$ 和 $x_j^l(b_j)$ 分别为 i 相信 j 采取 b_j 策略时在帕累托有效下所能获得的最大收益和最小收益；$x_j^f(b_j)$ 为 j 获得的公平收益，是上述最大收益和最小收益的平均值。$f_i > 0$ 表示 i 采取策略的动机是善意的，$f_i < 0$ 表示 i 采取策略的动机是有敌意的，$f_i = 0$ 表示 i 采取策略的动机是中性的。

另一个善意函数用于表示参与者 i 推测的 j 对 i 的友善程度：

$$f_j'(b_j, c_i) = \frac{x_i(c_i, b_j) - x_i^f(c_i)}{x_i^h(c_i) - x_i^l(c_i)} \quad (6\text{-}6)$$

其各变量定义与上一函数类似，$f_j' > 0$ 表示 i 认为 j 采取策略的动机是善意的，$f_j' < 0$ 表示 i 认为 j 采取策略的动机是有敌意的，$f_j' = 0$ 表示 i 认为 j 采取策略的动机是中性的。

在此基础上，引入参与者 i 的效用函数：

$$u_i(a_i, b_j, c_i) = x_i(a_i, b_j) + f_j'(b_j, c_i)\big[1 + f_i(a_i, b_j)\big] \quad (6\text{-}7)$$

可见参与者 i 的效用来源于物质收益和彼此的态度动机。

Rabin 的这一模型属于开创性的研究，其不足之处在于无法分析动态博弈的情形，Dufwenberg 和 Kirchsteiger（2004）将其推广到扩展型博弈中，提出了序列互换均衡，使模型得到进一步完备。

第三类基于收益分配结果和行为动机的综合的公平关注将上述两种类型综合起来考虑，试图建立一个更加完善的模型。例如，Falk 和 Fischbacher（2006）建立互惠模型，把基于收益分配结果和行为动机的公平关注引入其中。但遗憾的是，这些模型虽然可以解释各种实验结果，但是可能产生多个均衡，使分析的问题复杂化，可操作性不强。

目前，很多研究将公平关注理论与传统激励理论相结合进行研究。Grund 和 Sliwka（2005）分析了具有公平关注的代理人的锦标激励机制，工作努力程度和企业效益与工资结构有关。Itoh（2004）分析了具有风险中性和公平关注的代理人关注其委托人收入情形下的锦标激励机制。Demougin 等（2006）研究在努力可观测和报酬给定的双任务下，公平偏好会对风险中性代理人的表现产生影响。

6.2.4　时间偏好与时间压力

为了模拟出时间偏好理论不耐心程度递减导致贴现率递减的结果，以往研究拓展了指数贴现函数，得到了双曲线模型、半双曲线模型等。Mazur（1987）的研究提出将个体对收益的评价定义为双曲线方程：

$$V = \frac{A}{1+kD} \tag{6-8}$$

其中，V 表示对 D 期后取得收益 A 的现值评价；k 表示时间偏好。在给定 A、k 不变的情况下，式（6-8）随时间的增加而减小。

而被广泛使用的是上述模型的改进形式，即 Laibson（1997）发展的一个半双曲线贴现模型：

$$U(t,s) = u_t + \beta \sum_{s=t+1}^{\infty} \delta^{s-t} u_s \tag{6-9}$$

当 $\beta < 1$ 且 $\delta < 1$ 时，模型的短期贴现因子 β 较高，长期贴现因子 δ 较低，符合实验结果。当 $\beta = 1$ 时，得到萨缪尔森指数贴现的结果，可知指数贴现模型是准双曲线模型的特例。

Laibson（1997）用提出的模型对过度消费行为进行了解释，个体在短期不耐烦程度较高，便会导致储蓄较少、过度消费。Akin（2007）将时间偏好引入博弈论，指出在完全信息假设的博弈中，时间偏好者会较早接受出价。Paserman（2008）把时间偏好应用于劳动经济学，认为中低等工资的工人存在较严重的认知偏差，失业之后需要政府的引导和帮助。

而对时间压力的研究，常常将其设置在决策情景中。应急决策区别于常规决策的主要特点包括决策任务的难度以及时间压力的紧迫度。应急决策面临突发紧急性、高度不确定性、严重危害性等非常态情境，决策难度远大于常规情境下的经济生活类决策任务。并且，大量研究表明，时间压力已成为影响风险决策的重要变量（Maule and Svenson，1993；王大伟和刘永芳，2008；陈军，2009）。Svenson等（1990）认为时间是决策依赖的主要因素之一。Zakay 和 Wooler（1984）研究发现在时间受到限定的条件下，决策制定者做出的决策质量明显降低。关于时间压力的实证研究，一般通过设置不同的时间变量来体现不同的时间压力。Benson和 Beach（1996）在实验中引入时间压力变量，通过无时间压力和高、低时间压力三组实验，测试被试采取何种信息加工方式应对时间压力。柯青松（2009）设置了有无时间压力两组实验，进一步加入极小概率博弈，证实时间压力下被试在选择任务的 H-S 配对时更倾向于回避风险。胡伟国和胡瑜（2009）的实验证实时间压力弱化了风险决策的框架效应。

6.3　引入决策者自信度特征行为的应急管理博弈模型

　　群体的决策过程是重复、长期的动态调整过程，该过程并不能快速调整到最优决策，与人的有限理性是分不开的（Simon and Hout，1976）。针对多次交互的群体决策问题，有限理性下的演化博弈论可以从系统的角度出发描述参与者通过学习而获得博弈的共同知识的过程（黄凯南，2009；王先甲等，2011）。例如，刘德海和尹丽娟（2012）构建了地方政府部门与城市住户之间的城市拆迁改造演化博弈模型，并分析了地方政府两种拆迁模式之间相互竞争的均衡演化方向，得出地方政府合理拆迁模式的适用条件。王治莹和李勇建（2015）基于"情景-应对"范式，考虑博弈双方的公平偏好等行为，引入演化博弈论方法研究了舆情传播和应急决策之间的相互作用规律，并分析了公平偏好行为对演化博弈稳定性的影响。

　　本节接下来的内容将应用行为决策的研究结论，基于损失厌恶和由自信程度导致的信任度这两种决策心理，建立两部门决策的演化博弈模型，讨论具有不同水平的个体组成的决策群体在损失背景下的决策行为、决策结果和群体中个体学习、模仿的演化过程。

6.3.1　两部门决策的演化博弈模型

　　针对如资源分配、救援安排和应急物资划拨等复杂的、多学科交叉的决策问题，应对方案通常由多个决策者共同协调完成。事实上，更可能形成一个亲临一线的、能直接接触事件的观测群体，我们称其为观测部门（D_2）。以突发事件发生后的救助为例，观测部门的作用是根据事件已经发生的程度判断所需要的救助，他们认为接下来的救灾行为，需要数量为 v 的物资，并及时将这一信息传递给决策部门（D_1），给出建议；观测部门和决策部门的行动均有两种——N 型和 A 型，其中 N 型表示损失中性型个体做出的决策，而 A 型表示损失厌恶型个体做出的决策。A 型观测者基于观测值 v 评价得出建议值 $\lambda_2 v$ 并提交给决策部门，其中 $\lambda_2(\geqslant 1)$ 表示观测者的损失厌恶程度，$\lambda_2=1$ 为损失中性，λ_2 越大损失厌恶程度越高（王大伟和刘永芳，2008）。

　　决策部门（D_1）负责进一步处理信息、分配资源并对观测部门给予反馈。决策部门一方面依赖观测部门的建议信息，一方面基于个人经验综合做出应对事件的决策。令 w 表示决策部门经验值，表示对观测部门的信任程度，则 $1-\alpha$ 为自信度或对经验的依赖，信任度与自信度在 $\lambda_2 v$ 和 w 之间进行分配形成决策。同时，损失厌恶型决策者将进一步放大决策值至 $\lambda_1\left[\alpha\lambda_2 v+(1-\alpha)w\right]$，其中 $\lambda_1(\geqslant 1)$ 表示决策者的损失厌恶程度，$\lambda_1=1$ 为损失中性，λ_1 越大损失厌恶程度越高。需要指出的是，λ_1 与 λ_2 分别表示决策者与观测者各自的损失厌恶程度，可假设 λ_1 与 λ_2 相互独立，即观测者和决策者的损失厌恶程度不相关。

令 m 表示外部世界客观真实值，上述观测值和经验值都是对其的反映。针对突发事件的复杂性，观测部门的观测能力以及决策部门的经验有限，因此可能存在偏离 m 的情况，决策质量的高低表现为最终决策与正确结果的偏离程度（Svenson et al.，1990）。由于资源有限且需要进行合理配置，对真实的需求给予过度或不足的支持都将产生不利的影响，最理想的效果是决策者的决策结果恰好为客观真实值 m。因此，采用决策与 m 的偏差平方刻画两部门的支付函数。两部门具有不同的决策地位，决策部门的支付与自己的经验相关，而观测部门的支付函数决定于决策部门的信任、自己的观测以及与实际的偏离。令（a_1，a_2），（b_1，b_2），（c_1，c_2），（d_1，d_2）表示决策部门与观测部门采用 N 型决策、A 型决策后各自的支付，则可得

$$
\begin{aligned}
&a_1=-\left[\alpha v+(1-\alpha)w-m\right]^2,\ a_2=-(\alpha v-m)^2\\
&b_1=-\left[\alpha\lambda_2 v+(1-\alpha)w-m\right]^2,\ b_2=-(\alpha\lambda_2 v-m)^2\\
&c_1=-\left[\alpha\lambda_1 v+(1-\alpha)\lambda_1 w-m\right]^2,\ c_2=-(\alpha\lambda_1 v-m)^2\\
&d_1=-\left[\alpha\lambda_1\lambda_2 v+(1-\alpha)\lambda_1 w-m\right]^2,\ d_2=-(\alpha\lambda_1\lambda_2 v-m)^2
\end{aligned}
\tag{6-10}
$$

若观测部门和决策部门做出 N 型决策，则支付为（a_1,a_2）。此时，观测部门为损失中性，提供建议值 v 给决策部门。决策部门为损失中性，基于观测部门的建议 v、自己的经验 w，以及信任权重 α，做出 $\alpha v+(1-\alpha)w$ 的决策。进而，计算两部门的决策偏差得出各自支付，决策部门的支付为 $a_1=-\left[\alpha v+(1-\alpha)w-m\right]^2$，观测部门的支付 $a_2=-(\alpha v-m)^2$。同理，可得其他三组支付结果。博弈树与支付矩阵如图 6-3 所示。

决策组织通常会长期存在，并会对类似事件进行多次、重复的决策，存在一个较长期的学习、改进的过程。假设博弈方决策部门群体中 N 型的比例（也可以看成概率）为 x，那么 A 型的比例为 $1-x$；同时，博弈方观测部门群体 N 型的比例为 y，那么 A 型的比例为 $1-y$。演化博弈的复制动态方程如下。

对于决策部门 D_1：

$$
F(x)=\frac{\mathrm{d}x}{\mathrm{d}t}=x(1-x)\left[(a_1-c_1-b_1+d_1)\cdot y+b_1-d_1\right]
\tag{6-11}
$$

对于观测部门 D_2：

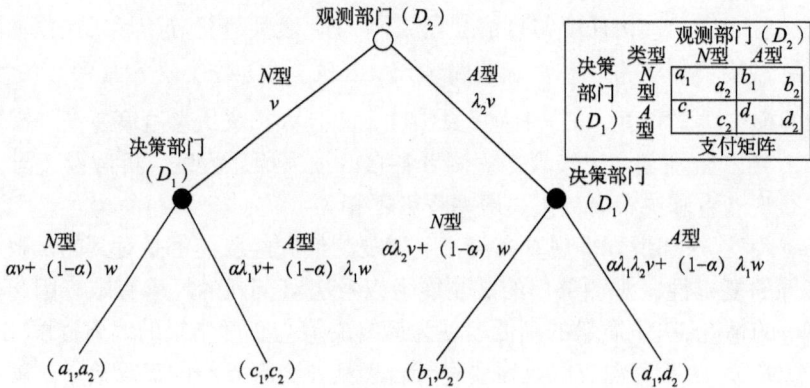

图 6-3　博弈树与支付矩

$$F(y) = \frac{dy}{dt} = y(1-y)\big[(a_2 - b_2 - c_2 + d_2) \cdot x + c_2 - d_2\big] \tag{6-12}$$

基于复制动态方程可进一步分析两部门的演化问题策略。

6.3.2　演化稳定策略分析

判断 a_1 与 c_1、b_1 与 d_1、a_2 与 b_2、c_2 与 d_2 的大小关系（表 6-1），结论如引理 6-1 所述。

表 6-1　均衡点稳定性分析结果

平衡点	Det (J)	符号	Tr (J)	符号
$x=0$，$y=0$	$(b_1-d_1)(c_2-d_2)$	Sgn (Det (J))	$(b_1-d_1) + (c_2-d_2)$	Sgn (Tr (J))
$x=0$，$y=1$	$-(b_1-d_1)(a_2-b_2)$	Sgn (Det (J))	$(-1) \cdot (b_1-d_1)+(a_2-b_2)$	Sgn (Tr (J))
$x=1$，$y=0$	$-(a_1-c_1)(c_2-d_2)$	Sgn (Det (J))	$(a_1-c_1) - (c_2-d_2)$	Sgn (Tr (J))
$x=1$，$y=1$	$(a_1-c_1)(a_2-b_2)$	Sgn (Det (J))	$(-1) \cdot (a_1-c_1)-(a_2-b_2)$	Sgn (Tr (J))
$x=x^*$，$y=y^*$	$-(a_1-c_1)(d_1-b_1)(a_2-c_2)(d_2-c_2) /$ $[(a_1-c_1+d_1-b_1)(a_2-b_2-c_2+d_2]$	Sgn (Det (J))	0	Sgn (Tr (J))

引理 6-1　记 $A = \dfrac{\lambda_1+1}{2}\big[\alpha \cdot v + (1-\alpha) \cdot w\big]$，当 $A > m$ 时，有 $a_1 > c_1$；记 $B = \dfrac{\lambda_1+1}{2}\big[\alpha\lambda_2 \cdot v + (1-\alpha) \cdot w\big]$，当 $B > m$ 时，有 $b_1 > d_1$；记 $C = \dfrac{\lambda_2+1}{2}\alpha \cdot v$，当 $C > m$ 时，有 $a_2 > b_2$；记 $D = \dfrac{\lambda_2+1}{2}\alpha\lambda_1 \cdot v$，当 $D > m$ 时，有 $c_2 > d_2$。

证明：根据 a_1、c_1、b_1、d_1、a_2、b_2、c_2、d_2 支付表达式，直接比较易得 $a_1 > c_1$ 的条件为 $A > m$；$b_1 > d_1$ 的条件为 $B > m$；$a_2 > b_2$ 的条件为 $C > m$；$c_2 > d_2$ 的条件为 $D > m$。

进一步，由概念与支付函数的不同分开讨论 $\alpha \in (0,1)$ 和 $\alpha=1$ 的情况。当 $\alpha=0$

时，观测部门的作用消失，不予考虑。

1. 信任度 $\alpha \in (0,1)$，较一般的情形信任度，较一般的情形

当时，决策部门部分依赖于个人经验 w 或观测部门的指标 v，最为一般化，先予以讨论。根据 A，B，C，D 的表达式，进行比较化简不难得出引理 6-2。

引理 6-2　当 $\alpha \in (0,1)$ 时，A、B、C、D 大小关系判定的四类条件如下：

（1）$\dfrac{w}{v} > \dfrac{(\lambda_1\lambda_2 - 1)\alpha}{(\lambda_1 + 1)(1 - \alpha)}$，此时有 $C<D<A<B$。

（2）$\dfrac{(\lambda_2 - \lambda_1)\alpha}{(\lambda_1 + 1)(1 - \alpha)} < 0 < \dfrac{w}{v} < \dfrac{(\lambda_1 - \lambda_2)\alpha}{(\lambda_1 + 1)(1 - \alpha)}$，且 $\lambda_1 > \lambda_2$，此时有 $C<A<B<D$。

（3）$\dfrac{(\lambda_1 - \lambda_2)\alpha}{(\lambda_1 + 1)(1 - \alpha)} < 0 < \dfrac{w}{v} < \dfrac{(\lambda_2 - \lambda_1)\alpha}{(\lambda_1 + 1)(1 - \alpha)}$，且 $\lambda_1 < \lambda_2$，此时有 $A<C<D<B$。

（4）$\dfrac{|\lambda_1 - \lambda_2|\alpha}{(\lambda_1 + 1)(1 - \alpha)} < \dfrac{w}{v} < \dfrac{(\lambda_1\lambda_2 - 1)\alpha}{(\lambda_1 + 1)(1 - \alpha)}$，此时有 $C<A<D<B$。

从以上判定条件可知，损失厌恶程度 λ_1 和 λ_2 与决策部门对观测部门的信任度 α 和自信度（$1-\alpha$）之间的关系，将经验值同观测值的比值 w/v 分割成四个部分，w/v 与决策行为参数的大小关系产生了 A、B、C、D 四种排列。若 $\lambda_1 = \lambda_2 = 1$，即无损失厌恶行为偏好时，四类条件退化至（1）恒成立。

（1）此时有 $C<D<A<B$。

（2）此时有 $C<A<B<D$。

（3）此时有 $A<C<D<B$。

（4）此时有 $C<A<D<B$。

证明略。

进一步对系统在平衡点附近进行线性稳定性分析（Benson and Beach，1996；柯青松，2009），结论如定理 6-1 所述。

定理 6-1　演化稳定策略依条件可为仅（0，0）、仅（1，0）、仅（0，1）、仅（1，1），以及（1，0）和（0，1）均为演化稳定策略（evolutionarily stable stragegy，ESS）五种情况；系统在各平衡点处的局部稳定性与决策部门的自信度、观测部门和决策部门的损失厌恶程度有关。不同的参数条件形成了 20 种基本情况，对应 8 种不同的系统相图，如图 6-4 和表 6-2 所示。

证明：令式（6-11）和式（6-12）等于 0，并联立两式，得到系统的 5 个演化平衡点，分别为 E_1（0，0）、E_2（1，0）、E_3（0，1）、E_4（1，1）和 E_5（x^*，y^*）（当且仅当 x^*，$y^* \in [0,1]$），其中 $x^* = \dfrac{d_2 - c_2}{(a_2 - b_2) - (c_2 - d_2)}$，$y^* = \dfrac{d_1 - b_1}{(a_1 - c_1) - (b_1 - d_1)}$。

表 6-2 演化博弈稳定策略

情况	参数条件	m 的范围	$a_1>c_1?$	$b_1>d_1?$	$a_2>b_2?$	$d_2>b_2?$	系统相图类型	(0,0)	(1,0)	(0,1)	(1,1)	(x^*,y^*)
1.1	$\dfrac{w}{v}>\dfrac{(\lambda_1\lambda_2-1)\alpha}{(\lambda_1+1)(1-\alpha)}$	$m<C<D<A<B$	1	1	1	1	图 6-4（e）	不稳定点	鞍点	鞍点	ESS	非均衡点
1.2		$C<m<D<A<B$	1	1	0	1	图 6-4（b）	不稳定点	ESS	鞍点	鞍点	非均衡点
1.3		$C<D<m<A<B$	1	1	0	0	图 6-4（c）	鞍点	ESS	不稳定点	不稳定点	非均衡点
1.4		$C<D<A<m<B$	0	1	0	0	图 6-4（b）	鞍点	ESS	鞍点	不稳定点	非均衡点
1.5		$C<D<A<B<m$	0	0	0	0	图 6-4（a）	ESS	鞍点	鞍点	不稳定点	非均衡点
2.1	$\dfrac{w}{v}<\dfrac{(\lambda_1-\lambda_2)\alpha}{(\lambda_1+1)(1-\alpha)}$ 且 $\lambda_2<\lambda_1$	$m<C<A<B<D$	1	1	1	1	图 6-4（e）	不稳定点	鞍点	鞍点	ESS	非均衡点
2.2		$C<m<A<B<D$	1	1	0	1	图 6-4（d）	不稳定点	ESS	鞍点	鞍点	非均衡点
2.3		$C<A<m<B<D$	0	1	0	1	图 6-4（g）	不稳定点	ESS	ESS	不稳定点	中心点
2.4		$C<A<B<m<D$	0	0	0	1	图 6-4（f）	鞍点	鞍点	ESS	不稳定点	非均衡点
2.5		$C<A<B<D<m$	0	0	0	0	图 6-4（a）	ESS	鞍点	鞍点	不稳定点	非均衡点
3.1	$\dfrac{w}{v}<\dfrac{(\lambda_2-\lambda_1)\alpha}{(\lambda_1+1)(1-\alpha)}$ 且 $\lambda_2>\lambda_1$	$m<A<C<D<B$	1	1	1	1	图 6-4（e）	不稳定点	鞍点	鞍点	ESS	非均衡点
3.2		$A<m<C<D<B$	0	1	0	1	图 6-4（h）	不稳定点	ESS	鞍点	鞍点	非均衡点
3.3		$A<C<m<D<B$	0	1	0	0	图 6-4（g）	鞍点	ESS	ESS	不稳定点	中心点
3.4		$A<C<D<m<B$	0	1	0	0	图 6-4（b）	鞍点	ESS	鞍点	不稳定点	非均衡点
3.5		$A<C<D<B<m$	0	0	0	0	图 6-4（a）	ESS	鞍点	鞍点	不稳定点	非均衡点
4.1	$\dfrac{\lvert\lambda_1-\lambda_2\rvert\alpha}{(\lambda_1+1)(1-\alpha)}<$ $\dfrac{w}{v}<\dfrac{(\lambda_1\lambda_2-1)\alpha}{(\lambda_1+1)(1-\alpha)}$	$m<C<A<D<B$	1	1	1	1	图 6-4（e）	不稳定点	鞍点	鞍点	ESS	非均衡点
4.2		$C<m<A<D<B$	1	1	0	1	图 6-4（d）	不稳定点	ESS	鞍点	鞍点	非均衡点
4.3		$C<A<m<D<B$	0	1	0	1	图 6-4（g）	不稳定点	ESS	ESS	不稳定点	中心点
4.4		$C<A<D<m<B$	0	1	0	0	图 6-4（b）	鞍点	ESS	鞍点	不稳定点	非均衡点
4.5		$C<A<D<B<m$	0	0	0	0	图 6-4（a）	ESS	鞍点	鞍点	不稳定点	非均衡点
说明								1 为成立，0 为不成立				

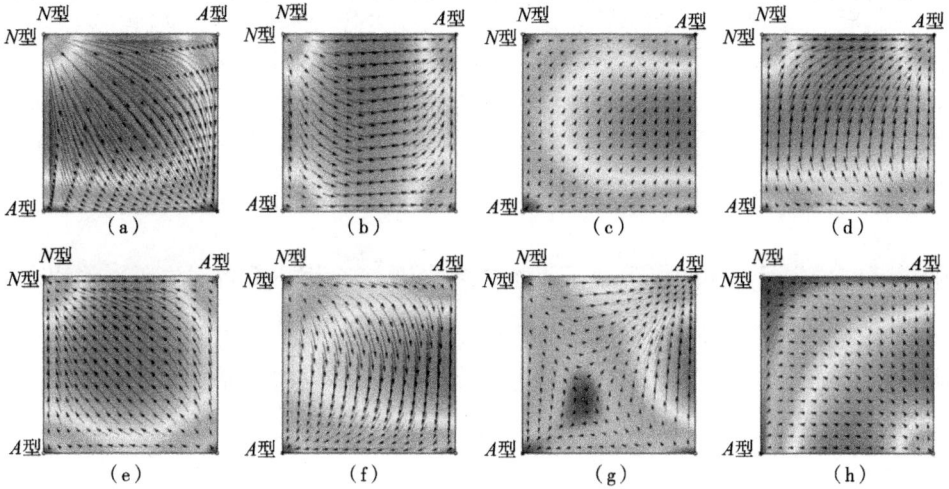

图 6-4　系统演化相位图

根据该系统相应的雅可比矩阵的局部稳定性分析，可得到平衡点的局部稳定性（Benson and Beach，1996；柯青松，2009），令 $F(x)$ 和 $F(y)$ 分别对 x 及 y 求偏导数，可得雅可比矩阵 $\boldsymbol{J}$ 为

$$\boldsymbol{J} = \begin{pmatrix} \dfrac{\partial F(x)}{\partial x} & \dfrac{\partial F(x)}{\partial y} \\ \dfrac{\partial F(y)}{\partial x} & \dfrac{\partial F(y)}{\partial y} \end{pmatrix} \begin{pmatrix} (1-2x)\big[(a_1-c_1-b_1+d_1)\bullet y+c_2-d_1\big] & x(1-x)(a_1-c_1-b_1+d_1) \\ y(1-y)(a_2-b_2-c_2+d_2) & (1-2y)\big[(a_2-b_2-c_2+d_2)\bullet x+c_2-d_2\big] \end{pmatrix}$$

（6-13）

则 Det（$\boldsymbol{J}$）和 Tr（$\boldsymbol{J}$）分别为

$$\mathrm{Det}(\boldsymbol{J}) = (1-2x)\big[(a_1-c_1-b_1+d_1)\bullet y+c_2-d_1\big](1-2y)$$
$$\big[(a_2-b_2-c_2+d_2)\bullet x+c_2-d_2\big]-x(1-x)(a_1-c_1-b_1+d_1) \quad （6\text{-}14）$$
$$y(1-y)(a_2-b_2-c_2+d_2)$$

$$\mathrm{Tr}(\boldsymbol{J}) = (1-2x)\big[(a_1-c_1-b_1+d_1)\bullet y+c_2-d_1\big]+(1-2y)\big[(a_2-b_2-c_2+d_2)\bullet x+c_2-d_2\big]$$

（6-15）

在均衡点处的雅可比矩阵的行列式的值和迹分别记为 Det（$\boldsymbol{J}$）和 Tr（$\boldsymbol{J}$），将 5 个可能的平衡点代入计算得出 Det（$\boldsymbol{J}$）和 Tr（$\boldsymbol{J}$），结果如表 6-1 所示。基于引理 6-1 和引理 6-2 的结论可判断 Det（$\boldsymbol{J}$）和 Tr（$\boldsymbol{J}$）数值的符号，从而得出系统在各平衡点处的局部稳定性，判断是否为 ESS。基于平衡点处的局部稳定性结果，可得出 8 种系统相图（Fehr and Schmidt，1999；Rabin，1993）。得证。

由定理 6-1 可知，不同的参数条件形成了 20 种基本情况，对应 8 种不同的系统相图。系统可得出 5 种演化稳定均衡点结果，分别是仅（0，0）为 ESS、仅（1，

0）为 ESS、仅（0，1）为 ESS、仅（1，1）为 ESS，以及（1，0）和（0，1）均为 ESS。每一种策略都可能因参数条件的改变，取得 ESS 的位置。而产生这种现象的根源就在于，由 A 型占不同比例、自信程度不同的两部门进行博弈后，形成了特定的决策值，该值大小会形成 m 的分类标准，从而导致不同类型的群体产生了不同的结果。从分类条件 $\frac{\lambda_1+1}{2}[\alpha \cdot v+(1-\alpha)\cdot w]>m$ 可以看出，当决策部门 D_1 在 v 和 w 分配信任的权重 α，前面的系数 $\frac{\lambda_1+1}{2}$ 会因决策者损失厌恶的程度对 $\alpha \cdot v+(1-\alpha)\cdot w$ 的结果进行放大，该值可能因过高的损失厌恶程度超出真实值 m，从而使 $a_1>c_1$，导致决策部门选择策略 A 型的概率越来越大。而观测部门损失厌恶的放大效应与前者作用叠加，有 $\frac{\lambda_1+1}{2}[\alpha\lambda_2 \cdot v+(1-\alpha)\cdot w]>m$。

图 6-4 中，各子图顶点位置与博弈矩阵决策相对应，博弈方均有损失中性和损失厌恶两种选择，如（1，0）为每个相位图中右上角（N 型，A 型）的结点。箭头流向指明系统演化方向，红（蓝）色表明了较快（较慢）的变化，实（空）心点为稳定（不稳定）的结点。

决策可能因为损失厌恶产生更大的偏离，对应图 6-4（e），当综合了 v 和 w 的决策值超过 m，甚至当两部门都过分高估了自然条件下的损失，v>m 且 w>m 时，此时的决策已在一定程度上放大，在损失厌恶类型的决策下会进一步偏离 m 值从而产生更加错误的效果。但是，演化博弈系统将会更快地修正下一期两部门的决策，它们会以更大的概率选择损失中性的决策。对于情况 1.5、2.5、3.5 和 4.5，对应了图 6-4（a），这是符合常理的，即 m>max{A，B，C，D}时，实际需要的救援值特别大，两部门均为 A 型演化稳定策略，群体决策情况最终趋近于实际需要，也就是放大程度最高的水平。

对于系统相图 6-4（g）对应的结果，即（1，0）和（0，1）均为演化稳定均衡点的情况，在不同的参数条件下，两部门一方对观测指标予以放大，一方认为是损失中性的原值，相较于都不放大和都放大观测值的情况来说更逼近真实值。该系统有两个可能的演化平衡点 E_2（1，0）和 E_3（0，1），最终会在哪一个点均衡，与两部门 D_1 和 D_2 中损失厌恶型决策者所占的比例 x_0、y_0 有关。此时由于信任度 α 不够导致的偏小的 v 会被损失厌恶修复，使决策值更趋近真实值。对于图 6-4（h），这种情况因观测部门 D_2 在损失中性处收益严格占优损失厌恶时的收益，从而达到（A 型，N 型）这一演化稳定策略。

综上，演化博弈两部门演化模型描述了不同参数条件下群体决策的演化机制，并经过演化过程修补群体中决策准确度不准带来的较大救援损失，使既定类型的群体最终能稳定在最适合应对事件的水平。

以上 20 种情况中我们并没有考虑退化的情形（如 $a_1 = c_1$），退化的结论可以简单地在已有基础上得出（段军和戴居丰，2006），因此不做更多的讨论。

2. 信任度 $\alpha=1$，决策部门完全信任观测部门

决策部门可因决策时间限制、决策者毫无经验等因素导致其完全依靠观测部门的指标进行决策。此时，$\alpha=1$，则

$$a_1 = a_2 = -(v-m)^2, b_1 = b_2 = -(\lambda_2 v - m)^2 \qquad (6-16)$$

$$c_1 = c_2 = -(\lambda_1 v - m)^2, d_1 = d_2 = -(\lambda_1 \lambda_2 v - m)^2 \qquad (6-17)$$

此时，两部门之间的支付的差异消失，博弈实质变为在内部分化的同一团体内部进行，只是损失厌恶系数有 λ_1 和 λ_2 两种情况。（当 $\lambda_1=\lambda_2=1$，即无损失厌恶行为偏好时，$a_1 = c_1 = b_1 = d_1 = a_2 = b_2 = c_2 = d_2$，博弈的基本要素消失，不予考虑。）这时 $A = \dfrac{\lambda_1 + 1}{2} v, B = \dfrac{\lambda_1 + 1}{2} \lambda_2 v, C = \dfrac{\lambda_2 + 1}{2} v, D = \dfrac{\lambda_2 + 1}{2} \lambda_1 v$。

由定理 6-1 的讨论可得出 A、B、C、D 大小关系判定的两类条件，如定理 6-2 所示。

定理 6-2

（1）当 $\lambda_1 > \lambda_2$ 时，有 $C<A<B<D$，讨论 m 在其中的位置将产生五种可能结果。当 $m<C$ 时，同图 6-4（e），（1，1）为 ESS；当 $C<m<A$ 时，同图 6-4（d），（1，0）为 ESS；当 $A<m<B$ 时，同图 6-4（g），（1，0）和（0，1）为 ESS；当 $B<m<D$ 时，同图 6-4（f），（0，1）为 ESS；当 $m>D$ 时，同图 6-4（a），（0，0）为 ESS。这与定理 6-1 中情况 2.1 至 2.5 相同。

（2）当 $\lambda_1 < \lambda_2$ 时，结论与前者对称，有 $A<C<D<B$，讨论 m 在其中的位置也将产生五种可能结果。当 $m<A$ 时，同图 6-4（e），（1，1）为 ESS；当 $A<m<C$ 时，同图 6-4（h），（0，1）为 ESS；当 $C<m<D$ 时，同图 6-4（g），（1，0）和（0，1）为 ESS；当 $D<m<B$ 时，同图 6-4（b），（1，0）为 ESS；当 $m>B$ 时，同图 6-4（a），（0，0）为 ESS。这与定理 6-1 中情况 3.1 至 3.5 相同。

证明同引理 6-2、定理 6-1，略去。

可以看出，$\alpha=1$ 时的情况是 $\alpha \in (0,1)$ 时的退化结果，此时不会产生如图 6-4（c）所示的演化相位图。

6.4　基于演化博弈的数值算例分析

分析讨论决策部门信任观测部门的程度 α 的改变对结果的影响。以情况 2.3

为例，结果和赋值如表 6-3 所示，其中，个体损失厌恶系数设为 2 和 1.2，符合实验文献中对个体损失厌恶系数的统计估计（Tversky and Kahneman，1991）。演化相位图如图 6-5 所示。

表 6-3　情况 2.3 的数值算例-均衡点稳定性分析结果

权重 α	0.7	横坐标 x	纵坐标 y	Det（J）	Tr（J）	点的类型
D_2 观测值 v	2	0	0	+	+	不稳定点
D_1 经验值 w	1.2	1	0	+	−	ESS
所需值 m	2.8	0	1	+	−	ESS
损失厌恶系数 λ_1	2	1	1	+	+	不稳定点
损失厌恶系数 λ_2	1.2	x^*	y^*	+	0	中心点

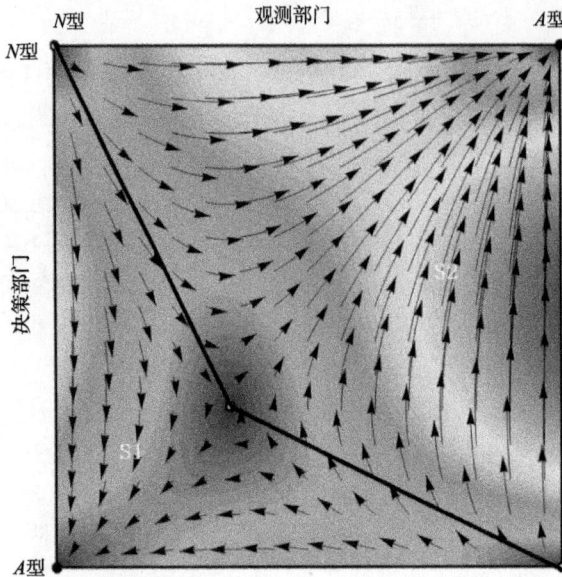

图 6-5　情况 2.3 的演化相位图

经过计算得出到达（N 型，A 型）的概率为

$$S_1=0.5+0.5\left(\frac{\lambda_1\left(-2m+v\alpha\lambda_1\left(1+\lambda_2\right)\right)}{\left(-1+\lambda_1\right)\left(-2m+v\alpha\left(1+\lambda_1\right)\left(1+\lambda_2\right)\right)}\right.$$
$$\left.+\frac{\left(w\left(-1+\alpha\right)-v\alpha\lambda_2\right)\left(2m+\left(1+\lambda_1\right)\left(w\left(-1+\alpha\right)-v\alpha\lambda_2\right)\right)}{v\alpha\left(-1+\lambda_2\right)\left(2m+\left(1+\lambda_1\right)\left(2w\left(-1+\alpha\right)-v\alpha\left(1+\lambda_2\right)\right)\right)}\right)$$

（6-18）

经赋值后有 $\dfrac{9}{13}<\alpha\leqslant 1$，从而可得 S_1 与 α 的关系如图 6-6 所示。当 $\alpha<0.740\,7$ 时，S_1 递增；当 $\alpha>0.740\,7$ 时，S_1 递减；当 $\alpha=0.740\,7$ 时，S_1 最大为 0.331 1。决策部门过度自信可导致信赖度过低，从而引发观测部门趋于做出损失厌恶的决策。另外，观测部门可通过挽回决策部门的信任来提升支付水平。在信任度超出一定范围后，决策部门越相信观测部门给出的指标 v，观测部门的决策在多轮演化后越易在损失厌恶处达到均衡。

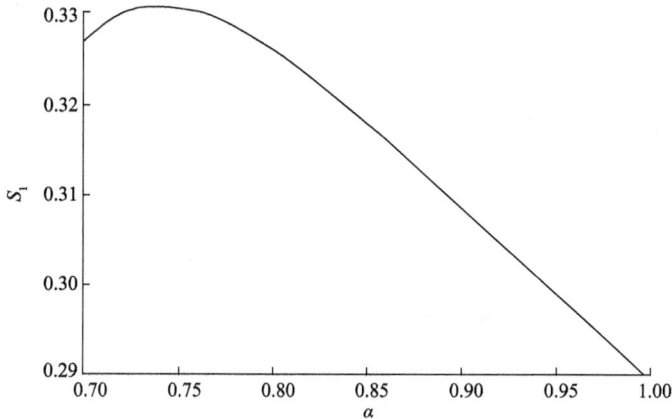

图 6-6　S_1 与 α 的关系

当 $v=m$ 时，观测部门将自然条件下需要的指标准确地传达给决策部门，下面分析这时各个部门损失厌恶系数 λ 与信任度 α 对演化均衡位置的影响。令纵轴为 λ_1 或 λ_2，横轴为 α，$v=m=1$，$w=0.8$ 时，改变变量分别得到 λ_1 和 λ_2 和 α 共同作用下到达不同 ESS 的情况。

如图 6-7 所示，若 λ_1 和 α 是随机均匀分布取值的，则可以得到如下结论：图6-7（a）~图6-7（c）中仅（1，0）为 ESS 的结果占最大面积，表示决策部门 D_1 为 A 型、观测部门 D_2 为 N 型是最可能的演化稳定策略，绝大部分 D_2 损失厌恶的群体在演化达到稳态时博弈双方处于这个水平。横向比较图 6-7（d）~图 6-7（f）中 ESS 为仅为（1，0）和仅为（1，1）的结果各占近半面积，随着 α 的增大，出现了两者的分水岭，这说明虽然信任度在增加，但决策部门更多地在损失中性处得到较大的收益，同时，λ_1 在达到 1.25~1.33 中某值处，仅为（1，1）的结果的面积将固定不变，这说明取得双方均为损失中性的结果，α 和 λ_2 成为主要限制因素，λ_1 在超过某一值时将不再起主要作用。而不论是图 6-7（a）~图 6-7（c）还是图 6-7（d）~图 6-7（f）的横向比较结果显示，主要分布在低信任度和低程度损失厌恶区域，结果为仅（0，0）为 ESS 的出现均随着 α 的增加而减少，并在图 6-7（f）中完全消失，这是因为当 α 和 λ 增加后，双方均为损失厌恶的决策更不被采纳。

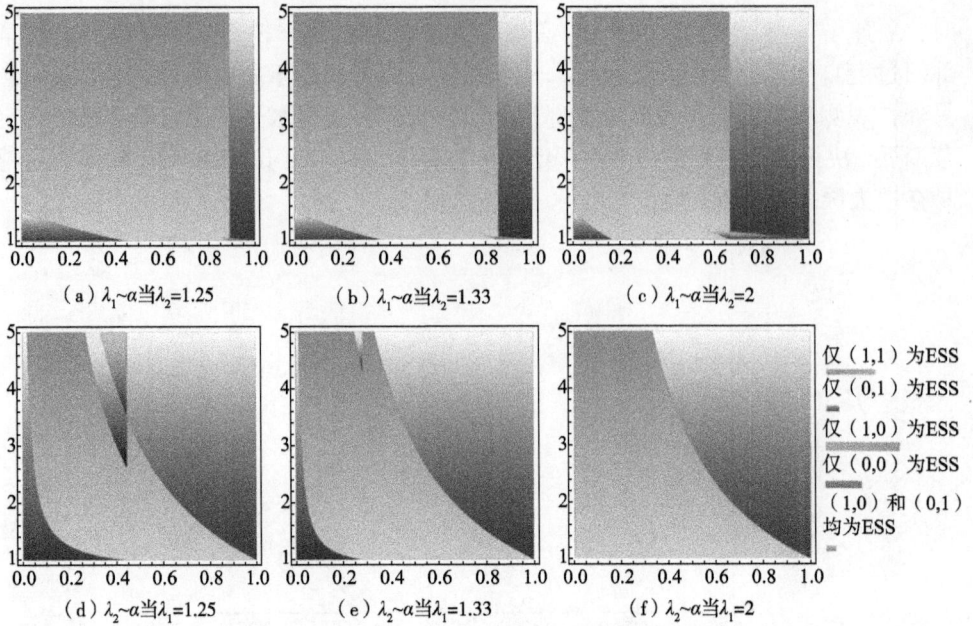

图 6-7　$v=m$ 时的数值算例

　　综合来看，均显示了当增大时（第一排从右往左看，第二排从左往右看），仅（1，0）为 ESS 的区域在扩大，仅（0，1）为 ESS 的区域在缩小，（1，0）和（0，1）均为 ESS 的区域也在缩小，后两者的区域实际上在变为第一种的区域，表明 D_1 损失厌恶、D_2 损失中性的演化稳定状态在相对于变大时更为常见。对图 6-7 纵向比较可知，λ_1 和 λ_2 在取值相同时，可能出现的结果是截然不同的，这说明同一个人在 D_1 和 D_2 中具有不平等的决策地位，这与博弈模型中支付函数的建立是一致的，决策部门掌握了更多的信息，其变化将更能影响结果变化。图 6-7（f）只有两种结果即（1，1）或（1，0）出现，表明损失厌恶程度较高的决策部门在动态博弈过程中，将逐渐学习并调整决策，证明了模型建立中反馈机制的有效性和演化博弈的作用。以上结论揭示了演化博弈系统在修复决策偏差时的作用。

　　进一步通过系统动力学模型进行数值验证。选取三类有代表性的情况讨论两部门系统的博弈路径，图 6-8 研究决策部门自信度对系统均衡的影响，图 6-9 研究决策部门损失厌恶程度对系统均衡的影响，图 6-10 观测部门损失厌恶系数对系统均衡的影响。其中我们重点关注的是决策部门的自信度和两个部门的风险厌恶程度对系统均衡的影响。先考虑决策部门自信度对系统均衡的影响。在保证其他参数与前文所述情况一致的前提下，在每一种情况下我们对决策部门自信度进行调整。其中在情况 1.3 中，令决策部门自信度分别为 0.65、0.7、0.75；在情况 2.3 中，令决策部门自信度分别为 0.2、0.25、0.3；在情况 3.2 中，令决策部门自信度分别为 0.1、0.15、0.2。

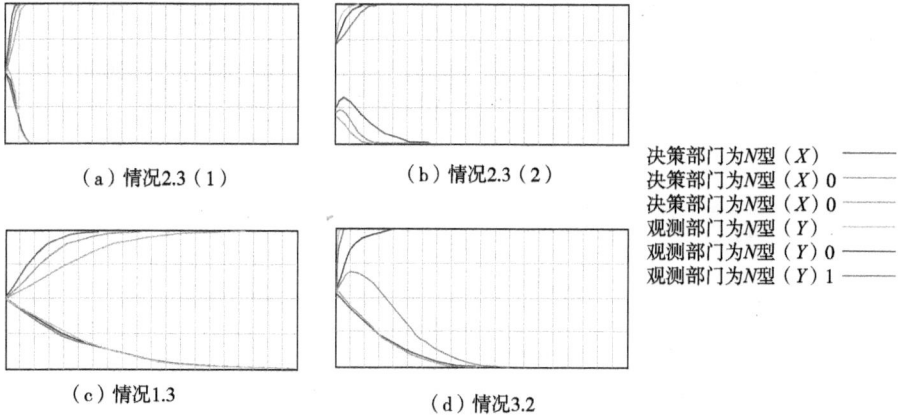

（a）情况2.3（1）　　（b）情况2.3（2）

决策部门为N型（X）————
决策部门为N型（X）0 ————
决策部门为N型（X）0 ————
观测部门为N型（Y）————
观测部门为N型（Y）0 ————
观测部门为N型（Y）1 ————

（c）情况1.3　　（d）情况3.2

图 6-8　决策部门自信度对系统均衡的影响

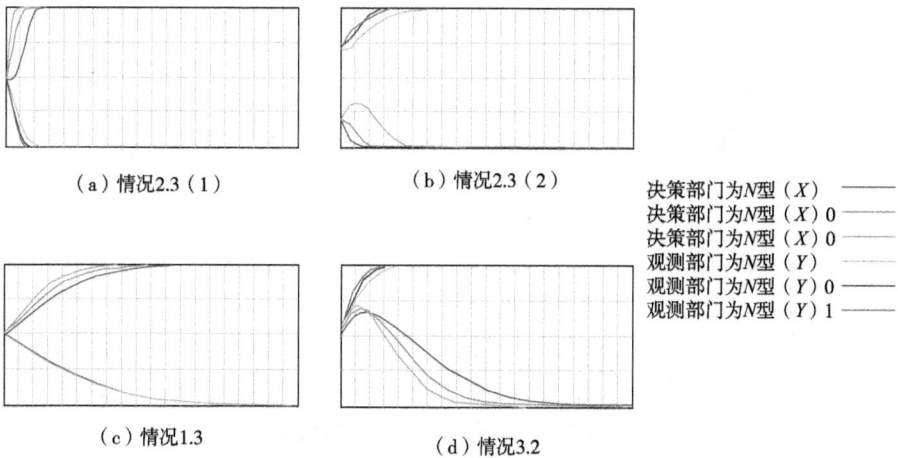

（a）情况2.3（1）　　（b）情况2.3（2）

决策部门为N型（X）————
决策部门为N型（X）0 ————
决策部门为N型（X）0 ————
观测部门为N型（Y）————
观测部门为N型（Y）0 ————
观测部门为N型（Y）1 ————

（c）情况1.3　　（d）情况3.2

图 6-9　决策部门损失厌恶程度对系统均衡的影响

图 6-8 中，情况 2.3 根据群体初始情况的不同被分为了两种情况，下同。在三种情况下，决策部门的自信程度的变化仅影响决策部门和观测部门之中的一个部门的均衡速度，而对另一个部门的均衡快慢影响不大。其中在情况 1.3 和情况 2.3 中，决策部门越自信，越不利于决策部门达到均衡，同时对于观测部门影响不大。所以决策部门此时最好在决策时在合理的范围内以观测部门提供的信息为主要参

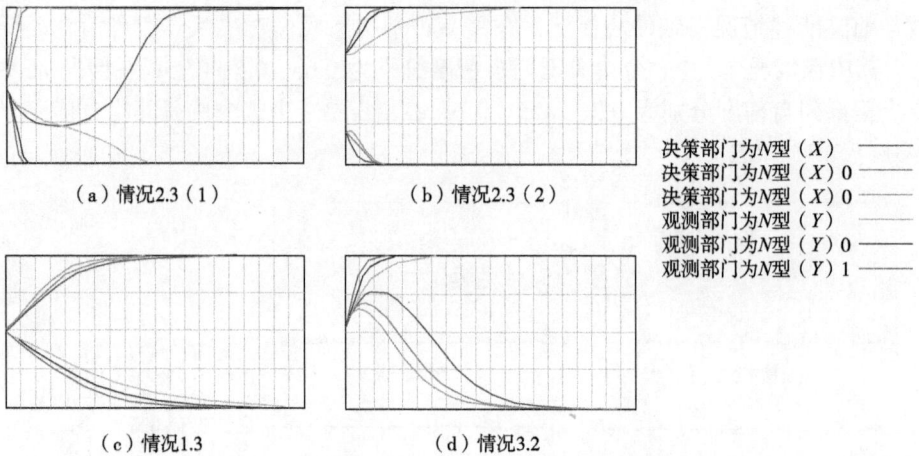

（a）情况2.3（1）　　　　　　（b）情况2.3（2）

决策部门为*N*型（*X*）————
决策部门为*N*型（*X*）0————
决策部门为*N*型（*X*）0————
观测部门为*N*型（*Y*）————
观测部门为*N*型（*Y*）0————
观测部门为*N*型（*Y*）1————

（c）情况1.3　　　　　　　　（d）情况3.2

图 6-10　　观测部门损失厌恶系数对系统均衡的影响

考；在情况 3.2 中，决策部门越自信，越有利于观测部门均衡，同时对决策部门的均衡影响不大。进一步分析决策部门损失厌恶程度对系统均衡的影响。在保证其他参数与上文所述情况一致的前提下，在每一种情况下我们对决策部门损失厌恶系数进行调整。其中在情况 1.3 中，令决策部门损失厌恶系数分别为 1.45、1.5、1.55；在情况 2.3 中，令决策部门损失厌恶系数分别为 1.9、2、2.1；在情况 3.2 中，令决策部门损失厌恶系数分别为 1.02、1.03、1.04。

在三种情况下，决策部门损失厌恶系数的增大除情况 2.3（2）不利于决策部门达到均衡外，都有利于决策部门达到均衡；除情况 1.3 对观测部门的均衡无明显影响外，都有利于观测部门达到均衡。所以除情况 2.3（2）外，决策部门此时最好在进行群体决策时尽量以损失厌恶者的意见为主要参考。对于情况 2.3（2），决策部门此时最好在进行群体决策时综合考虑现实的局面并在合理的范围内考虑对于损失厌恶者的意见的采纳程度。

最后，分析观测部门损失厌恶系数对系统均衡的影响。在保证其他参数与上文所述情况一致的前提下，在每一种情况下我们对观测部门损失厌恶系数进行调整。其中在情况 1.3 中，令观测部门损失厌恶系数分别为 1.15、1.2、1.25；在情况 2.3 中，令观测部门损失厌恶系数分别为 1.1、1.2、1.25；在情况 3.2 中，令观测部门损失厌恶系数分别为 1.69、1.7、1.71。在三种情况下，观测部门损失厌恶的增大除情况 2.3（2）对决策部门的均衡无明显影响外，其余情况都有利于决策部门的均衡。观测部门损失厌恶系数的增大对于观测部门的均衡总是有利的。因此，观测部门可在进行群体决策时尽量以损失厌恶者的意见为主要参考。

本章研究结果表明：观测部门为取得最大化支付，在取得决策部门的信任程度中存在一个最优化的过程，应达到一定的信任但又不能过高；富有经验的决策部门在应对事件时，其是否损失厌恶更起到关键作用，一方面能平衡自己经验丰富容易低估事件水平引起的偏差，另一方面，其对下属，即观测部门的信赖也能弥补这些偏差；而从演化博弈的过程来看，观测部门的损失厌恶系数的增加，将有利于达到演化稳定状态，从而在构建决策团队时，可考虑增加损失厌恶型决策者的比例。

第7章　应急决策者顿悟能力影响因素分析理论与模型

突发事件造成的影响是巨大的，而应急管理决策者的决策能力是影响事件处理好坏的关键因素之一。不同的决策者有不同的处理方法，这与他们的个人素质、处理经验、应急处理体系等都不可分割。应急管理决策者在事件发生时顿悟的可能性直接影响了事件的处理结果和直接或间接的损失。所以，研究应急管理决策者顿悟能力的影响因素，发现他们的影响强度，有利于选择更好、更适合的决策者，也能帮助加强应急管理体系的建设，以期在突发事件面前做到最好，尽可能地降低经济和社会损失。

突发紧急事件可能会由于不同的处理方法而有不同的结果。在墨西哥湾漏油事件中，一开始漏油量巨大，英国石油公司（BP P.L.C）公司连续采取了多种紧急的补漏方式，包括尝试大型钢筋水泥控油罩的方法、利用吸油管等工具补漏的方法和"灭顶法"等，却都没有达到预期效果。最终，BP公司想到了"盖帽法"来控制漏油，最终确认事发地没有原油再次泄漏。不同的处理方式引发了不同的后果，有效性明显不同。

7.1　顿悟的概念及特征

7.1.1　顿悟的概念

突发事件的处理，需要应急决策者在较短时间内综合考虑各方面因素，做出相对最佳的决策，使损失尽可能降低。突发事件条件下，由于掌握的信息有限，以及面临时间和心理的双重压力，决策者的过往经验和心理偏差对其决策过程的影响是客观存在的。这一事实可以用"顿悟"一词来描述。"顿悟"作为心理学中的名词被引入应急管理领域，描述应急决策者通过运用所了解的信息，结合以往知识和经验，在特定情境条件下获得决策灵感及方案的过程。通常决策者的经验和内在特征具有个体差异，同一决策者对不同事件的顿悟有一贯性和规律性，不同决策者对同一应急事件的顿悟存在差异性。

现有对顿悟的研究，大多基于心理学角度，尤其是格式塔心理学对其进行实验研究之后，研究者就开始了对顿悟概念的使用，并且对其开展了诸多研究。国外研究者对顿悟从以下几个方面进行了描述。Epstein 等（1984）认为，突发性、直指性和持续性是顿悟的三个重要特征。突发性是指解决问题的方案是在意料之外的前提下发生，没有任何预兆；直指性是指从问题未解决到问题解决的过渡不是一个循序渐进的过程，解决方案直接出现；持续性是指一旦顿悟出现，便是一个不间断的过程，并且一直顺利进行，直至形成一个连续的完整体。Kaplan 和 Simon（1990）认为，顿悟是一种猜谜行为或者是能力，顿悟出现之前通常会有一段潜伏期，这会给个体的心理上带来挫败感并且暂停对问题的思索，不过这种暂停只是表面上的，潜意识中，人们仍然在对其进行相应的加工，最终实现顿悟。国内研究者的观点也比较复杂。罗劲（2004）认为，顿悟是一瞬间实现的，这个过程中旧思维被新思维取代，取代过程中，关键环节是打破思维定式。张庆林和邱江（2005）认为，顿悟是一个原型启发的过程，包括原型激活和关键启发信息的提取，只有完成这两个阶段，顿悟才会出现，而这两个阶段中，后者更为关键。傅小兰（2006）则认为，顿悟心理机制的核心概念，即认知活动的三个要素，是表征、加工和控制。

7.1.2　顿悟的特征

1. 突发性

突发性是指顿悟的发生是毫无预期的。它强调的是那种灵光乍现时的状态，而非循规蹈矩的一种做法。所以，顿悟的发生是具有突发性的，是在给定提示下的一种瞬间反应，不可人为操控和定时。

2. 不确定性

不确定性是指顿悟的发生没有确定的时间，也没有确定的规律。因为顿悟是指在看到给定提示时，大脑思维运转的一种结果。思维的处理没有规律可循，即使是同样的问题、同样的人，在面临不同的环境时也可能会造成思维的不同结果。所以，顿悟具有不确定性。

3. 主观性

主观性是指顿悟与实施顿悟与被顿悟的对象有着密切的关系。它不是一种客观存在的定性事件。顿悟可能会根据事件的不同、处理的决策者的不同、外部环境的不同而产生不同，不是一种具有一成不变特征的条件反应。基于顿悟的主观性，我们需要分析影响顿悟能力的影响因素，寻找影响因素的影响方向和影响大小，尽可能地消除顿悟的主观性。

7.1.3　顿悟相关理论

1. 表征转换理论

认知心理学家 Kaplan 和 Simon（1990）提出了研究顿悟问题的表征转换理论。他们认为，人们在解决问题的过程中有问题初始表征和重新表征两个过程。问题的初始表征是指人们在面对问题时对问题的第一认知。这种表征与决策者以往的处理经验和事件显现的线索有关。但是，表征转换理论认为决策者形成的问题初始表征是错误的，他们一开始形成的表征可能因大脑中与问题无关的想法和见解被激活而产生。因此，他们需要转换初始表征，改变大脑中原以为需要的知识或者认为问题存在的空间，寻找正确的问题表征的方式。这就是顿悟能力与问题的表征和问题空间有关的原因。而决策者在寻找和改变表征的同时，需要对问题进行分解。表征转换理论认为，决策者之所以一开始产生错误的问题表征，是因为他们对问题做了不必要的限制，将问题约束在了一个特定的空间，或者是决策者对问题的表征过于单一，忽略了很多相关的细节和联系。所以，决策者在进一步思考的过程中，通过将事件进行分解组块来寻找相互之间的关联和细节。通过对限制的放宽来拓宽思考的空间，将一个物体分解成与原来几乎无关的几部分来考虑可能存在的关联。表征转换理论还认为，对于不同事件，分解组块消除限制的复杂程度是不一样的，需要转换表征的次数和难度也是不一样的。最复杂的则是整个问题的表征都出现了偏差，这种情况下需要考虑的关联更多，影响的范围更广。如果事件不容易组块分解，表征转换也存在一定的难度（邢强和张忠炉，2013）。只有找到正确的表征，才能顿悟。因此，顿悟的能力在于表征转换的速度与准确性。

2001 年 Knoblich 等（2001）通过实验验证了表征转换理论。他们设计了一项名为眼动实验的项目，对被试者进行移动火柴棒使两边相等的实验，通过记录眼动数据来考察顿悟能力。结果显示，被试者对问题的解决成功率和问题解决的时间都与表征转换理论相符，该理论能解释被试者的眼动数据。

2. 进程监控理论

Chronicle 和 Macgregor（2004）基于爬山法，提出了进程监控理论，用手段-目的分析法来解释顿悟的发生过程。他们的观点是，当决策者面对事件时，会提出各种方法来试图解决问题，其中一种可能就是基于以前的处理经验来建立问题的解决过程的监控。如果一种方法不能达到解决问题的目的，决策者就会尽可能及时地更换方法，直到找到合适的方法，形成顿悟。尽管这一理论得到了一些实证研究的支持，但是任国防等（2007）提出，这一理论只是阐释了顿悟发生的情况和条件，却没有对顿悟的发生原理进行解释。

3. 原型激活理论

国内学者张庆林等（2004）在表征转换理论的基础上加以演进，提出了一项新的理论，即原型激活理论。原型激活理论先对几个相关概念提出了明确定义。首先他认为，原型是指面对事件时参考的相似或相同的事件，该参考事件对新问题有一定的指导作用，能提供关键线索和信息。这个参考事件可以有不同的来源，可以是决策者自身的经验，即一手经验，也可以是间接得到的别人的转述，即二手经验。其次，原型表征是指面对事件时，决策者对其形成的第一反应，该反应可能在呈现方式上有差异，这取决于决策者以往的处理经验。再次，关键性激活信息是指参考事件，即原型中包含的对新问题有指导作用的关键信息。最后，激活是指在看到参考事件时大脑的反应，发现参考案例中的关键事件与新问题的关联，用自己的以往经验实现问题解决的过程。原型激活理论认为，在决策者顿悟的过程中，当问题找到合适的表征方式，并且决策个体搜寻到适合的原型，即参考事件，能够成功提取关键信息，并能将关键信息激活，就可以产生顿悟。如果问题的关键表征与表面表征相去甚远，个体在长时间搜寻之后，在问题的初始空间中依然找不到恰当的解决方法，就会更换搜索方式和搜索空间，对问题进行重新表征，这与表征理论是相通的。

张庆林和邱江（2005）为了检验原型激活理论的正确性，构建了以原型激活为理论基础的二阶段实验范式，并且研究了九点问题的结局，检验了顿悟的原型事件激活假设。实验结果还表明，同样是表征的转移，有的表征第一次转移是以知觉为驱动的，有的转移是以概念为驱动的。相同条件下，概念驱动的转移程度更高。

4. 理论之间的联系与不足

邢强和陈军（2009）对原型激活理论进行更深入的探讨时发现，影响顿悟问题解决的重要因素之一是顿悟所需的认知资源耗费，而且是负向影响，即认知资源耗费越多，关键信息越难被激活，顿悟的可能性越低。同时，他们发现，原问题和新问题之间隔得越久，越能够给被试考虑的时间，有助于被试归纳出原问题中的关键性指导信息，指导信息也就越容易提取出来，从而解决新问题，产生顿悟。另外，他们通过汉字字谜游戏的实验进行验证，确定原型启发能够有效地促进顿悟的发生，表征转换是决策者个体主动产生顿悟的方法，而原型启发是顿悟产生的外在途径。上述发现为顿悟理论之间的相关性提供了新的研究方向。

而同时，顿悟能力的单一因素解释也越来越受到学者的怀疑。2004 年 Kershaw

和 Olsson（2004）利用九点问题实验研究得出顿悟能力的影响因素可能是多样的，包括但不限于问题的知觉，即对问题的初始印象和认知；先前知识，即一手或二手的处理经验和知识储备；问题信息的加工，即决策者看到问题时的联系和推理能力，对问题进行分解拓宽问题空间的能力等。

7.1.4　顿悟影响因素相关理论

1. 关于决策的研究

应急管理处置的好坏，决策者的决策能力是关键因素之一。当面对同一个事件，不同的决策者会有不同的处理方法，结果亦不相同。在应急管理数十年的研究中，决策者的心理影响和行为分析一直为大家所重视，不同学者立足不同领域，对微观个体决策者进行了深入的探讨。

在决策领域内，有两个理论长期以来一直是其他研究的基础，它们分别是 Neumann 和 Morgenstern（1944）提出的期望效用理论，以及 Savege（1954）提出的主观期望效用理论。这两个理论的共同点在于他们都假设决策的目标是利益最大化，区别在于主观期望效用理论使用了价值这一定义，而价值的衡量是主观的。以此理论为依据，学者又提出了许多标准化模型来进行决策，但由于理论假设相同，他们都不可避免地遇到了一个问题，即假设太过理想，现实生活难以满足。由于标准化模型存在一定的系统性偏差，Simon（1956）提出了新的理论，即"有限范式"理论。该理论主要阐述了人们如何在现实生活中做决策，首次考虑了假设放宽的情况。

随后的研究多基于现实考虑。早期的学者基于心理学原理，对决策者决策的影响因素进行了初步的理论探讨。Paton 等（2000）主要考虑了外部环境因素。他们通过心理学分析得出，应急管理中决策者面临的压力，包括环境、组织等的压力，都会影响决策过程。Cooke 等（2001）则主要关注个体本身的条件。他认为，情绪会影响决策过程。消极情绪的决策者相较于积极情绪的决策者，更倾向于严密分析，谨慎决断，更适合分析式的决策任务，而积极情绪的决策者一般依靠直觉，更加盲目，利用启发式加工信息，不善于细致分析。杨继平和郑建君（2009）也基于心理学分析得到了类似的结论，即情绪对决策质量存在一定的影响，且影响方向为负向。

近年来的研究更倾向于数据化和实证研究，研究的因素也更加多元。于泳红和汪航（2005）等利用实验证明选项越多，决策者思考越浅，越会采取非补偿性决策，而选项的属性不会影响决策时间。李纾等（2010）等通过调查进一步得出决策者自身特征会对决策的过程产生影响。而同时，人格倾向（Myers-Briggs type indicator，MBTI）不仅与决策者的风险偏好相关，还在一定程度上影响着决策过程。夏烨（2009）则进一步通过建立 logistic 模型，探究情绪和决策身份对决策的影响。研究表明爱比恨和中性情绪做出非最优决策的可能性大，局中人比局外人决策更容易失误。Phillips-WrenG 通过心理实验证实，超过一定强度的压力下，决策者易忽略关键信息，简化快速选择解决方案。徐本华（2009）则进一步解释了面对突发事件时个体的心理变化过程，解释了应急决策出现负面影响的原因。王光荣和朱凡钰（2013）利用行为实验模拟和问卷调查的方法，综合考虑了决策者自身的情绪、性别及备选方案数量等因素，得出了愤怒情绪、女性和备选方案多都会对决策产生显著消极影响，得出了 4 个方案是方案数量影响的分界线。汤志伟（2015）以框架效应为出发点，通过行为实验探究不同的信息外部表征方式对决策者的影响，发现图形表征组对决策影响不显著。

2. 关于顿悟的研究

我国不同学者基于前述的三个理论对顿悟能力的影响因素进行了深入的研究。姚海娟和沈德立（2005）利用实验证明顿悟能力随年级的升高而升高，给予决策者的提示或启发信息对表征变化越有效，顿悟越容易发生。李玲（2011）则通过研究心理距离与顿悟的关系，得出远时间距离、远空间距离和远社会距离都对传统顿悟能力有显著促进作用。李霂（2012）通过实验研究，得出定向调节和任务难度对顿悟能力有显著影响，且二者存在交互关系。李亚丹等（2012）利用实验研究竞争与情绪对顿悟的影响，认为低强度竞争和消极情绪有利于顿悟，而且竞争与情绪的影响具有显著的交互作用。时晓霞（2014）则从表征方式入手，通过学优生与学困生两组实验的比较，得出原型位置、原型标志、原型情景都对顿悟能力有显著影响，且后两者与学生类别三者存在显著的交互作用。张友欣（2015）考虑了情绪调节对顿悟的影响，认为在消极情绪下，认知重评有显著正向影响；在积极情绪下，认知重评和表达抑制均有正向影响，且二者影响无显著差异。蔡晓红等（2014）进一步研究了推理能力、认知方式和启发量对顿悟的影响，得出高推理能力存在显著促进作用，而高启发量的原型更能促进关键信息的提取，顿悟的可能性更大。阳泽和谢韵梓（2016）则研究了特定消极情绪对顿悟的影响，认为低激活度恐惧对顿悟有显著促进作用，且与他人是否在场呈明显的交互作用。聂其阳和罗劲（2012）通过将顿悟和幽默进行比较，发现二者在概念、脑机制、认知和情感等方面都存在相当大的重合度，尤其是他们研究发现顿悟与幽默理解激活了相同的脑区域，这证实了顿悟与幽默理解拥有相同的脑神经机制。所以，他们提出了未来研究的一种新的方法，通过借鉴幽默的认知和情感成分的脑成像研究范式，进一步探明顿悟过程的认知和情感组成。

综合我国学者的研究，可以得出几个公认的对顿悟能力有影响的因素，如情绪、推理能力、认知负荷等。但目前我国学者多是从心理学和行为实验角度对顿悟能力的影响因素进行讨论，且考虑的影响多是单因素或少因素的，缺少影响因素宏观整体的考量。而且，心理实验得出的结论多是定性的，观测样本较少，很难对影响大小进行量化。所以本章采用大样本实证研究的方法，综合考虑顿悟能力的各项影响因素，并对其进行回归，得出不同因素的影响方向和大小，从而找出应急管理决策者的最佳人选和外界可变条件的优化方案。

7.2　变量设计与研究假设

7.2.1　应急管理决策者影响因素分析

应急管理处置的好坏，决策者是很重要的影响因素。当面对同一个事件时，不同的决策者会有不同的处理方法，结果也不相同。在应急管理数十年的研究中，决策者的心理影响和行为分析一直为大家所重视，不同的学者立足不同领域，对微观个体决策者进行了深入的探讨。本部分综合现有学者的研究结果，对各种影响因素进行梳理归纳。

本章对影响应急管理决策者顿悟能力的因素的分析分为应急客观环境类、应急决策者个人素质类、应急处置类三方面。

1. 应急客观环境

分析事物以客观环境为基础。应急客观环境是指突发事件的基本特征和事件的外部条件。应急客观环境是处理突发事件的基本，它决定着一个突发事件的处理难度。应急客观环境越复杂，整个事件处理起来难度就越大，顿悟发生可能就会减小。

应急客观环境类因素是指所遇突发事件的一些特征。在应急管理决策者个人能力相同时，遇到的突发事件的特征不同，顿悟能力显然有所不同。我们将突发事件的特征分为突发事件的复杂程度和突发事件的紧迫性两个因素来讨论。

突发事件的复杂程度包括解决突发事件所要涉及或用到的知识的多少、了解整个事件所需要的时间、解决事件所要经过的环节多少、与人沟通的次数等。例如，相对于打击传销团伙窝点来说，海面燃油作业平台发生漏油更加复杂。因为处理漏油事故牵扯到地质等专业知识，并且造成的影响及后果大，不仅要考虑对泄漏地点的填埋等措施，还要考虑对周边环境的保护，对已经泄漏油气的处理、对受污染地区的人员疏散及赔偿等各项事宜，牵扯的精力多，需要沟通交流的环节和人员多，所以复杂程度较大。

突发事件的紧迫性是指上级对解决突发事件所规定的最后期限，或者公众对此事件抱有的最大解决时间的预期，或者事件中涉及的受害人能承受的最大时间。

例如，地震引发的楼体倒塌，黄金救援时间即为 3 天（72 小时）。一旦过了黄金救援时间，受灾群众生还的希望十分渺茫。而地震受灾区域广，一片地区投入的精力有限，给予决策者考虑的时间相对较少。而相对的，矿井事故，一旦发现生命迹象，可以投递食物和水，保证受害人员的生命安全，给予决策者更多的时间来思考救援途径及其选取。

2. 应急决策者个人素质

客观环境确定的情况下，决策者的主观能动性是影响顿悟能力的重要因素。一方面是应急管理决策者的心理特征因素，即应急管理决策者对突发事件的解决意愿是否强烈。当决策者的解决意愿非常强烈的时候，会增加自发主动性，积极研究和思考案例与突发事件之间的联系和异同，可能会更快地顿悟，想出合适的解决办法。但决策者的解决意愿非常强烈的时候，可能会给自己造成较大的压力，或者忙中出错，减少顿悟的可能。抗压能力也是如此。应急管理决策者的抗压能力是指在公众或上级密切关注下，应急管理决策者保持正常思维，不受外界影响的能力。如果决策者在外界的压力下乱了手脚，没了思路，那么顿悟能力也会受到影响。这一影响在日常生活中经常被验证，在高考中，纵使大家水平相当，能沉着应对的人相对发挥较好的可能性较大。

另一方面是应急管理决策者的能力水平因素，即应急管理决策者处理问题的能力。例如，决策者的处理经验，一般来说，处理的经验越丰富，对事件的了解会越趋于全面，越有可能发现两个相似事件之间的关联而顿悟出合适的解决方法。但是，经验也有可能成为顿悟的绊脚石，经验丰富可能会使人盲目趋同，一味地生搬硬套以前的方法，从而忽略了突发事件的特殊之处，也不利于顿悟的发生。决策者的推理能力是指决策者在一件事中发现蛛丝马迹，并联想到其他事件的能力。推理能力也分为两种，一种是通过其他信息得出结论的能力。尤其是当有相似案例出现的时候，应急决策者能从其他事件处理的过程中顿悟，突然想到解决办法。另一种是能够将复杂的事件分解，将复杂的事件分解成一件件容易解决的事情，或者是从突发事件中找到事件的紧急解决点，推理出重中之重的简化能力，进而顿悟出解决办法。应急决策者反应敏捷程度是指决策者在面对一件事情的时候，能立即做出反应的能力。这种能力与两种因素相关，一是物理脑神经的传递速度。例如，打手游戏，被试者能快速地将手收回，不被对方打到。二是在面对事件的时候，能快速反应出类似的事件，并能从事件中汲取经验所需的时间。

3. 应急处置

应急处置更多的是考虑临场的信息搜集能力。如果前面的客观和主观分析是基于一般事件的通用考量的话，那么应急处置则是针对具体事件的考虑因素。对突发事件的描述越多，越能更好地观测整个事件，对整个突发事件的了解也更全面、更具体，知己知彼，顿悟的可能性也就越大。但同时，如果突发事件的描述很多，则包括很多的无关信息，需要决策者抽丝剥茧发现其中的联系，加大顿悟的难度。应急体系的成熟度则是指一种可靠的、现有的、能够经得起专家推敲论证的、成熟的解决方法。举个极端的例子，如果是一次考试，当你手中握有参考答案和纯靠自己思索的情况下，当然是前者更能有效地帮助你想出正确做法。尽管参考答案不一定完全正确，但是却是一种思路，有可能能激发你的思维，进而产生顿悟。而这里的参考答案则是应急体系的一种表现，即业界认可的一种处理方法。案例提示的信息量则是指可以作为此次应急事件的参考的事件所包含的信息的多少，尤其是有用的信息。即使有相同的事件发生，如果前一次事件没有留下如何处理的过程，没有任何有用的解决办法的记录，或者说只是寥寥几笔，非亲身经历者不能领会明白的话，那么这样的案例提示也没有丝毫的用处，不可以作为一种信息的提示。

7.2.2　变量设计

对应急管理决策者的顿悟能力进行建模分析，要关注变量的选取，可以作为自变量的因素极多，且衡量比较复杂，所以变量的选取非常重要。

1. 因变量

本部分研究的对象是应急管理决策者的顿悟能力影响因素，所以因变量直接采用问卷调查中的决策者顿悟与否。因为顿悟是一个瞬间的反应，是一个二元变量，是一个非此即彼的指标，所以将顿悟的样本中的变量赋值为1，没有顿悟则赋值为0。

2. 自变量

自变量为应急管理决策者的顿悟能力的影响因素，本章选取的变量见表7-1。

表7-1　自变量设计表

分类	变量
应急客观环境类	突发事件的复杂程度、突发事件的紧迫性
应急决策者个人素质类	主动性、抗压能力
	处理经验、推理能力、反应敏捷程度
应急处置类	信息采集的及时性与完善性、应急体系的成熟度、案例提示的信息量

3. 其他变量

由于回归存在内生性，除了直接影响类因素以外，本章还考虑了一些控制变量。王光荣和朱凡钰（2013）认为决策者性别对决策产生消极影响。姚海娟（2006）利用实验证明顿悟能力随年级的升高而升高，故顿悟能力受到年龄和受教育时间影响。故本部分将控制变量设为年龄（age）、性别（sex）和学历（Uni）。

因本章需要被调查者对自己的行为进行评价，调查结果易受决策者的性格影响，即乐观自信的人会对自己的评价过高，对所处环境的复杂度有所降低。Li 和 Liu（2008）的一项研究表明，决策者的人格倾向与其风险偏好相关，故本部分加入了投资预期报酬率（rate）变量，用于消除模型中调查样本所造成的测量误差。同时，顿悟能力也与一些个人特征有关，如性格。而这些个人特征不能有效地用数据进行衡量，而引入投资预期报酬率作为个人特征的代理变量，可以缓解内生性问题。投资预期报酬率与个人性格相关，稳健悲观的人会选择更接近银行利率的数字，而自信乐观的人会选择相对高一点的数字，因此可以作为代理变量。

7.2.3　研究假设

根据上文分析的应急管理决策者的顿悟能力的影响因素研究，现做出以下假设。

假设 7-1　应急客观环境因素将会对决策者的顿悟能力产生影响。一般情况下，问题越复杂事件可能越难顿悟，时间紧迫能催促决策者的思维快速运转，能促进顿悟。但是时间过于紧急也可能造成过大的压力，从而产生相反的作用，影响顿悟的可能性。

假设 7-2　应急管理决策者个人素质因素将会对决策者的顿悟能力产生影响，具体包括主动性、抗压能力、处理经验、推理能力和反应敏捷程度。应急管理决策者的个人素质越高，顿悟的可能性越大。

假设 7-3　应急处置因素将会对决策者的顿悟能力产生影响，包括信息采集的及时性与完善性、应急体系的成熟度和案例提示的信息量。一般来说，应急处理因素越完善，决策者越有可能顿悟。

7.3　数据来源与样本描述

7.3.1　数据来源

本节的研究数据样本基于 2015 年 10 月至 12 月个人发放的调查问卷，调研途径广泛，包括线上问卷的发放和线下实体问卷的发放。调查样本覆盖的地域空间遍布中国的各大省市，调查范围广阔；同时调查对象年龄分布较为广泛，基本有符合顿悟定义的经历。调查对象以个体为样本，问卷发放路径为辐射状，分层抽样，符合随机抽样的要求。

本章采取问卷调查的方法采集样本，共发放 524 份调查问卷，回收有效问卷 447 份。问卷进行了调查研究的筛选，对没有顿悟经历的人员进行剔除，对符合条件的人员进行详细的了解，包括年龄、学历等基本信息和顿悟影响因素的调查。部分问卷对预期报酬率漏填或理解有重大偏差，为无效问卷，故本章予以删除。

7.3.2　问卷信度分析

为保证调查问卷的可靠性和调查内容的一致性，本章利用 SPSS 对问卷进行了信度分析。在数据采集的过程中，本章为影响因素的每个变量设置了 5 级量表，并为其赋值，具体为"1"表示完全不符合；"2"表示比较不符合；"3"表示一般；"4"表示比较符合；"5"表示完全符合。

对结果进行数据处理，如表 7-2 所示。

表 7-2　可靠性统计量

Cronbach's Alpha	基于标准化项的 Cronbachs Alpha	项数
0.751	0.746	10

通过对量表题信度分析得出，问卷的内部一致性系数为 0.751，基于标准化项的内部一致性系数为 0.746，说明问卷设计效果较好，设计题目能基本表达原有意图，不会引起歧义，所得数据基本有效。

通过对量表题信度分析，我们还发现，各变量项已删除的 Cronbach's Alpha 值均在 0.7 左右及以上（表 7-3），远远大于 0.5 的临界值，表明问卷中各题的目的设置具有良好的内在一致性，能够体现应急管理决策者顿悟能力影响因素的测量程度，有效解释被调查者对顿悟能力影响各方面的态度。因此，本章认为调查问卷的设计和结果是有效的。

表 7-3　项总计统计量

指标	项已删除的刻度均值	项已删除的刻度方差	校正的项总计相关性	项已删除的 Cronbach's Alpha 值
复杂程度	35.70	22.457	0.288	0.747
抗压能力	35.59	20.517	0.543	0.713
复杂性	36.50	30.040	−0.561	0.839
主动性	34.85	23.283	0.242	0.750
经验	35.56	19.660	0.615	0.701
推理能力	35.38	20.613	0.530	0.715
成熟度	35.58	19.397	0.663	0.694
反应敏捷	35.55	19.875	0.581	0.706
信息对称	35.51	20.381	0.608	0.706

续表

指标	项已删除的刻度均值	项已删除的刻度方差	校正的项总计相关性	项已删除的 Cronbach's Alpha 值
信息量	35.39	19.907	0.657	0.698
紧迫性	35.37	21.643	0.398	0.733

7.3.3　样本描述与统计

通过调查问卷的基本统计，本章对问卷结果进行了描述分析，对各变量进行了详细的统计，得到如下统计结果。

（1）对样本的基本情况进行统计，如表 7-4 所示。

表 7-4　样本基本信息

基本特征	样本数/个	百分比/%
年龄		
20 岁以下	31	6.9
20~30 岁	261	58.4
30 岁以上	155	34.7
学历		
高中及以下	88	19.7
本科	229	51.2
本科及以上	130	29.1
性别		
男	209	44.1
女	238	55.9
期望报酬率		
1.75%及以下	16	3.6
1.75%~5%	189	25.9
5%~12%	178	41.4
12%~20%	49	19.3
20%以上	15	9.8

从样本情况的分布可知，本次问卷调查的样本男女比率分布均匀，证明调查问卷有一定的随机性。根据样本的年龄可知，具有顿悟经历的人群 20 岁以上偏多，这也与我国现实国情有关，18 岁高考后才能进入社会，才有机会处理突发紧急情况，因此符合有顿悟经历的人群中 20 岁以下群体比例偏少。而在学历方面，基本集中在本科及以上群体，这说明应急管理的决策者可能需要一定的学历水平。而

在期望报酬率方面，在银行一年定期存款利率给出的前提下，以银行利率或者比其低的利率为期望报酬的人比较少，大部分集中在一般回报等级上，所以大部分人做决策的时候是比较理性的，没有过多的自大和悲观的情绪。

（2）对顿悟影响因素统计结果如图 7-1 和图 7-2 所示。

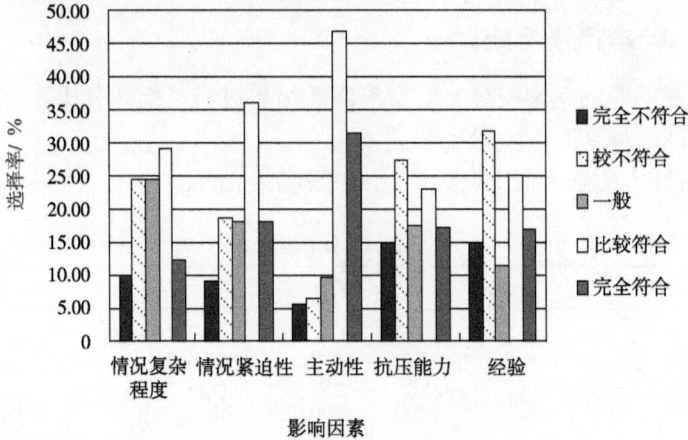

图 7-1　顿悟影响因素分布（一）

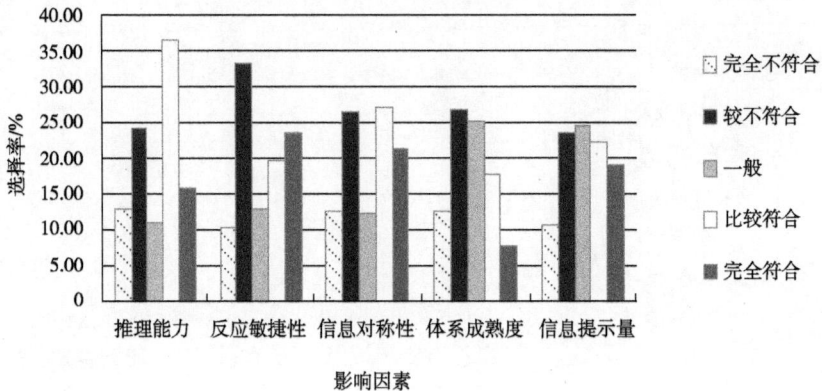

图 7-2　顿悟影响因素分布（二）

在对应急处境下的各项影响因素的统计中，客观环境如事情复杂程度和紧迫性分布较为均匀。在个人素质方面，超过 50%的人表示在遇到突发事件时，自己有极强的意愿希望将其妥善解决。而复杂程度分布较为均匀，说明样本的抽取较为合理，符合基本现实的正态分布的大致情况。

而在应急体系成熟度方面，74.6%的人认为应急体系尚不完善，存在改进的空间。提示信息的信息量对顿悟能力的影响是显而易见的。提示信息越多，可供参考的方式越多，越容易发现相似事件之间的关联性而顿悟。而提示信息越多，无关的信息也会越多，决策者需要处理的数据越多，思考的方式变得复杂而越不容易顿悟。后文将通过样本数据来研究不同因素对应急管理决策者顿悟能力的影响，找出决定性的影响因素。

（3）对年龄与顿悟比例的统计结果如图 7-3 所示。

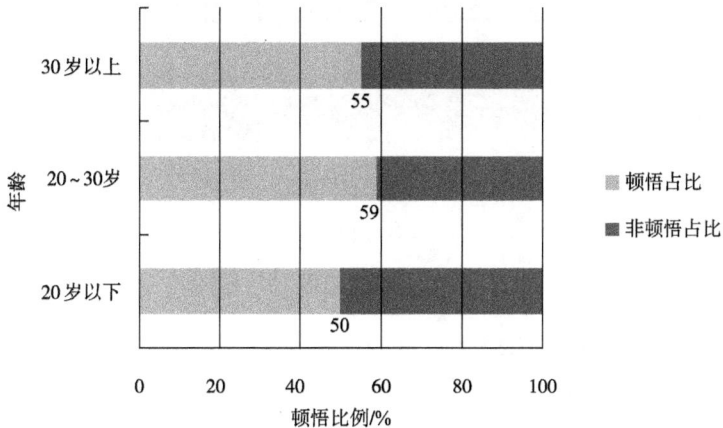

图 7-3　各年龄段顿悟比例

在年龄与顿悟比例的统计中，我们可以看到，年龄对顿悟的可能性的影响不大。三个年龄段的顿悟可能性都为 50%~60%，说明顿悟可能与年龄无关。其中，顿悟比例指同一年龄段的决策者，顿悟的人数占总人数的比例。

而在个人素质评价（表 7-5）中，20 岁以下人群对自己的评价都偏低，包括抗压能力、经验和推理能力方面。而在主动性和反应敏捷性方面，20 岁以下人群对自己的评价比较高，这反映出年龄较低者解决问题的意愿非常强烈，年龄较低者的反应速度整体上较高。20~30 岁的群体是年龄的分水岭，各方面的评价都较高，顿悟的可能性也最大。30 岁以上的群体在抗压能力和经验两个方面自我评价最高，可能是因为年龄的增长，阅历增加，处理应急事件的机会增多，提高了自己的抗压能力和处理经验。

表 7-5　年龄与个人素质因素交叉统计表

年龄	主动性	抗压能力	经验	推理能力	反应敏捷性
20 岁以下	4.33	2.91	2.83	2.66	4.41
20~30 岁	3.89	3.15	3.10	3.21	3.24
30 岁以上	3.91	3.92	3.91	3.18	3.10

（4）学历与顿悟比例的统计结果如图 7-4 所示。

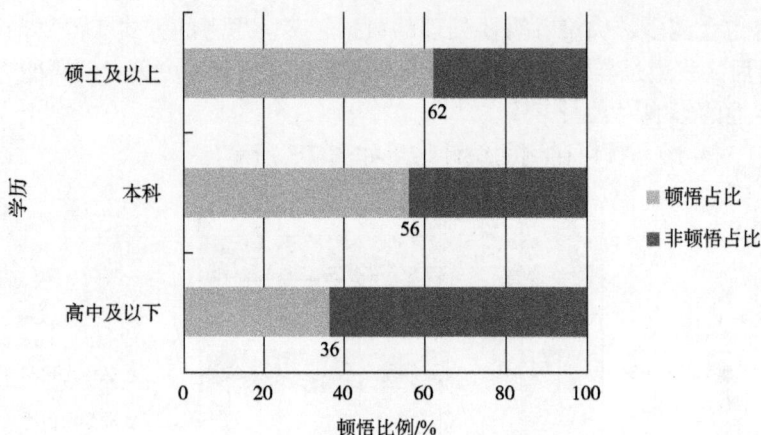

图 7-4　不同学历层次顿悟比例

在图 7-4 中，顿悟的可能性产生了明显的差异。高中及以下学历人群的顿悟可能性仅有 36%，而本科则达到 56%，硕士及以上达到 62%。这说明随着学历的升高，接受的知识增多，人生的经验增多，顿悟的可能性也有所加大。

不过也不排除是由于学历增高提高了其他能力，因而提高了顿悟能力。除此以外，抗压能力、经验和推理能力都随着学历的升高而增大（表 7-6），说明阅历和知识对个人素质类的提高有一定正向作用。

表 7-6　学历与个人素质因素交叉统计表

学历	主动性	抗压能力	经验	推理能力	反应敏捷性
高中及以下	3.81	2.75	2.43	2.98	2.80
本科	3.96	2.94	2.95	3.23	3.18
硕士及以上	3.66	3.16	3.55	3.27	2.88

（5）对性别与顿悟可能性的统计结果如图 7-5 所示。

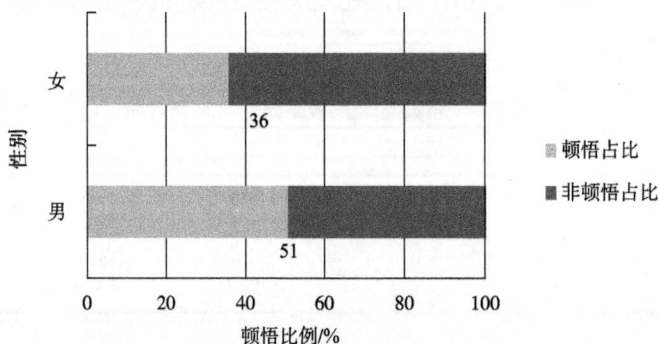

图 7-5　不同性别顿悟比例

在图 7-5 中，我们发现，在统计的样本中，男性的顿悟可能性比女性的顿悟可能性要明显高（表 7-7）。细观其他变量，男性的抗压能力等因素的评价也高于女性，也可能是性别导致了个人素质类的差异，进而影响了顿悟的可能性。

表 7-7　性别与个人素质因素交叉统计表

性别	主动性	抗压能力	经验	推理能力	反应敏捷性
男	3.88	3.11	3.05	3.42	3.21
女	3.97	2.79	2.82	3.04	3.04

男性相较女性，有更强的抗压能力、更多的经验、更强的推理能力和更高的反应敏捷性，唯有主动性方面低于女性被调查者。说明男性有较高的事件应对素质，但解决意愿相对较弱。

（6）影响因素对顿悟可能性的影响如表 7-8 所示。

表 7-8　影响因素对顿悟可能性的影响

顿悟可能性	完全不符合	较不符合	一般	比较符合	完全符合
情况复杂程度	0.800	0.638	0.569	0.486	0.182
情况紧迫性	0.075	0.398	0.543	0.617	0.864
主动性	0.080	0.310	0.320	0.620	0.688
抗压能力	0.015	0.262	0.778	0.794	0.784
经验	0.076	0.261	0.784	0.864	0.960
推理能力	0.016	0.398	0.694	0.663	0.928
反应敏捷性	0.025	0.356	0.707	0.648	0.934
信息对称性	0.018	0.285	0.636	0.736	0.958
体系成熟度	0.018	0.258	0.574	0.839	0.949
信息提示量	0.021	0.248	0.569	0.764	0.884

通过各影响因素与顿悟能力的交叉统计，我们发现，除了事件的复杂程度以外，其他的变量与顿悟的可能性存在正相关关系，即变量越大，顿悟可能性越大。而且，评价为一般的等级基本为影响的分水岭，即在能力或特征达到一般程度后，顿悟的可能性会发生较大的变化。

另外从统计表可以看出，当一个变量的评价等级为最低时，顿悟的可能性极小，一般为 1%~2%；而变量的评价等级变为最高时，顿悟的可能性高达 90%，这说明在各变量相关性不明显的情况下，顿悟的每一个变量都可能是关键的影响变量，即一个因素的影响程度极高可以弥补其他影响因素的不足，但是如果其他变量是等级极低的情况，则不能完全互补。

7.4　模型构建

7.4.1　变量和符号说明

为了更好地分析和处理各项影响因素与顿悟能力之间的关系，本节选取了多个影响因子变量，包括样本特征的年龄、性别、学历，也包括客观环境类因素、个人素质类因素和应急处置类因素。其中应急客观环境类包括突发事件的复杂程度和突发事件的紧迫性；应急决策者个人素质类因素包括主动性、抗压能力、经验、推理能力和反应敏捷性；应急处置类因素包括信息对称性、体系成熟度和信息提示量。而顿悟能力直接采用问卷中是否顿悟的数据来衡量。

模型中的所有变量定义和符号说明如表 7-9 所示。

表 7-9　变量定义及符号说明

变量	符号	定义及赋值
顿悟能力	Abi	1=顿悟；0=非顿悟
控制变量	age（年龄）	实际年龄，单位：岁
	sex（性别）	0=男；1=女
	Uni	0=高中及以下；1=本科；2=其他
	rate（预期报酬率）	实际报酬率，单位：%
应急客观环境类	FZ（突发事件的复杂程度）	对所遇事件复杂程度的评价，1=完全不符合；2=比较不符合；3=一般；4=比较符合；5=完全符合
	JP（突发事件的紧迫性）	对所遇事件紧迫性的评价，1=完全不符合；2=比较不符合；3=一般；4=比较符合；5=完全符合
决策者个人素质类	ZD（主动性）	对自己主动性的评价，1=完全不符合；2=比较不符合；3=一般；4=比较符合；5=完全符合
	KY（抗压能力）	对自己抗压能力的评价，1=完全不符合；2=比较不符合；3=一般；4=比较符合；5=完全符合
	JY（经验）	对自己处理经验的评价，1=完全不符合；2=比较不符合；3=一般；4=比较符合；5=完全符合
	TL（推理能力）	对自己推理能力的评价，1=完全不符合；2=比较不符合；3=一般；4=比较符合；5=完全符合
	MJ（反应敏捷性）	对自己反应敏捷程度的评价，1=完全不符合；2=比较不符合；3=一般；4=比较符合；5=完全符合
应急处置类	XX（信息对称性）	对信息采集的及时性与完善性的评价，1=完全不符合；2=比较不符合；3=一般；4=比较符合；5=完全符合
	CS（体系成熟度）	对应急体系成熟度的评价，1=完全不符合；2=比较不符合；3=一般；4=比较符合；5=完全符合
	XXL（信息提示量）	对案例提示的信息量的评价，1=完全不符合；2=比较不符合；3=一般；4=比较符合；5=完全符合

7.4.2　模型选择与说明

一般模型的因变量是连续变量，而本部分研究的是顿悟能力，仅涉及顿悟与否两个数值，为 0~1 二元变量，是离散非连续的变量。在这种情况下，常用的模型不能直接适用，如多元回归，因为多元回归需要因变量为连续变量。而如果采取线性概率模型进行预测，预测概率可能会在[0, 1]之外，这与我们想研究的顿悟概率问题不符，结果无法解释。而且，线性概率模型有一条基本的假定，即变量的边际影响恒定，这一假设条件太强，很难满足，故不适用此类现实问题。

所以，本章决定采取随机效用模型，具体为二元 logistic 模型。选取基于二元选择的 logistic 模型，可以检验因变量与自变量之间的相关性，我们假设

$$P(y=1|x)=G(x)=p(x) \tag{7-1}$$

用因变量代替，可得

$$y^*=x+e \quad y=1[y^*>0] \tag{7-2}$$

即

$$P(y=1|x)=P(y^*>0|x)=P(e>-x)=1-G(-x)=G(x) \tag{7-3}$$

令

$$G(z)=\exp(z)/[1+\exp(z)] \tag{7-4}$$

则可得

$$P(y=1|x)=G(x)=p(x) \tag{7-5}$$

用因变量代替，可得

$$P\{Y_i=1\}=\frac{\exp\left\{\beta_0+\beta_1 x_{i1}+\beta_2 x_{i2}+\cdots+\beta_j x_{ij}\right\}}{1+\exp\left\{\beta_0+\beta_1 x_{i1}+\beta_2 x_{i2}+\cdots+\beta_j x_{ij}\right\}} \tag{7-6}$$

$$P\{Y_i=0\}=\frac{1}{1+\exp\left\{\beta_0+\beta_1 x_{i1}+\beta_2 x_{i2}+\cdots+\beta_j x_{ij}\right\}} \tag{7-7}$$

7.4.3　数据的预处理和降维

本部分的数据来源为调查问卷，且部分变量为不可直接用数据定量的评价类指标，因而数据为李克特表的五级分类有序数据。对分类变量进行回归，可以采取虚拟 0~1 变量的方法，但方程即会生成超过 40 个变量，由于样本的相对数量不够大，很容易对回归结果造成偏误。在变量超过 7 个的情况下，把所有变量都进行回归，即使是逐步回归的方法得到的最后的结果，也不一定能够真实反映自变量与因变量之间的关系，很可能会因为变量之间存在多重共线性而结果偏误。变量过多，在回归处理中也会造成空单元问题，样本的数量过小，空单元的问题会导致有效样本的数量更少，导致自变量对因变量的影响的准确性大大减少。而同时，主成分分析法也可以达到对数据降维的效果，但是主成分分析法的运算基

础是变量之间的相关系数矩阵。分类变量的相关性无法真正反映变量间的相关关系，计算出来的主成分代表性产生一定偏差。由于本问卷各变量基于顿悟的三个主体，互相之间的相关性不强，可独立视为一个因子，故利用聚类分析法，利用 ward 方法对欧氏距离测度进行聚类，将变量中的五个分类聚类为两类，形成 0~1 变量。

以复杂程度为例，利用 ward 方法对复杂程度进行聚类，认为选择 1、2、3 级指标的样本为一类，4、5 级指标的样本为二类，根据分类结果确定 0~1 变量。所有归为一类的样本取 "0"，另一类样本取 "1"。同样的，对紧迫性、信息对称性、体系成熟度、信息提示量、决策者的主动性、抗压能力、经验、推理能力和反应敏捷性等变量进行聚类分析，得到 10 个二分类变量。降低变量的维度，避免空单元问题（表 7-10）。

表 7-10 新二分类变量与复杂程度

样本	复杂程度					总样本数
	完全不符合	较不符合	一般	比较符合	完全符合	
0	44	109	109			262
1				130	55	185
总样本数	44	109	109	130	55	447

同理，其余五分类自变量都聚类为 0~1 变量，聚类结果为 1、2、3 为一组，4、5 为一组的变量有复杂程度、信息对称性、抗压能力、经验、推理能力和反应敏捷性。聚类结果为 1、2 的为一类，3、4、5 为一类的变量有紧迫性、应急体系成熟度、提示的信息量和决策者的主动性。其中 "0" 组表示在各变量中程度较低的对照组、"1" 组表示在各变量组程度较高的对照组。

7.4.4 回归结果与分析

本章利用二元 logistic 模型进行数据分析，利用进入法对所有变量进行了回归，回归模型的 R^2 为 0.708（表 7-11），方程拟合效果较好。同时，本章对模型还进行了 Hosmer-Lemeshow 检验，根据检验结果 sig.>0.05 可知，二元 logistic 模型可以较好地拟合本章的数据，回归结果是可靠的。

表 7-11 模型汇总

对数似然值	Cox & Snell R^2	Nagelkerke R^2
277.305[a]	0.528	0.708
Hosmer 和 Lemeshow 检验		
卡方	df	Sig.
10.441	8	0.235

各变量回归结果如表 7-12 所示。

表 7-12　方程中的变量

变量		B	S.E.	Wals	df	Sig.	Exp（B）
步骤 1	sex（1）	−0.165	0.331	0.249	1	0.618	0.848
	age	−0.013	0.021	0.399	1	0.527	0.987
	Uni（1）	0.612	0.432	2.003	1	0.157	1.844
	FZ（1）	−1.037	0.360	8.295	1	0.004	0.354
	JP（1）	0.189	0.327	0.333	1	0.564	1.208
	ZD（1）	1.624	0.465	12.225	1	0.000	5.075
	KY（1）	1.119	0.352	10.094	1	0.001	3.062
	JY（1）	2.294	0.417	30.240	1	0.000	9.911
	TL（1）	1.038	0.325	10.221	1	0.001	2.824
	MJ（1）	0.388	0.330	1.382	1	0.240	1.475
	XX（1）	0.932	0.329	8.030	1	0.005	2.538
	CS（1）	1.744	0.344	25.758	1	0.000	5.721
	XXL（1）	1.200	0.345	12.131	1	0.000	3.321
	rate	2.743	1.738	2.492	1	0.114	15.533

　　分析表 7-12 回归结果，可以得知，自变量中的应急事件的复杂程度、体系成熟度、信息提示量、信息对称性和决策者主动性、抗压能力、经验这些变量都对决策者的顿悟能力有显著影响。而突发事件的紧迫性、决策者的年龄、学历、性别和反应敏捷性的影响都不显著。

　　根据 logistic 模型的回归结果可以看出，对应急管理决策者顿悟能力影响最主要的变量是决策者的经验，其他影响较大的变量有应急管理决策者的主动性和体系成熟度。

　　在应急事件的复杂程度方面，应急事件的复杂程度对决策者顿悟的影响方向为负。这说明，突发事件的复杂程度越高，顿悟的可能性越小。由回归结果可以得出，复杂程度由相对不复杂到相对复杂，顿悟的可能性变为原来的 0.354 倍。这与我们的常识一致。复杂程度越高，大脑需要处理的信息就越多，整体事件中各个信息的联系点也会增多，顿悟的可能性就会降低。

　　在应急事件的信息对称性方面，该变量对决策者顿悟能力的影响显著，说明存在一定的影响。且信息对称性的影响是正向的，即信息对称性越强，顿悟的可能性越大。由回归结果可以看出，信息完备的决策者的顿悟的可能性是信息不完备者的 2.538 倍。这说明顿悟的前提之一是对处理对象有充分的了解，并且有充分的考虑时间。

在体系成熟度方面，成熟度对顿悟能力的影响检验显著，且体系成熟时决策者顿悟的可能性是体系不成熟情况下的 5.721 倍。当应急体系从完全不完善到完善，顿悟的可能性会增加，说明应急体系对决策者的顿悟有一定的指导作用。

在信息提示量方面，提示信息的数量对顿悟能力的检验显著，且信息提示量多时的顿悟可能性为信息提示量少时的 3.321 倍。当信息提示量从极少到充足变化，顿悟的可能性增加。这说明在顿悟方面，需要有充足的提示，尤其是相关关键信息的案例提示。

在决策者的个人素质方面，大部分变量都检验显著，且决策者主动情况下的顿悟可能性是不主动的 5.075 倍，决策者的抗压能力强为不强时的 3.062 倍，决策者有经验为没有经验时的 9.911 倍，推理能力强为不强者的 2.824 倍。这说明在选择决策者的时候，应该首先关注决策者的经验，其次是决策者的主动性、抗压能力和推理能力。

而同时，代表个人基本情况的年龄、学历和性别对顿悟能力的影响并不显著。这说明这些基本条件对顿悟能力可能没有影响。事件的紧迫性和决策者反应敏捷程度也并不显著，可能由于样本的数量不够大，没有产生样本的方差，回归结果并不显著。这一问题有待后续探究，增加样本观测来衡量。

7.4.5　顿悟能力的预测

前文得到了顿悟能力的影响因素及其影响的大小和方向。但在实际应急管理中，更重要的是已知各因素的打分，预测是否能够顿悟，从而挑选合适的决策者。通过二元 logistic 模型对顿悟能力的影响因素的分析，发现有显著影响的因素包括突发事件的复杂程度、决策者的推理能力、经验、主动性、抗压能力、体系成熟度、信息对称性和信息提示量。

二元 logistic 模型可以对顿悟能力进行预测，且预测准确性一般比判别分析法要精准。尹剑等（2014）通过研究，发现基于判别分析的 logistic 回归的方法正确率能大大提高，故本章利用 fisher 判别分析法对 logistic 进行改进，预测顿悟能力，以未顿悟群体为一组，记为 $y=0$，以顿悟群体为一组，记为 $y=1$，其余影响变量均为预测因素。

根据表 7-13 非标准化的判别式函数可知：

$D=-4.768-0.044FZ+0.453XX+0.555CS+0.299XXL+0.212ZD+0.052KY-0.026JY-0.062TL$

样本根据 D 的得分来计算判别函数值。

表 7-13　典型判别式函数系数

影响因素	函数
	1
复杂程度	−0.044
信息对称性	0.453
体系成熟度	0.555
信息提示量	0.299
主动性	0.212
抗压能力	0.052
经验	−0.026
推理能力	−0.062
（常量）	−4.768

将组均值代入上述判别式可得，447 个样本中顿悟组的质心处为 0.967，未顿悟组的质心处为−1.228（表 7-14），需要预测的样本需要与两个质心对比，距离近的组则为样本最终的预测结果组。

表 7-14　组质心处的函数

ability0	函数
	1
0	−1.228
1	0.967

注：在组均值处评估的非标准化典型判别式函数

对样本需要同样进行分类函数，如表 7-15 所示。

表 7-15　分类函数系数

影响因素	ability0	
	0	1
复杂程度	3.110	3.013
信息对称性	1.459	2.452
体系成熟度	1.102	2.321
信息提示量	1.508	2.164
主动性	7.715	8.181
抗压能力	3.033	3.147
经验	1.115	1.057
推理能力	1.870	1.733
（常量）	−37.693	−47.872

注：fisher 的线性判别式函数

$$D_0 = -37.693 + 3.11FZ + 1.459XX + 1.102CS + 1.508XXL + 7.715ZD + 3.033KY$$
$$+ 1.115JY + 1.870TL$$

$$D_1 = -47.872 + 3.013FZ + 2.452XX + 2.321CS + 2.164XXL + 8.181ZD + 3.147KY$$
$$+ 1.057JY + 1.733TL$$

在进行判别时，需要将样本分别代入两个分类函数，哪组的值最大，则样本进入哪一分类。

由表 7-15 可以得出每一个样本的判别函数值，记为 $w(x)$。由前人研究得，$w(x)$ 的函数值大于 85%分位数和小于 15%分位数的情况下，判别分析与 logistic 回归的结果分类几乎无差，因而不需要进行修正。而其余情况，则需要进行处理。

本章定义函数 $D(x)$：

$$D(x) = \begin{cases} 0, & \text{如果}w(x)\text{大于}85\%\text{分位数或小于}15\%\text{分位数} \\ w(x), & \text{如果}w(x)\text{在}15\%\text{分位数和}85\%\text{分位数之间} \end{cases}$$

对 $D(x)$ 进行处理以后，将其作为样本值成为二元 logistic 回归的一个变量，减少 $w(x)$ 极值对回归结果的影响，对观测数据进行分类。得到的预测结果准确度如表 7-16 所示。

表 7-16　分类结果

ability0			预测组成员		合计
			0	1	
初始	计数	0	169	28	197
		1	30	220	250
	百分比	0	85.8	14.2	100.0
		1	12	88	100.0

注：已对初始分组案例中的 87%个进行了正确分类

从表 7-16 可以知道，因变量的两个分类，即顿悟与否的整体观测结果中，实际未顿悟而预测为未顿悟的人数为 169，而预测为顿悟的人数为 28，预测正确的百分比为 85.8%。实际顿悟且预测为顿悟的人数为 220，预测为未顿悟的人数为 30，预测正确的百分比为 88%。整体的预测正确概率为 87%。预测的准确概率相对较大，说明模型分析相对可信，利用本模型进行顿悟能力的预测是可靠的。

基于上述计算结果得到的结论如下。

（1）应急事件的客观环境对决策者的顿悟能力有明显影响。其中，客观环境类因素包括事件的复杂程度和紧迫性。复杂程度对顿悟能力的影响是负向的，即事件越复杂，顿悟的可能性越小。但紧迫性对顿悟的影响未通过假设检验，可能由于样本方差的奇异性，有待进一步的研究和探讨。

（2）应急管理决策者的个人素质对顿悟能力有正向影响作用。其中个人素质包括应急管理决策者的主动性、抗压能力、推理能力和经验，均通过假设检验，影响强度由高到低依次为决策者的经验、主动性、决策者的抗压能力和推理能力。

（3）应急处置对决策者的顿悟能力也存在显著影响。应急处置包括突发事件信息对称性、体系成熟度和信息提示量。三个变量各自相对影响分别为 2 倍、3 倍、5 倍，影响较大。

7.4.6　政策建议

通过前文对应急管理决策者的顿悟能力影响因素的研究，本章得出了影响因素的影响方向和影响大小。基于以上结论，提出以下政策建议。

（1）对于决策者的人选需要考虑特定条件，首先关注决策者的经验，其次是决策者的主动性、抗压能力和推理能力。没有充分证据证明可以依据年龄、性别、学历等评判决策者适合与否，这些与决策者顿悟能力没有显著相关性。选择人选的时候可以对候选人的综合素质进行综合评分，确定最合适的决策者。

（2）对于应急处置方面，政府部门应该加强应急体系的建设，建立完善的应急体系，有助于决策者临时的顿悟。在突发事件发生时，应在第一时间及时弄清事情发生的来龙去脉，每一个细节都有可能成为关键信息，加大对事件的了解程度有助于决策者的顿悟。同时，在一件突发事件处理结束以后，应该建立完善的事件处理档案，做好事后整理和总结，建立成熟完善的操作体系。案例提示应该包含重要的关键信息，语言精练，避免过多的冗余信息，以免阻碍决策者的思考和推理。

（3）对于客观环境方面，事件的复杂程度显著影响决策者的顿悟能力，也就是说，如果事件复杂程度进一步提升，只有决策者个体素质的提高或者是应急处置的进一步完善才能与之前达到相同的顿悟可能性。这说明，在突发复杂事件时，指挥部需要有一位素质较高的领导者，或者是组成领导智囊团，集思广益，以群体的力量改善个人素质的短板，这有助于顿悟的发生。

（4）在未来整体应对过程中，政府部门或相关单位可以根据基于判别分析的 logistic 方法对决策者的顿悟能力进行预测，对决策者的各项能力进行打分，判断顿悟概率。这种方法适合有多个候选决策者且候选人之间无明显差异的情况，通过预测分析，可以找到更适合处理此事件的人选，也是在突发事件下候选人选择的最优决策。

第8章 应急决策者顿悟能力分析理论与模型

突发事件应急管理的有效程度依赖于应急管理者的决策能力。应急决策者的能力涵盖的内容极其广泛，包括对事件处理的经验、推理分析能力、判断能力、观察能力、胆识、承受压力的能力等。其中案例提示下应急决策者的顿悟能力是其中的重要环节之一。

8.1 顿悟能力相关要素

前文已经提到，所谓顿悟在应急决策背景下主要表现为一种瞬时反应能力。这种瞬时反应能力与哪些要素有关，是我们需要研究的重点。在应急决策者进行突发事件的应急处理时，除了与事件复杂程度、信息传递速度、现有案例提示等客观要素有关外，应急决策者本人的能力、经验、心理素质等自生因素同样对决策者的顿悟能力产生至关重要的影响。

在综合考虑各种要素，并对其进行梳理后，我们将所有的要素归类为四个大类，分别为应急客观环境类要素、应急决策者心理特征类要素、应急决策者个人素质类要素及应急处置类要素。为便于模型计算，我们引入下列变量对各要素进行表示。

（1）研究对象。

X_1:应急决策者顿悟能力。

（2）应急客观环境类要素。

X_2: 突发事件的复杂程度。

X_3: 突发事件的紧迫性。

（3）应急决策者心理特征类要素。

X_4：应急决策者主动性。

X_5：应急决策者抗压能力。

（4）应急决策者个人素质类要素。

X_6：应急决策者事件处理经验。

X_7：应急决策者推理能力。

X_8：应急决策者反应敏捷性。

（5）应急处置类要素。

X_9：信息采集的及时性与完善性。

X_{10}：应急体系的成熟度。

X_{11}：案例提示的信息量。

X_{12}：案例提示的表达方式。

如上所示，X_1 作为研究对象，是整个系统的核心，直接用于表示应急决策者的顿悟能力，其他的所有要素均与其相关，会受到来自其他要素的正面或负面影响。

应急客观环境类要素主要用于描述突发事件本身的性质类的客观背景。

X_2 表示突发事件的复杂程度，是对突发事件的规模、类型及激烈程度等进行综合性描述的变量，突发事件的复杂程度会对应急决策者的顿悟能力产生负面影响。

X_3 表示突发事件的紧迫性，紧迫性越高，留给应急决策者的反应时间也相对越短，二者之间同样是反向变化的关系。

应急决策者心理特征类要素主要用于描述应急决策者性格、思维方式等要素。

X_4 表示应急决策者的主动性，这里所谓的主动性是指应急决策者对问题的思考方式，分为积极应对以及消极避退，应急决策者的主动性越强，说明其对事件的处理越积极，是应急决策者顿悟能力的正面影响因素。

X_5 表示应急决策者的抗压能力，反映了应急决策者面对压力时的心理承受能力，抗压能力越强，意味着应急决策者在面对压力时做出正确决策的可能性越大，同样也是应急决策者顿悟能力的正面影响因素。

应急决策者个人素质类要素不同于心理素质的主观性与自生性，其主要用来描述应急决策者的客观能力。

X_6 表示应急决策者事件处理经验，该因素直接受到应急决策者处理事件数量的影响，应急决策者处理经验越丰富，其顿悟能力也相应越强，二者之间具有正向关系。

X_7 表示应急决策者推理能力，是考察应急决策者对问题核心的掌握能力，看其能否在最短时间内做出合理正确的选择，应急决策者的推理能力强对顿悟能力会产生正面影响。

X_8 表示应急决策者反应敏捷性，即应急决策者对事件的快速判断能力，敏捷性越佳，意味着应急决策者做出正确判断所花费的时间也相应越短，该要素同样是影响应急决策者顿悟能力的正面因素。

应急处置类要素主要用于描述应急处置系统的情况及案例库的表现方式、内容丰富程度等。

X_9 表示信息采集的及时性与完善性，该要素用来对突发事件发生后所收集的信息量多少、信息精准程度及信息反馈速度进行综合描述，信息采集的及时与完善会对应急决策者顿悟产生积极影响，二者之间存在正向变化关系。

X_{10} 表示应急体系的成熟度，是对突发事件发生后应急流程整体效率的描述，应急体系的完善与成熟也会增强应急决策者的顿悟能力，二者之间同样存在正向关系。

X_{11} 表示案例提示的信息量，这一因素直接反映了案例库中案例的数量，案例提示的信息量越大，应急决策者可以参考的实例也相应越多，从而有利于应急决策者进行顿悟，是顿悟能力的正面影响因素。

X_{12} 表示案例提示的表达方式，这里的表达方式是指案例库中每个案例的展现形式，综合评价每个案例所能够提供的信息量多少、信息表达是否简洁易懂，同样会对应急决策者的顿悟能力产生正面影响。

上述各要素除了对应急决策者的顿悟能力有直接影响外，各要素之间同样也存在着相互影响的关系。例如，信息采集的及时性与完善性直接影响案例提示的信息量，信息采集得越完善，案例库中所记录的案例量也就越多，二者之间存在着明显的正相关关系；而突发事件的复杂程度与紧迫性也和应急决策者的推理能力直接相关，面对的事件越复杂、越紧迫，应急决策者做出正确决策的概率也会相应地有所下降，表现出了明显的反向关系。

8.2　定性模拟理论基础

8.2.1　定性模拟基本概念

QSIM（Qualitative Simulation，即定性模拟）是在 1986 年由 Kuipers 提出的半定性半定量模拟方法。自提出后，定性模拟的概念以及定性模拟的方法就逐渐被国内外学者认同。定性模拟作为半定性半定量的模拟方法被很多学者选择，并应用于不同的研究领域。例如，白旭（2011）研究了北京市文化设施的配置工作，建立了相应的体系，并通过定性模拟模型对该体系进行模拟与分析；贾传亮等

（2007）使用定性模拟算法研究了应急处置的过程，分析了在应急处置过程中各环节之间的影响关系；刘怡君和顾基发（2011）以社会舆论为切入点，建立了社会舆论的系统，使用定性模拟算法对该系统进行了模拟，并以 2003 年的 SARS 事件为实例与模拟进行了对比与研究；夏功成等（2006）将定性模拟应用于人力资源管理背景，使用定性模拟算法建立了员工离职行为的系统，并通过对该系统的模拟对员工离职行为的发生进行了相关预测；周艳春等（2010）建立了信任与承诺的互动渠道，并使用定性模拟算法对渠道的关系进行了动态过程的描述；邵祖峰和胡斌（2004）则将定性模拟与组织行为学相结合，致力于发掘企业员工素质与绩效之间的关系，建立了素质绩效因果关系图并利用定性模拟算法给出了模拟实例；胡斌和董升平（2005）将定性模拟算法应用于人们的工作行为，研究了人们工作行为特征的变化，对人群工作行为特征及其相互作用关系进行了定性表示，并通过该算法进行了人们工作行为的预测；张新爱等（2012）通过定性模拟模型对 C2C 信用行为建立了系统，并分析了该系统中各因素之间的关系；张欣和吴国蔚（2009）以教师激励作为切入点，使用定性模拟算法分析模拟了教师的心理在激励时的改变过程。除了对算法的应用，也有部分学者致力于算法的改进，如梁昌勇等（2000）指出了定性模拟算法在复杂条件下应用的不足，通过增加序列因果要素约束对原有的定性模拟算法进行改进，并将改进后的算法应用于经济学中的凯恩斯模型；胡斌和殷芳芳（2005）将定性模拟算法与元胞自动机（cellular automaton，CA）进行了结合，形成了对群体行为进行模拟的新方法。除了中国学者，许多外国学者也对定性模拟的应用做出拓展与贡献。Cellier 和 Sanz（2009）通过定性模拟这一方法建立图书馆系统，并使用定性模拟对该系统进行了模拟；Hinriches 等（2011）则以军事系统的资源分配为研究对象，建立了资源分配系统，并对该系统的发展进行了模拟；Jong 等（2004a）研究了基因的序列网络，并使用定性模拟算法对系统动态进行了描述；Jong 等（2004b）将定性模拟与生物学进行了结合，使用定性模拟算法对孢子形成进行了动态模拟。

定性模拟通过定性微分方程对模拟的对象进行描述，以变量来表示整个系统的状态，并以此来对变量之间的关系进行约束。定性模拟方法有以下几个重要的基本概念。

1. 可推理函数

函数 f 为可推理函数，当且仅当 $f:[a,b] \to R^*$ 满足下列条件：f 在闭区间 $[a,b]$ 上连续；f 在开区间 (a,b) 上连续且可微；f 有有限个奇数点；$\lim_{t \to a} f'(t)$，$\lim_{t \to b} f'(t)$ 都存在，且 $f'(a) = \lim_{t \to a} f'(t)$，$f'(b) = \lim_{t \to b} f'(t)$。定性模拟的目的是要记录系统的状态变量随时间的变化过程，因此每个状态变量都可视为一个可推理函数。

2. 路标值

路标值是指可推理函数点处的 f 在行为上有标志性意义的重要取值，一般每个变量存在多个路标值，它们按照一定顺序组成有序路标值集合。在定性模拟进行的过程中，可以发现新的路标值。

3. 显著时间点

f 取路标值时的系统模拟时钟 t 为显著时间点，即 $t \in [a,b]$ 且 $f(t) = x$，其中 x 是 f 的路标值。系统当前的时间，只有在显著时间点上及处于两个显著时间点之间两种状态。

4. 定性状态与定性行为

设 $f:[a,b] \to R^*$ 有路标值集合 $L = \{l \mid l = l_0 < l_1 < \cdots < l_n\}$，对应有显著时间点集合 $T = \{t \mid t = t_0 < t_1 < \cdots < t_n\}$，$t \in [a,b]$，则有如下定义。

（1）定义 f 在 t 时刻的定性值为

$$QVAL(f,t) = \begin{cases} l_j, & f(t) = l_j \\ (l_j, l_{j+1}), & f(t) \in (l_j, l_{j+1}) \end{cases} \qquad (8\text{-}1)$$

（2）定义 f 在 t 时刻的变化方向为

$$QDIR(f,t) = \begin{cases} \text{inc}, & f'(t) > 0 \\ \text{std}, & f'(t) = 0 \\ \text{dec}, & f'(t) < 0 \end{cases} \qquad (8\text{-}2)$$

（3）定义 f 在 t 时刻的定性状态为

$$QS(f,t) = < QVAL(f,t), QDIR(f,t) >$$

其中，$QS(f,t) = < QVAL(f,t), QDIR(f,t) >$ 为二元组。

（4）f 在 $t \in [a,b]$ 上的定性行为为定义为 f 的定性状态序列：

$$QS(f,t_0), QS(f,t_0,t_1), \cdots, QS(f,t_i), QS(f,t_i,t_{i+1}), \cdots, QS(f,t_{n-1},t_n), QS(f,t_n)$$

即定性行为就是由系统当前事件的定性状态组成的。

5. 定性状态转换

定性模拟的本质是一种定性的推理方法，主要通过当前的定性状态推导出其后继状态。这种推理方法是按照一定的状态转换规则来进行的，这些规则如表 8-1 所示。

表 8-1　定性模拟转换规则

P 转换	$QS(f,t) \to QS(f,t_i,t_{i+1})$	I 转换	$QS(f,t_{i-1},t_i) \to QS(f,t)$
P_1	$\langle l_j, \text{std} \rangle \to \langle l_j, \text{std} \rangle$	I_1	$\langle l_j, \text{std} \rangle \to \langle l_j, \text{std} \rangle$
P_2	$\langle l_j, \text{std} \rangle \to \langle (l_j, l_{j+1}), \text{inc} \rangle$	I_2	$\langle (l_j, l_{j+1}), \text{inc} \rangle \to \langle l_{j+1}, \text{std} \rangle$

续表

P 转换	$QS(f,t) \to QS(f,t_i,t_{i+1})$	I 转换	$QS(f,t_{i-1},t_i) \to QS(f,t)$
P_3	$\langle l_j, \text{std}\rangle \to \langle (l_{j-1}, l_j), \text{dec}\rangle$	I_3	$\langle (l_j, l_{j+1}), \text{inc}\rangle \to \langle l_{j+1}, \text{inc}\rangle$
P_4	$\langle l_j, \text{inc}\rangle \to \langle (l_j, l_{j+1}), \text{inc}\rangle$	I_4	$\langle (l_j, l_{j+1}), \text{inc}\rangle \to \langle (l_j, l_{j+1}), \text{inc}\rangle$
P_5	$\langle (l_j, l_{j+1}), \text{inc}\rangle \to \langle (l_j, l_{j+1}), \text{inc}\rangle$	I_5	$\langle (l_j, l_{j+1}), \text{dec}\rangle \to \langle l_j, \text{std}\rangle$
P_6	$\langle l_j, \text{dec}\rangle \to \langle (l_{j-1}, l_j), \text{dec}\rangle$	I_6	$\langle (l_j, l_{j+1}), \text{dec}\rangle \to \langle l_j, \text{dec}\rangle$
P_7	$\langle (l_j, l_{j+1}), \text{dec}\rangle \to \langle (l_j, l_{j+1}), \text{dec}\rangle$	I_7	$\langle (l_j, l_{j+1}), \text{dec}\rangle \to \langle (l_j, l_{j+1}), \text{dec}\rangle$
		I_8	$\langle (l_j, l_{j+1}), \text{inc}\rangle \to \langle l^*, \text{std}\rangle$
		I_9	$\langle (l_j, l_{j+1}), \text{dec}\rangle \to \langle l^*, \text{std}\rangle$

8.2.2　定性模拟算法

定性模拟理论的核心是定性模拟算法，我们通过该算法来对每个变量的状态进行推导。在给定每个方程的初始定性状态后，定性模拟算法依据表 8-1 中的转换规则生成可能的状态，再通过约束条件将不符合的状态排除，以此来模拟系统的行为，具体包括如下步骤。

1. 输入

（1）代表系统 m 个变量的一个可推理函数集合 $F = \{f_1, f_2, \cdots, f_m\}$。

（2）用 6 种约束关系（ADD、MULT、MINUS、DERIV、M+、M−）建立约束方程集合 $E = \{e_1, e_2, \cdots, e_u\}$。

（3）每个变量有一个代表路标值的有序集合 $L_i = \{l_1, l_2, \cdots, l_{r_i-1}, l_{r_i}\}$，$(i = 1, 2, \cdots, m)$，其中至少包括 $\{-\infty, 0, +\infty\}$。

（4）每个函数的上下限。

（5）初试时间点 t_0 和每个函数 $f_i (i = 1, 2, \cdots, m)$ 在 t_0 时刻的定性状态 $< \text{qval}(f, t_0), \text{qdir}(f, t_0) >$。

2. 输出

（1）显著时间点集合 $T = \{t_1, t_2, \cdots, t_n\}$。

（2）每个函数的完整的、可能拓展了的有序路标值 $L_i' = \{l_1, l_2, \cdots, l_{w_i-1}, l_{w_i}\}$。

（3）每个函数 $f_i (i = 1, 2, \cdots, m)$ 在显著时间点 t_j 上和显著时间点之间 (t_j, t_{j+1}) 的定性状态为 $< \text{qval}(f_i, f_j), \text{qdir}(f_i, t_j) >$ 和 $< \text{qval}(f_i, (t_j, t_{j+1})), \text{qdir}(f_i, (t_j, t_{j+1})) >$。

3. 算法步骤

定性模拟的算法步骤共计 6 步，具体如表 8-2 所示。

表 8-2　定性模拟算法步骤

第一步	给定一个状态作为初始状态
第二步	参照状态转换表的规则，生成每个变量可能产生的后续状态集合
第三步	通过约束条件过滤掉不合理的后续状态
第四步	进行一致性过滤，继续筛选合理状态
第五步	将过滤后的状态进行全局解释
第六步	判断时间是否为空，若为空则结束模拟，反之返回第一步重新开始

4. 过滤与解释

定性模拟算法中，包括约束—致性过滤、配对一致性过滤、全局解释、全局过滤。

1）约束一致性过滤

约束一致性过滤是指在定性模拟算法中对产生的可能状态，通过因素之间的约束关系进行检验，只有符合约束关系的状态才可以留下，否则视为不合理状态，及时删去。

2）配对一致性过滤

在定性模拟算法中，若两个约束有公共函数，则称这两个约束是相邻的。配对一致性过滤就是对相邻约束中的公共函数的状态转换的一致性进行检验，不一致的将被过滤掉。配对一致性遵循 Waltz 算法，即逐个访问每个约束，查看所有与它相邻的约束，对由它们所联系着的元组组成的元组对，如果一个元组赋予公共函数的转换在和它相邻的一个约束的所有元组中均不存在，则删除这个元组。以此类推，直到最后一个不一致状态转换得到过滤为止。配对一致性过滤可在很大程度上减少状态转换空间，从而提高定性模拟算法效率。

3）全局解释

全局解释主要是看整个系统所有因素的状态是否能够得到合理解释，若能够进行全局解释，则称状态合理，可以保留，否则需要立刻将不合理的状态进行删除。

4）全局过滤

全局解释后，还要进行全局过滤，主要是对状态循环、状态不变及取极点值时的状态转换进行处理。

8.3　案例提示下的应急决策者顿悟能力定性模拟模型

8.3.1　顿悟能力要素关系

为了更好地描述各要素之间的关系，将各变量之间的因果关系整理如表 8-3

所示，其中，纵向为自变量，横向为因变量。"+"表示横向变量的取值随纵向变量取值的变化而正向变化；"-"表示横向变量的取值随纵向变量取值的变化而反向变化；"0"则表示横向变量的取值随纵向变量取值的变化而变化的程度不显著。

表 8-3　各影响要素关系表

变量	X_1	X_2	X_3	X_4	X_5	X_6	X_7	X_8	X_9	X_{10}	X_{11}	X_{12}
X_1	0											
X_2	-	0					-		-			
X_3	-		0				-		-			
X_4	+			0								
X_5	+				0							
X_6	+					0						
X_7	+						0					
X_8	+							0				
X_9	+								0		+	
X_{10}	+									0		+
X_{11}	+						+				0	
X_{12}	+						+					0

根据表 8-3 可以将各要素之间的关系梳理如下。

X_1，即应急决策者顿悟能力，对其他要素均不产生影响。

X_2 表示的突发事件复杂程度与 X_1 应急决策者顿悟能力、X_7 应急决策者推理能力以及 X_9 信息采集的及时性与完善性呈现反向关系，即突发事件越复杂，应急决策的顿悟能力、推理能力越差，同时信息采集起来不仅耗时更长，也不容易采集完全。

X_3 表示的突发事件的紧迫程度同样与 X_1 应急决策者顿悟能力、X_7 应急决策者推理能力以及 X_9 信息采集的及时性与完善性呈现反向关系，即突发事件越紧迫，应急决策的顿悟能力、推理能力越不容易发挥，信息采集的及时性和完备性也会相应降低。

应急决策者心理特征类因素中的 X_4 应急决策者主动性、X_5 应急决策者抗压能力以及应急决策者个人素质类因素中的 X_6 应急决策者事件处理经验、X_7 应急决策

者推理能力以及 X_8 应急决策者反应敏捷性均对应急决策者顿悟能力具有正向关系，对其他因素不产生影响。

X_9 表示的信息采集的及时性与完善性和 X_1 应急决策者顿悟能力以及 X_{11} 案例提示的信息量均为正向关系，即信息采集的越及时、完善，应急决策者顿悟能力相应提升，案例提示信息量也相应变大。

X_{10} 表示的应急体系的成熟度与 X_1 应急决策者顿悟能力以及 X_{12} 案例的表达方式有正向关系，应急体系越成熟，应急决策者顿悟能力以及案例表达方式也都会相应提升。

X_{11} 表示的案例提示的信息量与 X_{12} 表示的案例表达方式两个因素都与 X_1 应急决策者顿悟能力以及 X_7 应急决策者推理能力正向相关。

8.3.2　定性模拟模型的建立

在给出了各影响要素以及梳理了影响要素之间的关系后，以此为基础，分析并且构建了应急决策者顿悟能力的相关参量因果作用综合模型，见图 8-1。图 8-1 反映了应急决策者顿悟能力系统各个因素之间的因果关系。其中，"+"表示箭头变量会随着箭尾变量的增加而增加；"−"表示箭头变量会随着箭尾变量的增加而减少。

将定性变量以 $QS(f,t_i)$ 进行表示，其中 t_i（ $i=0,1,\cdots,n$ ）表示模拟变化过程中各时间点， f 表示各变量的定性取值。各变量的状态一方面取决于其在某时刻的定性取值，另一方面取决于其后续的变化趋势，表示为 $QS(X_j,t_i)=\langle qval,qdir\rangle$ 。

qval 表示变量 X_j 的定性取值，其定义域为 $\{-2,-1,0,1,2\}$ ，其中各数据表示"很差""差""一般""好""很好"；qdir 表示变量 X_j 的变化趋势，其定义域为 $\{-,0,+\}$ ，表示该变量将"变差"、"稳定"或"转好"。

令 $t_0<t_1<\cdots<t_n$ 为显著时间点，表示定性变量在该时间点上发生了显著的变化或突变，在显著时间点之间，定性变量只发生平缓变化，不会产生突变。当初始状态 $t=t_0$ 时，各变量的初始状态分别为

$$QS(X_1,t_0)=\langle 0,+\rangle$$
$$QS(X_2,t_0)=\langle 0,0\rangle$$
$$QS(X_3,t_0)=\langle 0,0\rangle$$
$$QS(X_4,t_0)=\langle 0,0\rangle$$
$$QS(X_5,t_0)=\langle 0,0\rangle$$
$$QS(X_6,t_0)=\langle 0,+\rangle$$
$$QS(X_7,t_0)=\langle 1,+\rangle$$
$$QS(X_8,t_0)=\langle 1,0\rangle$$

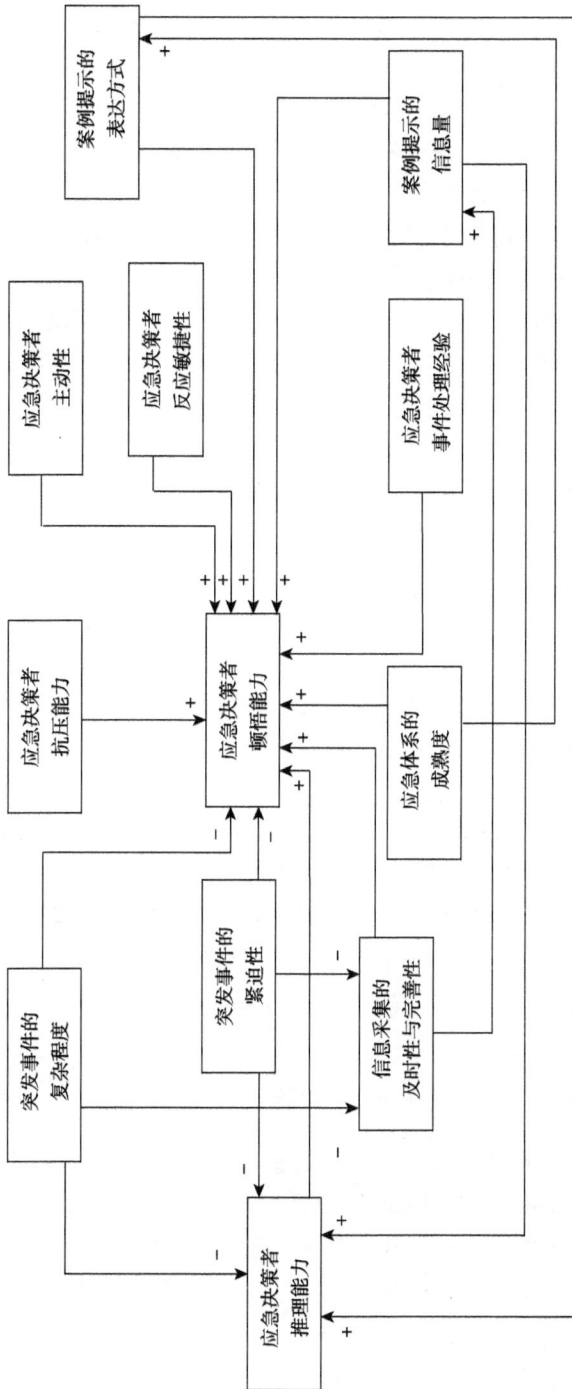

图8-1 应急决策者顿悟能力影响要素关系图

$$QS(X_9, t_0) = \langle 1, + \rangle$$
$$QS(X_{10}, t_0) = \langle 0, + \rangle$$
$$QS(X_{11}, t_0) = \langle 1, + \rangle$$
$$QS(X_{12}, t_0) = \langle 1, + \rangle$$

各变量的初始状态是根据各变量的实际情况进行综合考虑后设置的：对于 X_1 而言，其表示应急决策者的顿悟能力，由于各应急决策者的顿悟能力各有高低，这里取 0 表示一般，随着案例累积以及决策者能力的增强，顿悟能力必然会有所增强，故而对其变化趋势设定转好。

X_2、X_3 分别表示突发事件的复杂程度和突发事件的紧迫程度，属于外生的、不可控制的变量因素。这里同样对其初始状态设置为一般，并令其变化趋势表现为稳定，从而通过变化方向最多的 $\langle 0,0 \rangle$ 状态表示其不可控性。

对于应急决策者心理素质因素的 X_4、X_5，与突发事件的性质类似，同样具有外生性，直接由应急决策者本身决定，不受到外界因素的影响，因此其初始状态与 X_2、X_3 相同，同样以 $\langle 0,0 \rangle$ 来表示其多样性。

对于应急决策者个人素质因素的 X_6、X_7、X_8，将其初始状态设置为较好，表示应急决策者具有一定的处理经验和推理能力，具有担当应急决策者的资质。

对于 X_9 表示的信息采集及时性与完善性，设置其初始状态为较好，即默认应急决策系统并非初始形成而是具有一定的经验积累，同时其变化趋势会随着系统的完善而不断转好。

对于 X_{10} 表示的应急体系的成熟度，将其初始状态设置为一般，表示该应急体系的成熟度属于中等水平，具有较高的普适性。

对于 X_{11} 及 X_{12} 两个案例类的影响要素，将其初始状态设置为较好。由于我们是研究案例提示下的应急决策者顿悟能力，案例的存在是极为重要的。因此将其初始状态描述为较好，表示在案例库中，已经收集了相当数量的案例可供决策者在应急决策时作为参考。

8.3.3　定性模拟算法的模拟过程

我们研究三个时间情景 $[t_0, t_1, t_2]$ 下的推理，参考通用函数状态转换表（表 8-1），推理可能生成的后继状态，并通过对后继状态的过滤与解释，得到真正有效的状态。从初始状态开始，利用通用函数对其进行转化。

（1）$t \in (t_0, t_1)$，使用 P-转换，表示从 t_0 到 t_1 时刻转变时，各因素的状态。

对 X_1：$QS(X_1, t_0) \rightarrow QS(X_1, t_0, t_1)$

$< 0, + > \rightarrow < (0,1), + >$

该转换的实际意义表现为，从 t_0 到 t_1 时刻，应急决策者的顿悟状态从最初的一般状态开始向较好转变，并仍旧具有变好的趋势。

对 X_2：　$\mathrm{QS}(X_2,t_0) \to \mathrm{QS}(X_2,t_0,t_1)$

$<0,0> \to <0,0>$

$<0,0> \to <(0,1),+>$

$<0,0> \to <(-1,0),->$

该转换的实际意义表现为，从 t_0 到 t_1 时刻，突发事件的复杂程度可能有三种变化。一是仍旧保持一般不变；二是由一般向比较复杂转变并有更加复杂的趋势；三是由一般向比较简单转变，并有更加简单的趋势。以下各因素转换的实际意义与上述的两个因素类似，在此不做赘述。

对 X_3：　$\mathrm{QS}(X_3,t_0) \to \mathrm{QS}(X_3,t_0,t_1)$

$<0,0> \to <0,0>$

$<0,0> \to <(0,1),+>$

$<0,0> \to <(-1,0),->$

对 X_4：　$\mathrm{QS}(X_4,t_0) \to \mathrm{QS}(X_4,t_0,t_1)$

$<0,0> \to <0,0>$

$<0,0> \to <(0,1),+>$

$<0,0> \to <(-1,0),->$

对 X_5：　$\mathrm{QS}(X_5,t_0) \to \mathrm{QS}(X_5,t_0,t_1)$

$<0,0> \to <0,0>$

$<0,0> \to <(0,1),+>$

$<0,0> \to <(-1,0),->$

对 X_6：　$\mathrm{QS}(X_6,t_0) \to \mathrm{QS}(X_6,t_0,t_1)$

$<0,+> \to <(0,1),+>$

对 X_7：　$\mathrm{QS}(X_7,t_0) \to \mathrm{QS}(X_7,t_0,t_1)$

$<1,+> \to <(1,2),+>$

对 X_8：　$\mathrm{QS}(X_8,t_0) \to \mathrm{QS}(X_8,t_0,t_1)$

$<1,0> \to <1,0>$

$<1,0> \to <(1,2),+>$

$<1,0> \to <(0,1),->$

对 X_9：　$\mathrm{QS}(X_9,t_0) \to \mathrm{QS}(X_9,t_0,t_1)$

$<1,+> \to <(1,2),+>$

对 X_{10}：　$\mathrm{QS}(X_{10},t_0) \to \mathrm{QS}(X_{10},t_0,t_1)$

$<0,+> \to <(0,1),+>$

对 X_{11} ：　$QS(X_{11}, t_0) \rightarrow QS(X_{11}, t_0, t_1)$

$<1, +> \rightarrow <(1,2), +>$

对 X_{12} ：　$QS(X_{12}, t_0) \rightarrow QS(X_{12}, t_0, t_1)$

$<1, +> \rightarrow <(1,2), +>$

（2）根据约束关系对 P-转换结果进行组对并过滤。经约束一致性与配对一致性过滤后，得到此步定性变量的状态值如下。

X_1 ：　$<(0,1), +>$

X_2 ：　$<0,0>$ 或 $<(-1,0), ->$

X_3 ：　$<0,0>$ 或 $<(-1,0), ->$

X_4 ：　$<0,0>$ 或 $<(0,1), +>$

X_5 ：　$<0,0>$ 或 $<(0,1), +>$

X_6 ：　$<(0,1), +>$

X_7 ：　$<(1,2), +>$

X_8 ：　$<1,0>$ 或 $<(1,2), +>$

X_9 ：　$<(1,2), +>$

X_{10} ：　$<(0,1), +>$

X_{11} ：　$<(1,2), +>$

X_{12} ：　$<(1,2), +>$

（3）从 $t \in (t_0, t_1)$ 到 $t = t_1$ ，即当时间到达 t_1 时，与过渡状态不同时所使用的 P-转换有所区别，需要使用 I-规则进行转换：

对 X_1 ：　$QS(X_1, t_0, t_1) \rightarrow QS(X_1, t_1)$

$<(0,1), +> \rightarrow <1,0>$

$<(0,1), +> \rightarrow <1, +>$

$<(0,1), +> \rightarrow <(0,1), +>$

该转换表示的实际意义为，当时间到达 t_1 时，应急决策者的顿悟能力可能有三种状态：一是变为较好且保持稳定；二是变为较好且仍旧有继续变好的趋势；三是保持在从一般变为较好的中间状态，且有变为较好的趋势。同理，以下各因素转换的实际意义与上述两个因素类似，在此不做赘述。

对 X_2 ：　$QS(X_2, t_0, t_1) \rightarrow QS(X_2, t_1)$

$<0,0> \rightarrow <0,0>$

$<(-1,0), -> \rightarrow <-1,0>$

$<(-1,0), -> \rightarrow <-1, ->$

$<(-1,0), -> \rightarrow <(-1,0), ->$

$<(-1,0),->\to<l^*,0>$，$l^*\in(-1,0)$

对 X_3：$\text{QS}(X_3,t_0,t_1)\to\text{QS}(X_3,t_1)$

$<0,0>\to<0,0>$

$<(-1,0),->\to<-1,0>$

$<(-1,0),->\to<-1,->$

$<(-1,0),->\to<(-1,0),->$

$<(-1,0),->\to<l^*,0>$，$l^*\in(-1,0)$

对 X_4：$\text{QS}(X_4,t_0,t_1)\to\text{QS}(X_4,t_1)$

$<0,0>\to<0,0>$

$<(0,1),+>\to<1,0>$

$<(0,1),+>\to<1,+>$

$<(0,1),+>\to<(0,1),+>$

对 X_5：$\text{QS}(X_5,t_0,t_1)\to\text{QS}(X_5,t_1)$

$<0,0>\to<0,0>$

$<(0,1),+>\to<1,0>$

$<(0,1),+>\to<1,+>$

$<(0,1),+>\to<(0,1),+>$

对 X_6：$\text{QS}(X_6,t_0,t_1)\to\text{QS}(X_6,t_1)$

$<(0,1),+>\to<1,0>$

$<(0,1),+>\to<1,+>$

$<(0,1),+>\to<(0,1),+>$

对 X_7：$\text{QS}(X_7,t_0,t_1)\to\text{QS}(X_7,t_1)$

$<(-1,0),+>\to<0,0>$

$<(-1,0),+>\to<0,+>$

$<(-1,0),+>\to<(-1,0),+>$

对 X_8：$\text{QS}(X_8,t_0,t_1)\to\text{QS}(X_8,t_1)$

$<1,0>\to<1,0>$

$<(1,2),+>\to<2,0>$

$<(1,2),+>\to<2,+>$

$<(1,2),+>\to<(1,2),+>$

对 X_9：$\text{QS}(X_9,t_0,t_1)\to\text{QS}(X_9,t_1)$

$<(1,2),+>\to<2,0>$

$<(1,2),+>\to<2,+>$

$$< (1,2),+ > \to < (1,2),+ >$$

对 X_{10}：$\mathrm{QS}(X_{10},t_0,t_1) \to \mathrm{QS}(X_{10},t_1)$

$$< (0,1),+ > \to < 1,0 >$$

$$< (0,1),+ > \to < 1,+ >$$

$$< (0,1),+ > \to < (0,1),+ >$$

对 X_{11}：$\mathrm{QS}(X_{11},t_0,t_1) \to \mathrm{QS}(X_{11},t_1)$

$$< (1,2),+ > \to < 2,0 >$$

$$< (1,2),+ > \to < 2,+ >$$

$$< (1,2),+ > \to < (1,2),+ >$$

对 X_{12}：$\mathrm{QS}(X_{12},t_0,t_1) \to \mathrm{QS}(X_{12},t_1)$

$$< (1,2),+ > \to < 2,0 >$$

$$< (1,2),+ > \to < 2,+ >$$

$$< (1,2),+ > \to < (1,2),+ >$$

（4）依据约束关系对 I-转换结果进行约束一致性和配对一致性过滤，过滤掉不符合约束关系的状态值。最后再进行全局解释和全局过滤，得到各变量的后继状态值如下。

X_1：$< (0,1),+ > \to < 1,+ >$

X_2：$< 0,0 > \to < 0,0 >$ 或 $< (-1,0),- > \to < (-1,0),- >$

X_3：$< 0,0 > \to < 0,0 >$ 或 $< (-1,0),- > \to < (-1,0),- >$

X_4：$< 0,0 > \to < 0,0 >$

X_5：$< 0,0 > \to < 0,0 >$

X_6：$< (0,1),+ > \to < (0,1),+ >$

X_7：$< (1,2),+ > \to < (1,2),+ >$

X_8：$< 1,0 > \to < 1,0 >$

X_9：$< (1,2),+ > \to < (1,2),+ >$

X_{10}：$< (0,1),+ > \to < (0,1),+ >$

X_{11}：$< (1,2),+ > \to < (1,2),+ >$

X_{12}：$< (1,2),+ > \to < (1,2),+ >$

（5）$t \in (t_1,t_2)$，同样属于两个时间点之间的过渡阶段，与第一步相同，使用 P-转换。

对 X_1：$\mathrm{QS}(X_1,t_1) \to \mathrm{QS}(X_1,t_1,t_2)$

$$< 1,+ > \to < (1,2),+ >$$

对 X_2：$\mathrm{QS}(X_2,t_1) \to \mathrm{QS}(X_2,t_1,t_2)$

$<0,0>\rightarrow<0,0>$

$<0,0>\rightarrow<(0,1),+>$

$<0,0>\rightarrow<(-1,0),->$

$<(-1,0),->\rightarrow<(-1,0),->$

对 X_3：$QS(X_3,t_1)\rightarrow QS(X_3,t_1,t_2)$

$<0,0>\rightarrow<0,0>$

$<0,0>\rightarrow<(0,1),+>$

$<0,0>\rightarrow<(-1,0),->$

$<(-1,0),->\rightarrow<(-1,0),->$

对 X_4：$QS(X_4,t_1)\rightarrow QS(X_4,t_1,t_2)$

$<0,0>\rightarrow<0,0>$

$<0,0>\rightarrow<(0,1),+>$

$<0,0>\rightarrow<(-1,0),->$

对 X_5：$QS(X_5,t_1)\rightarrow QS(X_5,t_1,t_2)$

$<0,0>\rightarrow<0,0>$

$<0,0>\rightarrow<(0,1),+>$

$<0,0>\rightarrow<(-1,0),->$

对 X_6：$QS(X_6,t_1)\rightarrow QS(X_6,t_1,t_2)$

$<(0,1),+>\rightarrow<1,0>$

$<(0,1),+>\rightarrow<1,+>$

$<(0,1),+>\rightarrow<(0,1),+>$

对 X_7：$QS(X_7,t_1)\rightarrow QS(X_7,t_1,t_2)$

$<(1,2),+>\rightarrow<2,0>$

$<(1,2),+>\rightarrow<2,+>$

$<(1,2),+>\rightarrow<(1,2),+>$

对 X_8：$QS(X_8,t_1)\rightarrow QS(X_8,t_1,t_2)$

$<1,0>\rightarrow<1,0>$

$<1,0>\rightarrow<(1,2),+>$

$<1,0>\rightarrow<(0,1),->$

对 X_9：$QS(X_9,t_1)\rightarrow QS(X_9,t_1,t_2)$

$<(1,2),+>\rightarrow<2,0>$

$<(1,2),+>\rightarrow<2,+>$

$<(1,2),+>\rightarrow<(1,2),+>$

对 X_{10}：$QS(X_{10},t_1)\rightarrow QS(X_{10},t_1,t_2)$

$<(0,1),+>\rightarrow<1,0>$

$<(0,1),+>\rightarrow<1,+>$

$<(0,1),+>\rightarrow<(0,1),+>$

对 X_{11}：$\mathrm{QS}(X_{11},t_1)\rightarrow \mathrm{QS}(X_{11},t_1,t_2)$

$<(1,2),+>\rightarrow<2,0>$

$<(1,2),+>\rightarrow<2,+>$

$<(1,2),+>\rightarrow<(1,2),+>$

对 X_{12}：$\mathrm{QS}(X_{12},t_1)\rightarrow \mathrm{QS}(X_{12},t_1,t_2)$

$<(1,2),+>\rightarrow<2,0>$

$<(1,2),+>\rightarrow<2,+>$

$<(1,2),+>\rightarrow<(1,2),+>$

（6）根据约束关系对 P-转换结果进行组对并过滤，得到此步定性变量的状态值如下。

X_1：$<1,+>\rightarrow<(1,2),+>$

X_2：$<0,0>\rightarrow<0,0>$ 或 $<(-1,0),->\rightarrow<(-1,0),->$

X_3：$<0,0>\rightarrow<0,0>$ 或 $<(-1,0),->\rightarrow<(-1,0),->$

X_4：$<0,0>\rightarrow<(0,1),+>$

X_5：$<0,0>\rightarrow<(0,1),+>$

X_6：$<(0,1),+>\rightarrow<(0,1),+>$

X_7：$<(1,2),+>\rightarrow<(1,2),+>$

X_8：$<1,0>\rightarrow<1,0>$ 或 $<1,0>\rightarrow<(1,2),+>$

X_9：$<(1,2),+>\rightarrow<(1,2),+>$

X_{10}：$<(0,1),+>\rightarrow<(0,1),+>$

X_{11}：$<(1,2),+>\rightarrow<(1,2),+>$

X_{12}：$<(1,2),+>\rightarrow<(1,2),+>$

（7）从 $t\in(t_1,t_2)$ 到 $t=t_2$，与步骤 3 相同，使用 I-转换。

对 X_1：$\mathrm{QS}(X_1,t_1,t_2)\rightarrow \mathrm{QS}(X_1,t_2)$

$<(1,2),+>\rightarrow<2,0>$

$<(1,2),+>\rightarrow<2,+>$

$<(1,2),+>\rightarrow<(1,2),+>$

对 X_2：$\mathrm{QS}(X_2,t_1,t_2)\rightarrow \mathrm{QS}(X_2,t_2)$

$<0,0>\rightarrow<0,0>$

$<(-1,0),->\rightarrow<-1,0>$

$<(-1,0),->\rightarrow<-1,->$

$<(-1,0),->\rightarrow<(-1,0),->$

$<(-1,0),->\rightarrow<l^*,0>$, $l^*\in(-1,0)$

对 X_3：$QS(X_3,t_1,t_2)\rightarrow QS(X_3,t_2)$

$<0,0>\rightarrow<0,0>$

$<(-1,0),->\rightarrow<-1,0>$

$<(-1,0),->\rightarrow<-1,->$

$<(-1,0),->\rightarrow<(-1,0),->$

$<(-1,0),->\rightarrow<l^*,0>$, $l^*\in(-1,0)$

对 X_4：$QS(X_4,t_1,t_2)\rightarrow QS(X_4,t_2)$

$<(0,1),+>\rightarrow<1,0>$

$<(0,1),+>\rightarrow<1,+>$

$<(0,1),+>\rightarrow<(0,1),+>$

对 X_5：$QS(X_5,t_1,t_2)\rightarrow QS(X_5,t_2)$

$<(0,1),+>\rightarrow<1,0>$

$<(0,1),+>\rightarrow<1,+>$

$<(0,1),+>\rightarrow<(0,1),+>$

对 X_6：$QS(X_6,t_1,t_2)\rightarrow QS(X_6,t_2)$

$<(0,1),+>\rightarrow<1,0>$

$<(0,1),+>\rightarrow<1,+>$

$<(0,1),+>\rightarrow<(0,1),+>$

对 X_7：$QS(X_7,t_1,t_2)\rightarrow QS(X_7,t_2)$

$<(1,2),+>\rightarrow<2,0>$

$<(1,2),+>\rightarrow<2,+>$

$<(1,2),+>\rightarrow<(1,2),+>$

对 X_8：$QS(X_8,t_1,t_2)\rightarrow QS(X_8,t_2)$

$<1,0>\rightarrow<1,0>$

$<(0,1),+>\rightarrow<1,0>$

$<(0,1),+>\rightarrow<1,+>$

$<(0,1),+>\rightarrow<(0,1),+>$

对 X_9：$QS(X_9,t_1,t_2)\rightarrow QS(X_9,t_2)$

$<(1,2),+>\rightarrow<2,0>$

$<(1,2),+>\rightarrow<2,+>$

$<(1,2),+>\rightarrow<(1,2),+>$

对 X_{10}：$QS(X_{10},t_1,t_2)\rightarrow QS(X_{10},t_2)$

$<(0,1),+>\rightarrow<1,0>$

$<(0,1),+>\rightarrow<1,+>$

$<(0,1),+>\rightarrow<(0,1),+>$

对 X_{11}：$QS(X_{11},t_1,t_2)\rightarrow QS(X_{11},t_2)$

$<(1,2),+>\rightarrow<2,0>$

$<(1,2),+>\rightarrow<2,+>$

$<(1,2),+>\rightarrow<(1,2),+>$

对 X_{12}：$QS(X_{12},t_1,t_2)\rightarrow QS(X_{12},t_2)$

$<(1,2),+>\rightarrow<2,0>$

$<(1,2),+>\rightarrow<2,+>$

$<(1,2),+>\rightarrow<(1,2),+>$

（8）依据约束关系对 I-转换结果进行约束一致性和配对一致性过滤，过滤掉不符合约束关系的状态值。最后进行全局解释和全局过滤，得到各变量的后继状态值如下。

X_1：$<(1,2),+>\rightarrow<2,0>$

X_2：$<(-1,0),->\rightarrow<-1,0>$ 或 $<(-1,0),->\rightarrow<l^*,0>$，$l^*\in(-1,0)$

X_3：$<(-1,0),->\rightarrow<-1,0>$ 或 $<(-1,0),->\rightarrow<l^*,0>$，$l^*\in(-1,0)$

X_4：$<(0,1),+>\rightarrow<1,+>$

X_5：$<(0,1),+>\rightarrow<1,+>$

X_6：$<(0,1),+>\rightarrow<1,+>$

X_7：$<(1,2),+>\rightarrow<2,0>$

X_8：$<(0,1),+>\rightarrow<1,0>$

X_9：$<(1,2),+>\rightarrow<2,0>$

X_{10}：$<(0,1),+>\rightarrow<1,+>$

X_{11}：$<(1,2),+>\rightarrow<(1,2),+>$

X_{12}：$<(1,2),+>\rightarrow<2,0>$

由上述模拟过程，可以得到结果如表 8-4 所示。

表 8-4　各要素时间状态汇总表

变量	t_0	(t_0, t_1)	t_1	(t_1, t_2)	t_2
X_1	<0, +>	< (0, 1), +>	<1, +>	< (1, 2), +>	<2, 0>

续表

变量	t_0	(t_0, t_1)	t_1	(t_1, t_2)	t_2
X_2	<0, 0>	<0, 0>或<(-1, 0), ->	<0, 0>或<(-1, 0), ->	<0, 0>或<(-1, 0), ->	<-1, 0>或<1*, 0>
X_3	<0, 0>	<0, 0>或<(-1, 0), ->	<0, 0>或<(-1, 0), ->	<0, 0>或<(-1, 0), ->	<-1, 0>或<1*, 0>
X_4	<0, 0>	<0, 0>或<(0, 1), +>	<(0, 1), ->	<(0, 1), ->	<1, 0>
X_5	<0, 0>	<0, 0>或<(0, 1), +>	<(0, 1), ->	<(0, 1), ->	<1, 0>
X_6	<0, +>	<(0, 1), +>	<(0, 1), +>	<(0, 1), +>	<1, +>
X_7	<1, +>	<(1, 2), +>	<(1, 2), +>	<(1, 2), +>	<2, 0>
X_8	<1, 0>	<1, 0>或<(1, 2), +>	<1, 0>	<1, 0>或<(1, 2), +>	<1, 0>
X_9	<1, +>	<(1, 2), +>	<(1, 2), +>	<(1, 2), +>	<2, 0>
X_{10}	<0, +>	<(0, 1), +>	<(0, 1), +>	<(0, 1), +>	<1, +>
X_{11}	<1, +>	<(1, 2), +>	<(1, 2), +>	<(1, 2), +>	<2, 0>
X_{12}	<1, +>	<(1, 2), +>	<(1, 2), +>	<(1, 2), +>	<2, 0>

8.3.4　结论分析

由定性模拟算法对应急决策者顿悟能力系统进行模拟后,由表 8-4 的结果可以得出,在经过一段时间后的 $t=t_2$ 时刻,有许多因素都得到了一定程度的提升。例如, X_4 所表示的信息采集的及时性与完善性、 X_5 表示的应急体系的成熟度以及 X_{12} 所表示的案例提示的表达方式都达到了极佳的状态。而应急决策者顿悟能力本身由于受到这些因素的正面影响也达到了最好的状态。在该系统中,有着包括 X_2 所表示的突发事件的复杂程度以及 X_3 所表示的突发事件的紧迫性等不可控制因素。同时, X_6 所表示的应急决策者主动性以及 X_7 所表示的应急决策者抗压能力,由于其与应急决策者个体密切相关且具有自生性,不容易受到外界因素影响,同样存在不确定性,这在一定程度上影响了应急决策者顿悟能力的提升速度。

根据所有因素的自身性质以及其模拟后可达到的状态,可以发现 X_{11} 所表示案例提示的信息量以及 X_{12} 所表示的案例提示的表达方式不仅可以随着信息收集和应急响应机制的完善得以提升,同时,这两个因素的提升的确对应急决策者的顿悟能力有积极的、正面的影响,可以说是提升应急决策者顿悟能力的关键性要素。这一点从实际意义上来说也十分符合,在应急决策者处理突发事件时,如果案例库中有着丰富的案例,且这些案例给出的提示对应急决策者具有极高的参考价值,应急决策者很有可能通过案例的推理瞬时得到灵感，从而做出更好的决策，安排制订出更为合理的应急处理办法计划。简单来说，案例提示类的因素确实比较容易激发应急决策者的灵感，使应急决策者得到顿悟。因此，我们有必要对案例提示类的要素进行更为深入的分析，从而达到指导应急决策者实际工作，提升应急决策者顿悟能力的目的。

第9章 案例提示下应急决策者顿悟机制实验理论

顿悟理论的提出丰富了应急决策理论体系，而应急决策支持系统属于应急决策方法研究的范畴。早期决策者通过建立模型辅助应急决策，随着社会发展及决策情况的日益复杂，单纯依靠人力来处理模型逐渐变得不切实际。计算机的发展为应急决策提供了良好的辅助平台，应急决策支持系统应运而生。应急决策支持系统是综合利用大量数据，有机组合众多模型，通过人机交互，辅助各级决策者实现科学决策的系统，其产生是为了提高应急决策的效率和质量。

综合国内外研究成果，将决策者因素引入应急决策支持系统的研究尚存在欠缺。决策者的心理偏差存在并作用于决策的顿悟过程，进而影响最终的决策结果，其作用是不可忽视的。因此将顿悟应用于应急决策支持系统中，以改善决策者的决策质量，值得进一步研究。

9.1 顿悟依托于应急决策支持系统的应用

应急决策支持系统的作用是辅助决策者进行有效决策，应具备的主要功能包括提供应急预案、典型案例，通过建立决策模型向应急决策者提供有效方案以供选择。在系统中应用"顿悟"这一概念，是将"人"的决策因素引入系统中，得到一个综合了"人"、"环境"和"突发事件"的集成化应急决策系统，此系统创新性地考虑了决策者的个性化特征和心理偏差产生的决策偏见，依托计算机平台和多种应急决策支持技术实现决策辅助功能。

应用了顿悟理论的应急决策支持系统，不仅具有一般应急决策支持系统所应具有的功能，如收集突发事件的实时信息，建立典型案例库、处置模板库，提供决策方案等，而且首次建立针对决策者个体的"个人资料库"和设计"反馈—学习—改进"机制（图 9-1），其具体运作过程如下。

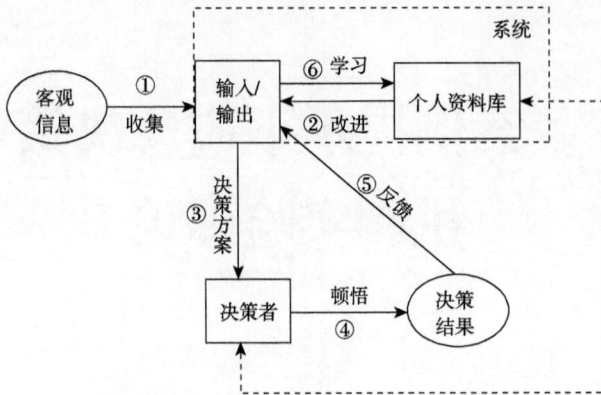

图 9-1　基于顿悟理论的应急决策支持系统模型

（1）首次决策：对于首次使用系统的特定决策者个体，应急决策支持系统先按照一般方法，分析处理突发事件客观信息的约束，得出可供选择的有效方案。决策者结合系统提供的决策方案、所了解的信息以及积累的经验，经由自身非理性特征的作用，顿悟得到最终投入实际应用的决策方案。

（2）反馈—学习—改进：首次决策结束后，会产生决策实施的结果。决策者将首次决策所选方案和决策结果反馈给应用了顿悟理论的决策支持系统，系统会根据反馈的数据，经过相应的处理，得到关于决策者个人决策风格的基本信息，并将这些基本信息上传到决策者"个人资料库"中。之后，系统会根据"个人资料库"中的信息，分析得到决策者个人的决策风格和心理偏差，如风险态度、是否过度自信等，据此对决策模型的设计进行调整改进，使系统的决策方案越来越符合决策者的个人特色。

（3）后续决策：在首次决策之后的每一次后续决策中，系统都利用对上一次决策结果的分析，不断进行反馈—学习—改进过程，扩充决策者的"个人资料库"，调整决策模型，保证系统提供的决策充分考虑了决策者个人的非理性因素对决策结果的影响。系统以提供决策方案的形式修正决策者的心理偏差，改善其顿悟过程，使决策结果有更好的效果，以达到构建综合集成的应急决策支持系统的目的。

综上所述，顿悟理论指出应急决策者非理性因素在决策过程中的作用。引入顿悟理论的应急决策支持系统，针对每个决策者个体都建立专门的个人资料库，经过反馈—学习—改进机制的不断进行，最终为每个决策者都提供定制化的决策建议，着重修正个体心理偏差，提高决策有效性。

由本节的讨论可知，行为科学领域的相关研究已充分证明了决策者并非完全遵循理性规则，其行为偏好，如过度自信、风险态度、损失厌恶等，可引起决策偏离理性最优。而对于应急管理领域来说，决策制定是处理应急事件的重要环节，具有难度大、反应时间短、决策空间不确定等特殊性，应急管理决策者的个性特征差异对决策的影响不容忽视（曹杰和朱莉，2014）。"顿悟"是指应急决策者通过运用所了解的信息，结合以往经验，在自身非理性因素作用下实现决策的过程，因此接下来将对"顿悟"内涵中与应急决策相关的非理性因素以及时间压力进行实验及讨论。

9.2　应急环境下时间压力和决策者过度自信对决策行为的影响实验

非常规突发事件类别各异，发生后的应急措施较大程度上依赖于决策者的个人判断，决策者是否过度相信以往经验并高估判断的准确程度，是应急管理中有待考察的重要问题。本节的实验将决策任务难易程度以及决策时间压力作为自变量，构造了基于常识性问题的常规决策情境和化学物品溢漏事故的应急决策情境，探讨分析应急情境下过度自信水平是否显著区别于常规决策情境，决策个体的过度自信水平变化是否由难易程度引起，以及时间压力是否会对决策的准确性和自信程度造成负面影响。

9.2.1　实验假设

实验采用文献（Lichtenstein，1982；Lin and Su，1998；Kruger，1999）中的研究方法，将过度自信水平刻画为自信水平与决策质量的偏差，即将决策个体对每项任务完成的准确度判断与实际准确度的正向偏差定义为过度自信程度。过度自信水平可表示为

过度自信水平=估计自己正确的平均自信率−实际正确率

其中，当过度自信水平为正时，个体在决策中表现为过度自信；当过度自信水平为负时，个体在决策中表现为自信不足。

基于此提出了以下三个实验假设。

假设 9-1　在常规情境下，决策者的过度自信水平与任务难易程度正相关，在高难度任务下表现出较高过度自信度，反之亦然。

题目的难易程度会对过度自信的程度造成显著差异（Klayman et al.，1999）。题目越难，人们的过度自信程度越显著，而对于简单的题，人们甚至有可能出现自信不足的现象。这一观点提出之初，Kruger（1999）进行了三个实验研究。前两个研究发现，被试偏离校准的程度与需要被试评定的能力相关。第三个研究分析

了产生该现象的原因,可能是锚定-调整启发式(anchoring and adjustment heuristic)造成了偏差。本部分将应急情景下的决策独立于常规情景下的决策,探究在常规情景下决策任务难易程度与决策个体过度自信水平的关系。

假设 9-2　决策者的过度自信水平在应急决策下显著高于常规决策。

在应急情境下,面对突发事件冲击的决策个体处于心理应激状态,容易出现意识的自觉性降低、思维混乱、分析判断能力减弱、感知和记忆错误、注意力的分配和转移困难等负面影响,极有可能加大出现过度自信等认知偏差的可能性及程度。应急决策本身也具有一定特性使决策个体易于产生过度自信的特征。一方面,Griffin 和 Tversky(1992)的研究发现了过度自信的"难度效应",即决策任务难度越大,个体越容易产生过度自信,一般应急决策的非常规性使应急管理者没有经验可循,增加了决策的难度。另一方面,应急情境中决策个体得到作为行为结果的反馈常常很慢且带有噪声,因此他们的自信心得不到合适的调整,为此,决策者容易将决策初级阶段的成功归于自己的智慧、经验,从而显现出过度自信的特征。由于应急事件信息反馈延迟或者难以确知,决策者更倾向于过度自信。

假设 9-3　不同时间压力条件下,应急决策者的过度自信水平存在显著差异。

应急管理中,来自环境层面、组织层面和操作层面的压力均会干扰应急决策过程。其中,环境层面中的时间压力是影响决策者过度自信水平的一个常见因素。已有的研究表明,时间压力是决策者因感到最后期限而产生的情绪反应,即焦虑感,这种焦虑感会影响个体的认知。当个体拥有较充足的决策时间时,能够尽量搜寻所有可以利用的线索和资源,充分考虑多种情况来进行决策,这时个体的自信心比较强,决策质量也比较高。但是如果个体的时间极其有限,不仅会降低决策行为的质量,还会使决策者的决策信心有影响。Ariely 和 Zakay(2001)认为,减少任务的完成时间将会引起时间压力,但必须是通过个体主观的知觉,刺激相应的情绪反应后,个体才能体验到真正的时间压力。当个体感受到时间压力而做出决策后,对该决策准确性的自信心会变大。

9.2.2　实验设计

1. 实验变量和参数确定

在常规情景下的决策以常识性题目体现,其难易程度用被试答题的平均正确率来衡量,正确率越低,题目的难度越大。将预实验通过人数比例小于 1/3 的题目作为困难题,通过人数比例在 1/3 至 2/3 的题目作为中等题,通过人数比例大于 2/3 的题目作为简单题。

在应急情景下,选取低于平均所用时间一个标准差的值为低时间压力状态的决策时间,平均决策时间 50%以下的值为高时间压力状态的决策时间(Weening and

Maarleveld，2002）。在三组不同时间压力对应的实验中，进行无时间压力组的实验，计算出平均用时和标准差分别为 969 秒和 283 秒。因此低时间压力组和高时间压力组的决策时间分别限制在 686 秒和 485 秒内。

2. 实验材料和仪器

（1）常识性题目：从公务员考试常识题、"一站到底"节目题库中，抽取 7 个不同领域的试题，共 120 道（附录 1），每个领域的题目 20 道。7 个领域分别为文学常识类、生活常识类、医学常识类、应急常识类、影视知识类、文化常识类和体育运动类。通过分类使常识题涉及的范围更广，以此消除个别被试在某一领域特别精通所带来的误差。

（2）应急决策知识库：采用 Lin 和 Su（1998）使用的应急决策知识库，根据需要略作修改，共 11 组 46 条规则，用来指导决策者在应急情景中的判断和决策（附录 2）。每条规则都包括 IF 部分和 THEN 部分，分别对应"判断/决策的条件依据"和"判断/决策行为"。每组规则对应一类判断或决策过程，如第一组规则均对应：IF（加工车间类型）[AND（值班管理人员是否在岗）]，THEN（应选取的疏散通道）。

（3）应急决策题目：基于应急决策知识库设计的 12 道应急决策题目（附录 3），包括若干化学物品溢漏事故情景下的应急情况作为被试判断或决策的条件依据，要求被试运用规则推断出对应的应急级别。12 道题目中有 2 道作为正式实验前的练习题，10 道作为正式题目。

（4）实验仪器：实验过程完全是在计算机上操作完成，常识性题目和应急决策题目均由 Visual Basic 6.0 软件修改编制而成。常识性题目只需要在 A、B 选项中进行单选，并能够填写从 0.5~1 的自信度即可，共 60 道题目。

应急决策的实验程序借鉴了 Lin 和 Su（1998）设计的计算机化规则导向信息板［consolidated rename（重命名），issue（问题），bypass（迂回结合）］。答题界面由题目呈现框、规则辅助面板、决策选项卡、自信度输入框、倒计时和若干操作按钮组成。其中，规则辅助面板包括 10 个选项卡，用于利用应急决策知识库的规则选出恰当的判断或决策行为，并辅助被试逐步推导出事故的应急级别，在决策选项卡的 A、B、C、D 和 E 五个选项中做出决策；操作按钮包括"开始"、"下一步"和"提交"，"开始"和"提交"用于开始和结束实验，"下一步"则要求被试完成了上一题的所有选项和输入后才能点击进入下一题。倒计时将根据不同时间压力设置不同总时长，其中高时间压力为 485 秒，低时间压力为 686 秒，无时间压力则不限做题时间。在有时间压力的两套程序中，均在剩余 50%、25%时间和剩余 1 分钟时设置弹出框提醒时间，并在倒数 10 秒倒计时秒数变为红色字体，增加被试的时间压力感。所有题目作答完成后，系统自动计算被试报酬，并弹出窗口提示。

9.2.3　实验程序

1. 筛选题目及被试

由于题目的难易程度会对过度自信的程度造成一定的影响，在进行正式实验之前，我们设置了预实验来对题目的难易程度进行筛选。对预实验数据的分析，依据答题的正确率将题目划分为简单题、中等题和难题，其中简单题的通过率为75%~100%，中等题的通过率为50%~75%，难题的通过率为0~50%。在简单题、中等题和难题中各抽取20道不同领域的试题作为正式实验材料。

提前两天向被试派发应急决策知识库材料，要求被试将46条规则全部背下，并告知被试正式实验前会对其记忆情况进行测试。派发过程中确保被试充分理解材料的内容和用途，并且强调规则之间的逻辑联系。

正式实验前，对所有被试的应急决策知识库记忆情况进行测试。测试内容包括22条规则选择题（共22题），在给出 IF 的条件下，选择对应的 THEN 决策，或在给出 THEN 的决策下，选出对应的 IF 部分。只有答对20题（含）以上的被试才可以参加正式实验，答对5~20题的被试可获得10元的报酬，5题以下的无报酬。通过这种严格的筛选条件，排除了被试在正式实验过程中忘记规则而导致的决策失误情况。

2. 正式实验

实验一：在实验室进行，由被试独立在计算机上完成操作，无外界刺激干扰。实验开始前，请被试仔细阅读指导语，向被试说明要求事项和操作方法，使被试了解到在该程序中，被试需要尽快在 A、B 中做出选择，并尽可能准确地对自己所做选项的正确概率进行评估（0.2~1）。正确率越高，过度自信水平越低，实验报酬越高，以此激励所有被试认真进行实验。通过 VB 软件设计实验界面，被试在对通过预实验筛选后的60道常识性题的每一道题做出选择后，都需要做一个填空："你认为自己答对该题的概率是（　）。"由于所有题目只有两个选项，所以填写估计正确率的范围被限定为0.5~1的任意数字。通过计算每一题的平均正确率和平均估计正确率的差值，来判断被试在面对不同难度问题时的过度自信程度。

实验二：仍在实验室的计算机上进行，由同一被试继续完成。实验开始前，请被试仔细阅读指导语，向被试说明要求事项和操作方法，使被试了解到在该程序中，被试需要尽快地准确推断出该情景的应急级别，并尽可能准确地对自己所做选项的正确概率进行评估（0.2~1），实验报酬将与正确率成正比，与自信偏差率成反比。对实验进行讲解之后，待被试没有疑问后开始实验，程序操作分为三步。

（1）人口学变量统计阶段：输入被试的基本信息。

（2）熟悉练习阶段：VB 程序窗口中将随机呈现两道练习题，练习题与正式题目均出自同一题库。被试可通过练习题熟悉实验环境和操作，若对实验无疑问则进入正式实验阶段。练习题不统计数据。

（3）正式答题阶段：所有被试被随机分到无时间压力组、低时间压力组和高时间压力组，时间压力情景下的时间以倒计时的形式呈现在 VB 程序窗口内，以提醒被试剩余的作答时间，指导语如下："在实验中会向您呈现 10 道应急决策题目，每道题目代表一个化学物品溢漏事故情景，均由若干应急情况和一个有关应急级别的问题组成，请您根据实验前记忆的决策规则对该事故的应急级别做出选择，并对自己所做选项的正确概率进行评估。在正式实验开始前会有两道练习题，练习结束后，请点击开始实验。实验过程中您需要对每道题均做出选择，否则无法进行下一道题的选择。剩余时间将以倒计时的形式显示，请务必在限制时间内迅速完成，谢谢您的合作！"无时间压力组的被试则被告知实验过程中不受时间限制，他们做出选择后即可进入下一题。正式题目的数据将自动保存为实验的结果进行统计处理。

9.2.4　结果和分析

1. 研究样本情况和描述性统计

自愿报名实验的本科生共 46 人，来自金融、法学、项目管理、财经英语、公共管理等多个不同专业，通过规则测试并进入正式实验的共 33 名，研究样本的基本情况如表 9-1 所示。

表 9-1　研究样本基本情况表

指标	分类	人数/人	有效百分比/%
性别	男性	10	30.3
	女性	23	69.7
是否独生	独生子女	18	45.5
	非独生子女	15	54.5
生源地	一线城市	4	12.1
	非一线城市	29	87.9

对应急决策和常识性题目中正确率、自信度和过度自信水平进行描述性统计，见表 9-2，可见在应急决策中，女性的正确率和自信度均较男性高，而过度自信水平略低于男性；独生子女的正确率高于非独生子女，但自信度和过度自信水平与非独生子女差别无几；一线城市的被试正确率比非一线城市的被试要低，但自信度和过度自信水平均较高，这与一线城市优越的生活背景有一定关系。所有题目

作答完成后，系统自动计算被答题目中，性别、是否独生和生源地对决策效果和自信情况的影响是否有明显区别。

表 9-2　正确率、自信度和过度自信水平的描述性统计表

指标		性别		是否独生		生源地	
		男性	女性	独生子女	非独生子女	一线城市	非一线城市
应急决策正确率	均值	0.287	0.355	0.360	0.121	0.158	0.355
	标准差	0.232	0.274	0.272	0.331	0.375	0.274
应急决策自信度	均值	0.653	0.707	0.701	0.707	0.763	0.707
	标准差	0.174	0.197	0.191	0.197	0.164	0.197
应急决策过度自信水平	均值	0.310	0.283	0.278	0.283	0.298	0.283
	标准差	0.263	0.241	0.244	0.241	0.229	0.241
常识题正确率	均值	0.704	0.704	0.710	0.704	0.715	0.704
	标准差	0.058	0.058	0.056	0.058	0.057	0.058
常识题自信度	均值	0.825	0.816	0.826	0.825	0.831	0.825
	标准差	0.056	0.056	0.055	0.056	0.064	0.056
常识题过度自信水平	均值	0.113	0.103	0.108	0.113	0.111	0.113
	标准差	0.070	0.059	0.065	0.070	0.068	0.070

2. 常识题目信度分析和一致性分析

（1）信度分析：通过可靠性统计量的方法，对于常识性题目，利用三组实验的数据测量正确率与过度自信水平的可靠性，结果如表 9-3 所示。

表 9-3　常识性题目的正确率和过度自信水平可靠性统计量

指标	Cronbach's Alpha	基于标准化项的 Cronbach's Alpha	项数
常识题正确率	0.904	0.904	3
常识题过度自信水平	0.855	0.854	3

实验中，三组正确率的 Cronbach's Alpha 系数为 0.904，三组过度自信水平的 Cronbach's Alpha 值为 0.855，可见实验数据的信度较高。

继续对三组正确率和三组过度自信水平的相关矩阵计算项间相关系数，结果如表 9-4 所示。

表 9-4　三组常识性题目正确率和过度自信水平的项间相关系数表

指标	1×2	1×3	2×3
常识题正确率	0.829	0.756	0.689
常识题过度自信水平	0.767	0.678	0.539

　　可见实验得出的三组正确率之间相关性强，相关系数分别为 0.829、0.756、0.689；三组过度自信值之间的相关性较强，相关系数分别为 0.767、0.678、0.539。

　　（2）一致性检验：再次取三组实验中常识性题目的数据，对每两组间的正确率和过度自信水平进行独立样本 T 检验，结果如表 9-5 和表 9-6 所示。

表 9-5　三组正确率的独立样本 T 检验表

样本		方差方程的 Levene 检验		均值方程的 t 检验		
		F 值	P 值	t 值	自由度	P 值（双侧）
第一组与第二组	假设方差相等	0.019	0.892	0.03	118	0.976
	假设方差不相等			0.03	117.992	0.976
第一组与第三组	假设方差相等	0.015	0.903	-0.377	118	0.707
	假设方差不相等			-0.377	117.954	0.707
第二组与第三组	假设方差相等	0	0.987	-0.409	118	0.683
	假设方差不相等			-0.409	117.985	0.683

表 9-6　三组自信度的独立样本 T 检验表

样本		方差方程的 Levene 检验		均值方程的 t 检验		
		F 值	P 值	t 值	自由度	P 值（双侧）
第一组与第二组	假设方差相等	1.379	0.243	1.121	118	0.265
	假设方差不相等			1.121	116.398	0.265
第一组与第三组	假设方差相等	0.223	0.638	0.756	118	0.451
	假设方差不相等			0.756	117.09	0.451
第二组与第三组	假设方差相等	0.405	0.526	-0.362	118	0.718
	假设方差不相等			-0.362	117.898	0.718

　　独立样本 T 检验给出了关于方差齐性的 Levene 检验和关于均值相等的 T 检验结果。以上六组独立样本 T 检验也可看出，F 统计量的 P 值明显大于 0.10，即不能否认方差相等的假设，所以需要认同方差相等的假设，参照 T 检验结果，T 检验的双侧 P 值均大于 0.10，即在 0.10 的显著性水平上，组别不能显著体现正确率和估计正确率的特点，也就是说，三组实验之间没有显著差异，我们可以把三组被试看做一个总体里随机抽取的三个样本。

　　3. 常识性题目组实验数据分析

　　第一组被试的实验数据表明，平均通过率在 0~50%、50%~75%、75%~100% 的题目数量之比为 13：21：26，第二组为 15：16：29，第三组为 17：16：21。

　　计算每一组实验中题目正确率与过度自信水平之间的相关系数，在第一组实验中，题目正确率与过度自信水平之间的相关系数为 0.836，显著性水平=0.000<0.01；第二组实验中，二者的相关系数为 0.815，显著性水平=0.000<0.01；

第三组实验中，二者的相关系数为 0.817，显著性水平=0.000<0.01。三组实验的题目正确率和过度自信水平之间都体现出了良好的相关性，具有统计学意义。证明过度自信水平与难易程度具有相关关系（表 9-7）。

表 9-7　常识性题目中正确率和过度自信水平的相关分析表

指标		第一组		第二组		第三组	
		正确率	过度自信水平	正确率	过度自信水平	正确率	过度自信水平
正确率	Pearson 相关性	1	−0.836**	1	−0.815**	1	−0.817**
过度自信水平	Pearson 相关性	−0.836**	1	−0.815**	1	−0.817**	1

*、**分别表示在 1%、5%的水平上显著

以三组实验中得到的过度自信水平为纵轴，题目正确率为横轴，做出散点图（图 9-2），可见题目正确率与过度自信水平负相关，说明常识题的题目难度越大，人们的过度自信水平更高。

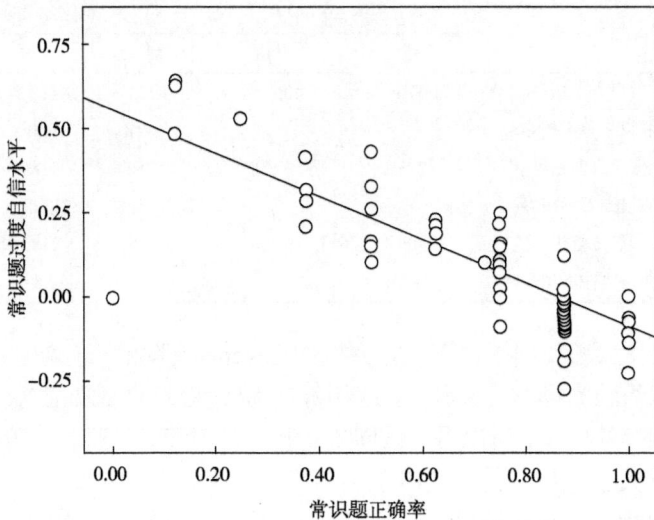

图 9-2　常识题情景下过度自信水平与题目正确率的关系

此外，过度自信现象在常识题中十分普遍，在所有试题中，过度自信水平大于 0 的比例为 68.33%，所有被试对所有常识题的平均过度自信水平均大于 0。对于简单题来说，过度自信的程度很低，甚至小于 0，随着题目正确率的下降，即决策任务难度增加，过度自信的水平上升。基于以上分析，假设 9-1 成立。

结论 9-1　常识性题目中，个体的过度自信水平与题目平均正确率之间负相关，而题目平均正确率体现了该题目的难度，说明在常规情景下，个体的过度自

信水平与题目的难度正相关。

4. 常识性题目组和应急决策组实验之间的数据分析

对常识性题目中的过度自信水平和应急决策中的过度自信水平进行配对样本 T 检验，结果如表 9-8 所示。

表 9-8　常识题和应急决策中过度自信水平的配对样本 *T* 检验表

统计值	平均值	自由度	双尾显著性检验	
			t 值	P 值
应急决策过度自信水平–常识题过度自信水平	0.170 82	32	3.891	0.000

统计分析结果表明，$T=3.891$，$p=0.000<0.05$，而应急决策的平均过度自信水平为 0.283，常识性题目的平均过度自信水平为 0.109，说明常识性题目中被试的过度自信水平和应急决策的过度自信水平具有显著性差异。假设 9-2 得到验证。

结论 9-2　应急决策中个体的过度自信水平显著高于常识性题目中个体的过度自信水平。

5. 应急决策组实验数据分析

对不同时间压力条件下被试在应急决策中的正确率、自信度和平均自信偏差进行初步的描述统计，结果见表 9-9。

表 9-9　应急决策中不同时间压力下正确率、自信度和过度自信水平的描述性统计表

指标	无时间压力		低时间压力		高时间压力	
	平均值	标准差	平均值	标准差	平均值	标准差
正确率	0.583	0.295	0.225	0.139	0.223	0.164
自信度	0.797	0.183	0.739	0.146	0.604	0.200
过度自信水平	0.213	0.151	0.425	0.260	0.260	0.273

对上述数据进行单因素方差分析，具体分析数值见表 9-10。分析结果表明：在正确率上，时间压力的主效应显著，$F(2, 30)=10.466$，$p<0.05$；在自信度上，时间压力的主效应显著，$F(2, 30)=3.656$，$p<0.05$；在平均自信偏差上，时间压力的主效应不显著，$p>0.05$。

表 9-10　时间压力对应急决策结果的单因素方差分析表

指标		平方和	自由度	均方	F 值	P 值
平均正确率	组间	0.987	2	0.494	10.466	0
	组内	1.415	30	0.047		
	全体	2.402	32			

续表

指标		平方和	自由度	均方	F 值	P 值
平均自信度	组间	0.243	2	0.122	3.656	0.038
	组内	0.999	30	0.033		
	全体	1.242	32			
平均过度自信	组间	0.226	2	0.113	2.092	0.141
	组内	1.617	30	0.054		
	全体	1.843	32			

　　为了进一步了解不同时间压力组的被试在正确率上的差异，我们对时间压力的主效应进行了 LSD（least significant difference，即最小显著差）事后多重比较。结果表明，无时间压力组的被试的正确率显著高于高时间压力组和低时间压力组的被试，$p<0.05$；低时间压力和高时间压力下的正确率无显著差异，$p>0.05$。

　　时间压力在自信度上存在主效应，进一步对自信度上的主效应做事后多重比较。结果表明，无时间压力组的被试自信度显著高于高时间压力组的被试，$p<0.05$；低压力与无压力和高压力下的自信度之间无显著差异，$p>0.05$。因此，拒绝假设 9-3。

　　结论 9-3　不同时间压力条件下，应急决策个体的正确率和自信度都存在显著性差异，但二者的差值过度自信水平则无显著性差异，结合结论 9-1，说明时间压力对应急决策者所造成的决策偏差并非由时间压力导致决策难度增加引起的。

9.2.5　讨论

　　本部分的实验将在行为经济学中常见的过度自信理论引入应急决策的环境中，采用实验室实验法，讨论了应急决策区别于常规决策的特征，以及时间压力在影响决策者决策效果和过度自信水平的过程中与决策者所感知到的任务难度的关系。其创新之处体现在以下几个方面：①基于个体的过度自信特征具有一致性和稳定性的前提，对比讨论了常识情景与应急情景下决策个体的过度自信水平情况，得出了应急决策中个体的过度自信水平显著高于常识性题目中个体的过度自信水平的研究结论；②将时间压力对应急决策中个体过度自信现象的影响与决策任务的难易程度联系起来，探究时间压力影响决策个体的理性进而导致过度自信偏差的机理。

　　根据本节的实验结论，为避免应急情景下决策者的决策质量下降和过度自信现象的发生，在应急预案的编制和应急部门进行应急管理的实际活动中，可将应急情境根据经验分解为多个可常规化的决策，从而弱化应急决策的非常规性等特质。另外，在时间紧迫的应急情境中，决策辅助系统应着力于维持决策者的积极情绪，使决策者的经验和理性发挥作用。

本部分在应急决策组采用了情景实验的方式，以化学物品溢漏事故为情境考察了不同时间压力对决策个体过度自信水平的影响。尽管情境研究需要控制其他干扰因素以创造纯粹的研究环境，但实验室环境与实际应急情景仍然存在一定差异。此外，本部分考虑的影响自信度和过度自信水平的个体差异因素仅限于时间压力和任务难度，研究样本基本属性也仅包括性别、是否独生和生源地三个变量，事实上，对过度自信影响的个体差异因素还有很多，如活跃性、主动性等人格特质，以及情绪、情感等个人特性。未来的研究中，可尝试选取更广泛的被试，在实际的应急情境下，针对多种影响因素开展实验，以得到更加可靠和丰富的结论。

9.3　应急环境下时间压力和决策者风险态度对决策行为的影响实验研究

本节主要关注应急环境下决策者的风险态度和时间压力对决策造成的影响。讨论在应急环境下，时间压力作为外部特征变量，风险态度作为决策者内部风格变量，两者的交互影响。本节主要由以下几个部分组成：第一部分介绍实验假设；第二部分介绍实验设计和操作流程，其中共有三个实验，第一个实验探究不同领域下的风险态度一致性及测量，另外两个实验探究了在应急环境下，时间压力对决策者风险态度的影响；第三部分详细描述了实验数据的分析处理；第四部分是讨论。

9.3.1　实验假设

假设 9-4　决策者的风险态度是可以测量的。

Weber 等（2002）编制并修订了 DOSPERT 量表，包含五个常规领域（金融、健康安全、娱乐、道德和社会）的内容，用于测量个体的风险态度。该量表采用 5 点计分，从 5（非常可能）到 1（非常不可能）共 40 个题目。个人的量表得分高于平均数一个标准差为风险寻求者；低于平均数一个标准差为风险规避者；量表得分在两者之间则为风险中立者。Tanaka 等（2006）的赌博行为测试风险态度和Bartczak 等（2015）的森林大火实验研究表明，风险态度在赌博行为和突发事件中都会影响决策者的行为偏好，在这两个相似的研究中，通过对刻画风险态度的系数 α 和 σ 的测量，决策者都表现出概率加权和风险寻求的特点。在应急环境下，决策者的风险态度表现为救援方案的选择差异，因此，可通过设计恰当的量表测试决策者的风险态度。

假设 9-5　在应急环境下，时间压力会弱化决策者风险寻求或规避的程度。

Benson 和 Beach（1996）针对时间压力对决策的影响，对被试进行了兼容性测试，通过无时间压力和高低时间压力三组实验测试，测出被试会采取简化测试内容或加快做题速度的方式来提高测试效率，该实验分析高低时间压力对上述两种方式的影响程度，验证了时间压力会影响决策者的决策行为。关于时间压力的设置，他们将无时间压力下记录的决策时间的均值减去一个标准差作为低时间压力，均值的二分之一作为高时间压力。Ordonez 和 Benson（1997）的实验研究了时间压力对人们选择和定价策略的影响，并从时间压力的有无两方面考虑影响定价决策的因素。已有的文献中关于时间压力对决策的影响阐述较为充分，通常而言，时间压力会降低决策质量，会改变信息加工方式，如加速决策、过滤信息和转变信息搜寻模式等特点（王洪利等，2012）。因此，在引入时间压力因素后决策者的风险态度是否会发生改变是有待研究的问题。

假设 9-6　①决策者的风险态度在应急领域和五大常规领域中具有不一致特性；②在应急环境的自然灾害、事故灾难、公共卫生事件和社会安全事件四个领域中也具有不一致特性。

Weber 等（2002）从金融、健康安全、娱乐、道德和社会决策五个相关的常规领域对风险态度进行了一致性和相关性研究和实验证明，得出风险态度不一致的结论。Vlaev 等（2010）使用问卷调查方法研究被试在七种金融情境（赢钱的赌局、投资、按揭买房、工资收入、养老金计划、输钱的赌局和保险）下的风险偏好，通过对不同领域的确定选项和风险选项进行分数分析和主成分分析，实验表明风险态度在金融情境的不同领域中是不一致的。因此，假设在应急领域中，决策者的风险态度与常规领域是不一致的，并且在应急环境的自然灾害、事故灾难、公共卫生事件和社会安全事件四个领域中是不一致的。

9.3.2　实验设计和操作流程

1. 实验框架

如图 9-3 所示，实验分为三个部分，每一个部分包含一个实验。实验一将应急领域与其他五大常规领域的风险态度一致性进行实验测量和比较，探究风险态度在不同领域的一致性。实验二将应急领域单独进行风险态度测量，主要探究应急领域中决策者的风险态度是体现为风险规避、风险中立，还是风险寻求。实验三在实验一和实验二的基础上将应急领域细分为四个子领域，探究四个子领域的风险态度是否一致。同时，实验二和实验三都在时间压力的有无条件下进行对比实验，探究时间压力对决策者的风险寻求或规避程度的影响。

1）实验一：常规领域与应急领域 DOSPERT 量表测试

基于 Weber 等（2002）的研究，仿照 DOSPERT 量表题目的形式，在原有的五个领域的基础上，新增加了应急领域，其他领域不变。应急领域设置了 8 道问题并分散编入风险态度量表，题量从原有 DOSPERT 的 40 道增加为 48 道。

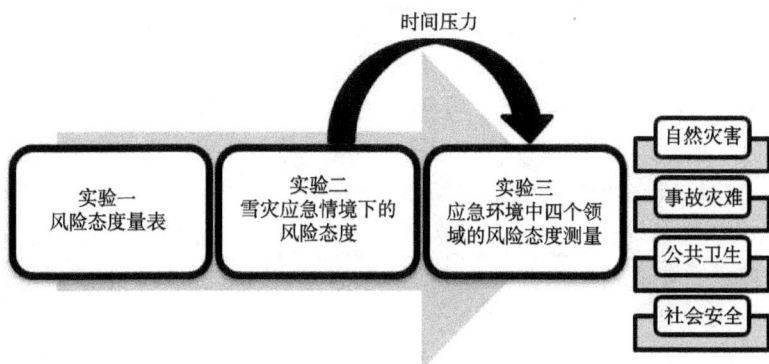

图 9-3　实验框架

新增 8 道问题由以下实验确定。

（1）编制初测项目：应急领域可细分为四个子领域，即自然灾害、事故灾难、公共卫生、社会安全。我们先结合原表的题目和应急领域的特点，每个子领域编写了 10 道题，共计 40 道题。例如，传染病期间又感冒症状，不去医院。为了使测量更为细化，我们参照 Blais 和 Weber（2006）的做法，把 5 点计分改为 7 点计分，从 7（非常可能）到 1（非常不可能），使结果更为精确。

（2）施测：选择 20 名在校生自愿填写这 40 道题目组成的问卷。

（3）结果：首先，通过问卷反馈的数据对题目进行信度检验，测得总体的克伦巴赫 α 系数为 0.901，表明该问卷具有较高的信度。其次，根据使用修正后项目总相关系数（corrected item-total correction，CITC）的高低和问题是否符合原量表等因素来判定问题的可信度。再次，在应急领域的四个子领域分别选出两道题目，共计 8 道加入最终的风险态度量表（附录 4）。最后，进行实验，实验材料为最终的 DOSPERT 量表（共计 48 道题）。实验要求被试完成量表中的全部题目。

2）实验二：应急情境风险态度量表测试

根据前景理论，价值函数与权重函数公式为

$$v(x) = \begin{cases} x^{1-\sigma}, & \text{if } x \geq 0 \\ -\lambda(-x)^{1-\sigma}, & \text{if } x < 0 \end{cases} \quad (9\text{-}1)$$

$$\pi(p) = \frac{1}{\exp\left[\ln\left(\dfrac{1}{p}\right)\right]^{\alpha}} \quad (9\text{-}2)$$

其中，价值函数中的 σ 和权重函数中的 α 值描述了风险态度的程度，σ 和 α 越大，决策者风险态度越体现为风险规避（$\sigma, \alpha \leq 1$）。

采用雪灾应急情境下的风险态度测试表，测试表分为两个系列，每个系列中有 14 个测试题，每个试题包含方案 A 和方案 B 两个选项。方案 A、方案 B 描述了不同概率下能挽救的财产数量，其中每个系列方案 A 不发生变化；方案 B 概率不变，挽救金额变大。两个系列相比，系列 1 中较小概率挽救的财产不断变大，系列 2 中较大概率挽救的财产不断变大。系列 1 和系列 2 既相互联系又存在区别。首先，两个系列的相似之处在于方案 B 期望值都在不断增加；其次，两个系列区别在于系列 1 的方案 A 期望先大于方案 B，在某一题之后，变为方案 B 期望值大于方案 A，并在此后差值越来越大；系列 2 的方案 B 期望一直大于方案 A，且期望差值越来越大。

　　情境设置为南方重大雪灾应急事件，对抢救农作物等生产物资的应急处理采用两种挽救方案，方案 A 和方案 B 的权重和挽救财产数量各不相同，右边列出两个方案期望的差值，具体测试题目如表 9-11 所示。

表 9-11　风险态度测试题

系列 1			
试题	方案 A	方案 B	EV（A）−EV（B）
1	70%挽救财产 1 250 万元，30%挽救财产 5 000 万元	10%挽救财产 8 500 万元，90%挽救财产 625 万元	962.5
2	70%挽救财产 1 250 万元，30%挽救财产 5 000 万元	10%挽救财产 9 375 万元，90%挽救财产 625 万元	875
……			
14	70%挽救财产 1 250 万元，30%挽救财产 5 000 万元	10%挽救财产 212 500 万元，90%挽救财产 625 万元	−19 438
系列 2			
试题	方案 A	方案 B	EV（A）−EV（B）
1	90%挽救财产 1 250 万元，10%挽救财产 3 750 万元	70%挽救财产 6 750 万元，30%挽救财产 2 500 万元	−3 975
2	90%挽救财产 1 250 万元，10%挽救财产 3 750 万元	70%挽救财产 7 000 万元，30%挽救财产 2 500 万元	−4 150
……			
14	90%挽救财产 1 250 万元，10%挽救财产 3 750 万元	70%挽救财产 16 250 万元，30%挽救财产 2 500 万元	−10 625

　　每一个系列的测试中被试的选择会从方案 A 跳转到方案 B，每个系列将会出现一个转折点或不出现转折点，若出现多个转折点则实验结果视为无效。通过被试在每个系列的测试题的转折点位置可以分析被试的风险态度。此实验设计参考 Tanaka 等（2010）的投资实验设计方法将 A 选项、B 选项的概率及可获收益描述出来，并通过 A 选项、B 选项期望的差值来客观表示 A 选项、B 选项的差异，即理论上方案 A 和方案 B 的优劣，被试通过 14 个题目中期望差值的变化比较来选出转折点。两个系列的转折点具有特殊的含义，通过参考与转折点特殊匹配的两

个数据分析参考系数表来求取前景理论中用来衡量风险态度的两个系数 α 和 σ，以此判断被试的风险态度（附录 5）。

上述实验内容将进行两次对比实验，第一次在无时间压力的条件下进行，第二次在有时间压力的条件下进行。在此实验中，通过无时间压力实验的测试，无时间压力下决策者在两个系列中的决策时间均值为 91 秒，标准差为 29 秒，从而时间压力的决策时间设置为 91-29=62 秒（Benson and Beach，1996），在实验中为了方便计量，将时间设定为 60 秒。

3）实验三：应急子领域风险态度量表测试

应急环境通常情况下伴随着突发事件的发生，针对突发事件，不同学者对其定义略有不同，但基本观点比较统一。就目前来看，2007 年 8 月 30 日通过的《中华人民共和国突发事件应对法》对突发事件有了较为明确的定义：突发事件是指突然发生，造成或可能造成严重社会危害，需要采取应急处置措施予以应对的自然灾害、事故灾难、公共卫生事件和社会安全事件。据此，我们把应急领域分为四个子领域，即将应急情境划分为自然灾害情境、事故灾难情境、公共卫生情境和社会安全情境，测量决策者在四种应急情境下的风险偏好态度。

在 Vlaev 等（2010）的研究中，被试在四个情境下，分别做出方案选择决策，包括一个确定选项和一个风险选项。确定选项内容为挽救财产 y，风险选项为以 p 的概率挽救财产 x 万元，（1-p）的概率挽救财产 0 元。其中 x 取值分别为 200 万元、400 万元、600 万元、800 万元；p 取值分别为 20%、40%、60%、80%。将 x 和 y 交叉配对设计风险选项，y 值可以用一个关于 γ 的效用函数来表示，函数如下：

$$y = xp^{\frac{1}{\gamma}} \tag{9-3}$$

其中，γ 是风险态度系数，取值为（0，1）。γ 等于 1 表示风险中性，γ 越小表示风险规避的程度越强烈。风险规避型被试倾向于选择确定选项而不是风险选项，而风险寻求型被试则在一定情况下倾向于选择风险选项以期获得较大回报。通过 γ 的不同设定了风险态度区间，被试的选择可通过确定选项和风险选项的选择数据来体现。选择风险选项的被试，其 γ 值对应着为设计题项时给定的 γ 值；选择确定选项的被试，其 γ 值对应着比给定 γ 值小一个程度的 γ 值。对被试的每一个决策决定的 γ 值求均值，将该系数定为被试的风险态度系数值。

针对一个应急情境，将 γ=[0.35，0.5，0.65，0.8]（王洪利等，2012）与不同的（y，x，p）选项组合，共产生 64 组方案（4×4×4），从中随机选出 16 组作为实验材料。为避免在不同情境下出现相同 γ 的排列顺序，我们将 γ 按一定顺序分成四组，即第一组（0.35，0.5，0.65，0.8）、第二组（0.8，0.35，0.5，0.65）、第三组（0.65，0.8，0.35，0.5）、第四组（0.5，0.65，0.8，0.35）；再将这四组按照（一二三四）、（二三四一）、（三四一二）、（四一二三）排列。确保不同情境下收益和概率出现顺序具有随机性，无规律性增加或减小现象，以避免情境出现顺序对被试决策的影响（附录6）。

2. 被试统计和实验流程

实验分为有时间压力组和无时间压力组。针对每组实验，被试依次完成常规领域与应急领域 DOSPERT 量表测试，自然灾害情境下风险态度量表测试，应急子领域风险态度量表测试的实验任务。需要说明的是，实验一（常规领域与应急领域 DOSPERT 量表测试）在两组实验下均未设置时间压力，目的是测试被试的同质性，为实验二、实验三在两组设置下的比较提供基础。共招募60名在校本科生自愿报名参加实验，每组实验随机分配30名被试。被试来自不同专业，具体信息如表9-12所示。

表 9-12　被试的描述性统计

指标	性别		年级		
	男	女	大一	大二	大三
人数	13	47	6	41	13
比例/%	21.67	78.33	10	68.33	21.67

在每组实验下，被试通过计算机在机房统一完成，实验系统运用 Z-tree 软件编写。正式实验前，首先进行整体实验流程和操作讲解，确保被试充分了解实验内容及软件操作方法。完成常规领域与应急领域 DOSPERT 量表测试后，休息五分钟进行实验二（自然灾害情境下风险态度量表测试）的实验流程和操作讲解，并向被试发放实验二练习题（附录7），求取两个方案期望值差值。如果被试计算正确则认为其已理解题意并可进行上机实验，如果计算不正确则继续计算直到计算正确方可进行上机实验。实验二完成后，休息五分钟进行实验三（应急子领域风险态度量表测试的实验任务）第一个情境的实验情境详述并对实验操作进行讲解，被试完成该情境下的实验任务后，依次进行剩下三个情境的详述与实验操作讲解，并完成实验。被试参加实验获得的报酬按照实验内容由三部分组成。完成实验一获得固定报酬10元，实验二和实验三的报酬为在被试选择方案下计算实现值，累计加和并乘以系数缩小计算得到。完成实验二获得报酬为 10~20 元，完成实验三获得报酬为 20~30 元，被试的总报酬为 40~60 元。

9.3.3　实验数据分析

为了证明两组被试的同质性，我们对量表的结果进行独立样本 t 检验，得到 F 值为 0.001，sig.值为 0.978>0.05，接受方差相等的假设，表示两方差齐性。

实验一：经过信度分析，总体的克伦巴赫 α 系数为 0.794，表明问卷的内在一致性很好。在有时间压力组和无时间压力组下，对实验一（常规领域与应急领域 DOSPERT 量表测试）的数据进行正态检验，得到 $p>0.05$，证明数据是正态的；接下来通过独立样本 t 检验，得到 p 值为 $0.978>0.05$，两者的差别无统计学意义，可以进行下一步分析。计算常规领域与应急领域的风险态度人数分布，如图 9-4 所示。总体而言，风险中立的被试比例为 70%，风险规避与寻求的比例为 13.33% 和 16.67%。该组实验的被试风险规避和寻求表现并不明显，并且，在应急、社会、伦理、娱乐、健康安全、金融六个领域下，风险态度的分布差异较小，即总体而言，应急环境下决策者的风险态度与五大常规领域的风险态度表现一致。

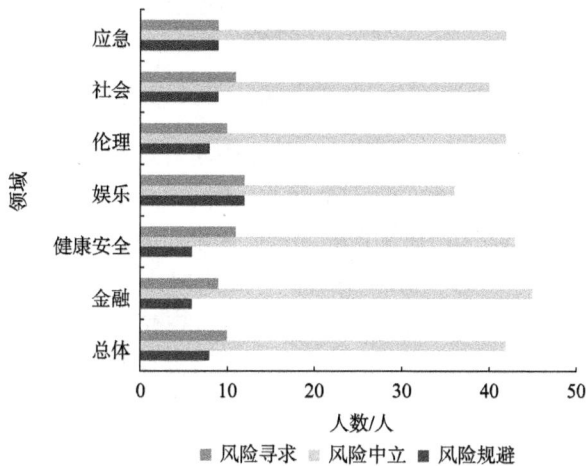

图 9-4 不同风险态度在各领域的人数分布

进一步分析同一个被试在六个领域的风险态度表现。如图 9-5 所示，其中在所有领域中表现全为风险寻求和全为风险规避的人数为 0，全为风险中立的人数为 10。风险中立、风险寻求、风险规避都有体现的有 10 人，为风险规避或风险中立的有 21 人，风险中立或风险寻求的有 19 人。被试在六个领域风险态度表现一致的比例为 16.67%，不一致的比例为 83.33%，因此，可以得出从个体角度，决策者在不同领域的风险态度不具有一致性。

结论 9-4 总体而言，应急环境下决策者的风险态度与五大常规领域的风险态度可以测量并表现一致；从个体角度，决策者在六个不同领域的风险态度不具有一致性，因此不能拒绝假设 9-4。

实验二：根据前景理论，价值函数中的 σ 和权重函数中的 α 值描述了风险态度的程度，σ 和 α 越大，决策者越体现为风险规避（σ，$\alpha \leqslant 1$）。在雪灾救援情境下风险态度量表测试实验中，系列 1 和系列 2 的转折点组合决定 σ 和 α 的取值（表 9-13），不同的转折点组合决定不同的前景理论参数值，即 σ 和 α 系数

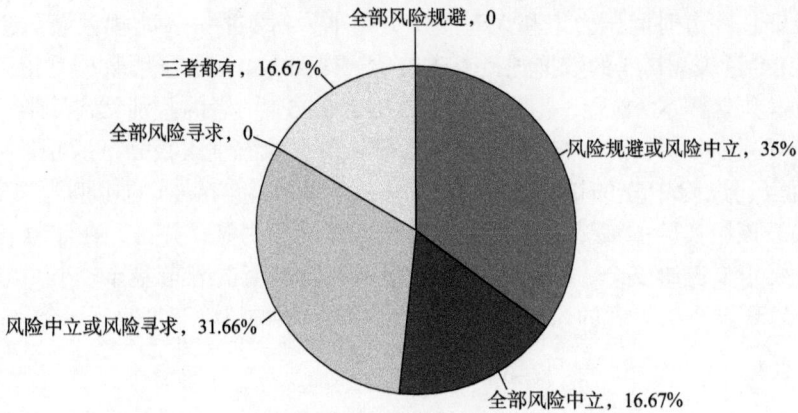

图 9-5　个体在不同领域中风险态度的分布

（Klayman et al., 1999）。例如，假设系列 1 中转折点为第 8 题，则对应的（σ，α）组合取值情况为（0.4, 0.3）、（0.5, 0.4）、（0.6, 0.5）、（0.7, 0.6）、（0.8, 0.7）、（0.9, 0.8）、（1.0, 0.9）；若系列 2 中转折点为第 2 题，则对应的（σ，α）组合取值情况为（0.9, 1.0）、（1.0, 0.9），通过两个系数对比可得两个转折点重合的（σ，α）取值为（1.0, 0.9）。需要注意的是，在实验中允许被试不产生转折，或从一开始就转折。通过所有被试的转折点统计，找出所有的（σ，α）组合，并分别求出 σ 和 α 的均值，该均值即为此实验衡量风险态度的系数。

表 9-13　σ 和 α 在系列 1 和系列 2 中的系数参照表

σ 和 α 的系数参照表

	系列 1								系列 2						
α / σ	0.4	0.5	0.6	0.7	0.8	0.9	1	α / σ	0.4	0.5	0.6	0.7	0.8	0.9	1
0.2	9	10	11	12	13	14	从不	0.2	从不	14	13	12	11	10	9
0.3	8	9	10	11	12	13	14	0.3	14	13	12	11	10	9	8
0.4	7	8	9	10	11	12	13	0.4	13	12	11	10	9	8	7
0.5	6	7	8	9	10	11	12	0.5	12	11	10	9	8	7	6
0.6	5	6	7	8	9	10	11	0.6	11	10	9	8	7	6	5
0.7	4	5	6	7	8	9	10	0.7	10	9	8	7	6	5	4
0.8	3	4	5	6	7	8	9	0.8	9	8	7	6	5	4	3
0.9	2	3	4	5	6	7	8	0.9	8	7	6	5	4	3	2
1	1	2	3	4	5	6	7	1	7	6	5	4	3	2	1

通过对被试的转折点与参数表进行比对，得出一系列（σ，α），并通过求取均值得到准确描述风险态度的 σ、α 值，具体结果为，在雪灾应急情境中，分别取无时间压力和时间压力下得出的转折点，分别得到 9 组和 12 组有效的 σ 和 α 值，

求取无时间压力下（σ，α）的均值为（0.944，0.956）；有时间压力条件下（σ，α）的均值为（0.85，0.833），这说明在无时间压力下，α接近于1，被试是风险规避的，但在时间压力条件下，其风险规避的程度被弱化。

图 9-6 描述了被试的转折点分布情况，坐标轴上的数字对应系列 1 和系列 2 的转折点，锥形的高度表示被试在各个转折点中转折的人数所占比例。其中黑色部分的区域表示 α=1 的转折点，它们描述的是风险规避的情况，从图 9-6 中可看出，图 9-6（a）的被试决策转折点集中分布在黑色区域附近，表明被试在无时间压力下，测试出来的风险态度表现为风险规避；而图 9-6（b）被试的转折点仍然在黑色区域附近，分布较分散，偏离黑色区域的程度较大，表明决策者风险规避的程度被弱化，这与（σ，α）均值的变化是一致的。

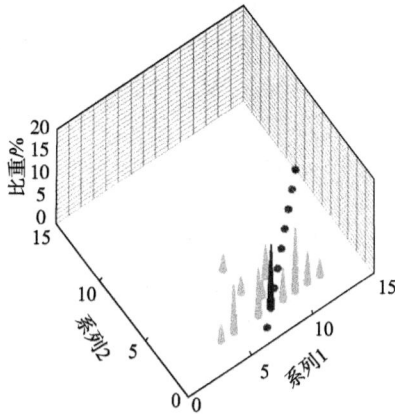

（a）无时间压力条件下的转折点分布图

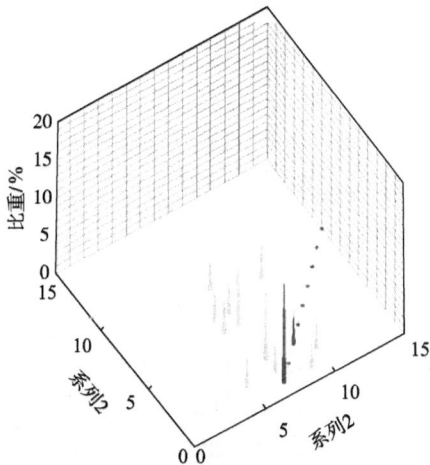

（b）时间压力条件下的转折点分布图

图 9-6　转折点分布图

结论 9-5　在应急情境下决策者的风险态度可以测量，在此实验中，被试在应急情境中测出的风险态度是风险规避的，不能拒绝假设 9-4。在施加了时间压力后，根据被试的风险态度与无时间压力条件下的结果对比得出，时间压力弱化了被试风险规避的程度，不能拒绝假设 9-5。

实验三：在应急子领域风险态度量表测试实验中，对 4 个应急情境的两组实验数据进行 Kruskal-Wallis 检验，得到渐进显著性为 0.349 和 0.587，大于 0.05，可以认为四组实验的 γ 值不存在显著性差异；同时，我们对每个被试在两组实验四种情境下的 γ 值进行两两比较，总共 12 组（2×6），通过独立样本 t 检验得到，自然灾害和事故灾难情境在无时间压力和时间压力条件下的 p 值分别为 0.982 和 0.764，大于 0.05，两者的差别无统计学意义，其他 10 组数据的检验结果都满足条件，可以进行下一步分析。接着，我们分析了整体上被试在不同情境下的 γ 值，结果如图 9-7 所示。在自然灾害情境下，时间压力因素的引入仍然提高了被试的风险规避程度；然而在公共卫生、事故灾难，以及社会安全情境下，时间压力因素的引入对被试的风险规避程度影响不显著，在该三个领域下的 γ 值均在 0.5 附近。因此，决策者在不同应急领域的风险规避程度相近。在自然灾害领域下，时间压力条件对决策者的风险规避程度影响较大，而在公共卫生、事故灾难，以及社会安全三个领域影响不显著。

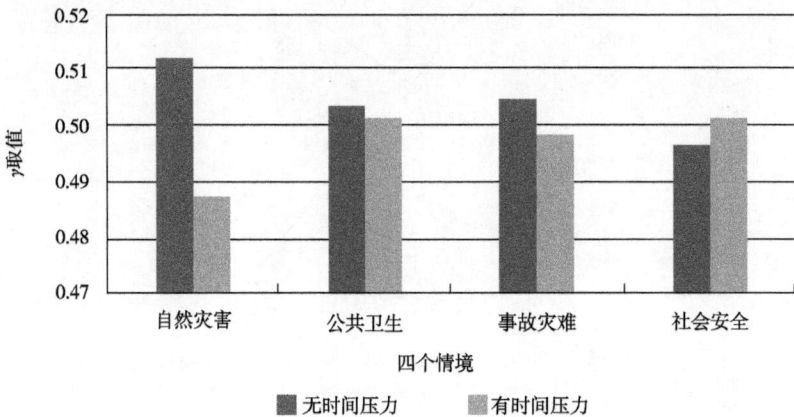

图 9-7　应急子领域风险态度程度

进一步分析在四种情境下被试的 γ 值的标准差与极值情况。如表 9-14 所示，被试在无时间压力与有时间压力组内，标准差差异较小，从而决策的稳定性较好。在无时间压力与有时间压力组间比较，在对应的情境下，标准差在时间压力组较大。因此，时间压力的引入降低了决策者风险态度稳定性。

表 9-14　有无时间压力实验下 γ 值的统计表

四个情境	无时间压力					时间压力				
	N	均值	标准差	最大值	最小值	N	均值	标准差	最大值	最小值
自然灾害	30	0.512	0.043	0.575	0.375	30	0.487	0.051	0.575	0.384
公共卫生	30	0.503	0.035	0.575	0.406	30	0.501	0.051	0.575	0.375
事故灾难	30	0.505	0.040	0.575	0.428	30	0.498	0.044	0.575	0.397
社会安全	30	0.496	0.037	0.575	0.425	30	0.501	0.043	0.575	0.425

结论 9-6　时间压力因素在自然灾害情境下对决策者的风险态度程度有明显影响，表现为提高风险规避的程度，而在事故灾难、公共卫生和社会安全情境下无明显影响。拒绝假设 9-5。在自然灾害、事故灾难、公共卫生和社会安全情境下，决策者的风险态度具有一致性。拒绝假设 9-5 第二部分内容。

综上所述，在应急环境和常规环境下，决策者的风险态度均可被测量；以雪灾救援情境讨论时间压力对风险态度的影响，发现时间压力的引入弱化了被试风险规避的程度。进一步将时间压力引入自然灾害、事故灾难、公共卫生和社会安全四类典型应急情境下，发现时间压力仅在自然灾害情境下提高决策者风险规避的程度；结合实验一与实验三，发现总体而言，应急环境下决策者的风险态度与五大常规领域的风险态度表现一致，而从个体角度，决策者在六个不同领域的风险态度不具有一致性，而在自然灾害、事故灾难、公共卫生和社会安全情境下，决策者的风险态度表现为风险规避且个体在不同情境下的风险规避程度具有一致性。因此，不能拒绝假设 9-4，在应急领域中不能拒绝假设 9-5，但在其子领域自然灾害实验中拒绝假设 9-5，拒绝假设 9-6。

9.3.4　讨论

本节从风险态度的测量及风险态度在不同领域的一致性实证研究的角度，分析应急领域中风险态度的测量方法，并将应急领域下决策者的风险态度与五大常规领域下的风险态度进行一致性检验，细化分析应急领域内不同子领域（自然灾害、事故灾难、公共卫生和社会安全）下决策者的风险态度一致性。根据实验结果及数据分析，得出结论：同一个体在六个领域（应急领域与五个常规领域）中的风险态度是不一致的；在应急情境下，决策者的总体风险态度表现为风险规避，在引入时间压力后，决策者的风险规避程度降低；在应急情境下的四个领域（自然灾害、事故灾难、公共卫生和社会安全）中，决策者的风险规避程度近似；时间压力条件下，被试风险规避程度提高，更偏好确定选项而非风险选项，且其中自然灾害受时间压力影响较明显。

本节实验结论对应急管理同样具有实践意义。实验验证了风险态度是可以测量的，并且在不同的领域中，风险态度不同。实验的研究方法可用于应急管理决策者的风险态度测量实践中，为决策团队的组建和协同提供实证支持。由于时间压力通常伴随突发事件存在，实验结论证明时间压力使应急决策者的风险规避程度提高，因此决策者在进行应急决策时需要充分考虑到自身风险态度的变化情况，并选择合理的决策方案。

本节的研究方法可为后续研究提供思路，研究内容上仍有大量研究专题可进一步拓展。实验二和实验三的时间压力只考虑了有和无两个角度，没有更深入细化地探究时间压力强度高低对风险态度的影响，是否时间压力会存在一定的临界值还有待设计实验进一步考察。应急环境下的决策者仍有很多行为种类，如损失厌恶行为是否对应急决策有显著影响，以及该行为特征在哪些应急情景下影响较显著是有意义的研究专题。

9.4　应急管理者过度自信水平与风险态度的影响实验研究

前文分别讨论了决策者风险态度以及过度自信对决策行为的影响，本节分析决策者的风险态度与过度自信是否存在相互影响关系。基于 Gervais 和 Goldstein（2003）定义的过度自信水平，以及 Prelec（1998）概率权重函数和 Vlaev 等（2010）的问卷设计方法，本节通过问卷设计的方法测量应急管理者的过度自信水平和风险态度，并进行相关分析。本节调研采用组内设计，共 107 名武汉、广西的应急管理者参加了调查。

9.4.1　实验假设

本部分从决策个体的个人特征、应急经验、过度自信水平和风险态度四个方面提出如下假设。

假设 9-7　过度自信水平对决策质量有反向影响。

决策个体过度自信时，会在失真的设想基础上进行决策。过度自信水平的增加，会降低应急管理者的决策质量，降低决策正确率，影响突发事件处理的效果。

假设 9-8　应急管理经验的积累有助于提升决策质量。

应急管理决策经验的积累，有助于提高应急管理者对突发事件判断认知的准确性，能有效降低应急管理者的过度自信水平，进行理性决策。

假设 9-9　个人特征对应急决策行为无显著影响，对决策者风险态度有显著影响。

本节选取的应急管理者的个人背景特征属性对应急管理者在突发事件中的决策行为无显著影响，即对应急管理决策的正确率、自信度、过度自信水平无显著影响，但对决策个体的风险态度有显著影响。

假设 9-10　应急管理者的风险态度与其过度自信水平无显著相关关系。

直观上，表现为过度自信的决策个体更有可能具有较低的风险厌恶特征。然而 Blavatskyy（2009）的研究则表明，决策个体的自信程度不依赖于其对风险或者不确定性的态度。因此，假设在应急环境下，决策个体的风险态度与其过度自信水平无相关关系。

9.4.2　实验设计

1. 实验框架

实验分为三部分，第一部分测试关于被试个人特征的基本信息，目的在于收集被试对决策可能有影响的一些个人特征变量数据。第二部分测量被试者在四种类型的突发事件中的决策行为，测量被试的应急经验积累程度，以及被试面对不同应急情景下做出决策的行为及决策的质量。第三部分测试被试者的风险态度，在某一应急背景下，通过要求被试在四个不同情境下的确定选项和风险选项中做决策，获得被试的风险态度系数值，以此来反映被试的风险态度水平。实验逻辑具体如图 9-8 所示。

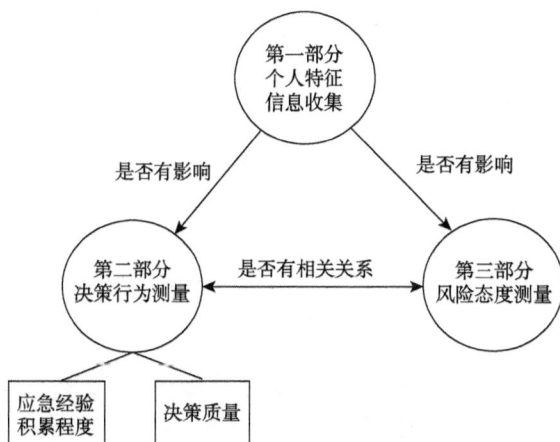

图 9-8　实验逻辑框架图

1）实验第一部分：基本信息的收集

根据国内外已有的相关研究，个人特征主要包括年龄、性别、种族、教育背景、社会经济基础、财务状况、工作经历、团队任期、团队规模等方面（姜付秀等，2009）。根据数据的可得性以及研究目的，本部分选取了性别、年龄、婚姻状况、受教育水平、工作年限、工作单位性质、职务级别、参与过哪些地域的突发事件、是否定期参与应急培训这九个方面来考察管理者的个人背景特征。

其中，各个特征属性的属性值设置具体如表 9-15 所示。

表 9-15　个人特征属性设定

性别	男	女		
年龄	30 岁及以下	31 至 40 岁	41 至 49 岁	50 岁及以上
婚姻状况	未婚	已婚		
受教育水平	高中/中专及以下	大专	本科	研究生及以上
工作年限	三年以内	三至五年	五至十年	十年以上
工作单位性质	政府单位	事业单位	国有企业	其他
职务级别	高层领导	中层（部门）领导	基层领导	普通职员
参与过哪些地域的突发事件	国外	中国港澳台地区	中国一线城市（北上广深）	中国二线城市（省会城市）　中国三线城市（一般地级市）　中国四线城市（县级城市）
是否定期参与应急培训	是	否		

2）实验第二部分：应急决策行为的测试

实验第二部分分为四个应急子领域，分别为社会安全类、自然灾害类、公共卫生类、事故灾难类，每个子领域都编写了 5 道题目，共计 20 道题。每个子领域都描述了两种不同的突发事件情景，并要求被试做出相应的判断。

在每个应急子领域的测试中，先测试被试是否有过该领域的处置经验，并让被试对两种不同的突发情景判断其相应的应急级别，并对自身的决策判断的正确率给出相应的自信程度，直到被试完成 20 道题目的测试。具体问题详见附录 8。

3）实验第三部分：风险态度量表测试

本部分设计了基于应急领域的风险态度测试题，题量为 16 道。借鉴 Prelec（1998）提出的反 S 型概率权重函数，本章应用了如下权重函数公式：

$$\Pi(p) = e^{-(\ln p)^{\gamma}} \tag{9-4}$$

其中，γ 值描述了风险态度的程度，γ 越小，决策者的风险态度越体现为风险厌恶（$0 < \gamma \leqslant 1$），$\gamma = 1$ 表示风险中性。

在 Vlaev 等（2010）的研究中，被试在四个情境下，分别做出方案选择决策，包括一个确定选项和一个风险选项。在本部分，确定选项内容：泄漏 y 吨苯胺流入河流；风险选项为以 p 的概率泄漏 x 吨苯胺流入河流，（$1-p$）的概率可能安全。其

中 x 取值分别为 2 吨、6 吨、10 吨、20 吨；p 取值分别为 20%、40%、60%、80%。将 x 和 y 交叉配对设计风险选项，y 值可以用一个关于 γ 的效用函数来表示，函数如下：

$$y = xe^{-(\ln p)^{\gamma}} \tag{9-5}$$

根据式（9-5）来判断每个方案对应的风险态度系数 γ 的区间，当 $0.4 \leqslant p \leqslant 1$ 时，选择风险选项的被试，其 γ 值对应着比给定 γ 值大一个程度的 γ 值，选择确定选项的被试，其 γ 值对应着比给定 γ 值小一个程度的 γ 值；当 $0 \leqslant p \leqslant 0.2$ 时，对 γ 值区间的判断则正好相反。对被试的每一组情景的 γ 值求均值，再取四组情景的均值，并将该系数定为被试的风险态度系数值 γ。

针对某化工厂发生泄漏事件的应急情境，对苯胺泄漏的应急处理采取两种方案，A 方案和 B 方案的权重和导致的后果各有差异。将 γ =[0.35，0.5，0.65，0.8] 与不同的（y，x，p）选项组合，共产生 64 组方案（4×4×4），从中随机选出 16 组作为实验材料，即应急常识题（共有 16 道题），每 4 道题为一组情景。为避免在不同情境下出现相同 γ 的排列顺序，我们将 γ 按一定顺序分成四组，即第一组（0.35，0.5，0.65，0.8）、第二组（0.5，0.65，0.8，0.35）、第三组（0.65，0.8，0.35，0.5）、第四组（0.8，0.35，0.5，0.65）。具体测试题目见附录 8。

2. 实验程序

1）被试的选择

本部分研究面向昆明和武汉两地的应急管理者发放了调查问卷，其中大部分应急管理者为市级的应急管理者，处于应急管理的重要岗位，主要有主任、主管、处级/科级干部、主任/副主任科员、调研员、普通工作人员、其他应急相关领域人员等。

2）实验过程

面向参与应急管理培训的管理者进行实验，在培训课程开始前 30 分钟，向被试发放实验问卷，在被试填写问卷之前，有实验相关工作人员对问卷进行详细的说明，指导被试进行问卷的填写，要求被试在 30 分钟内完成问卷的填写，实验工作人员在培训课程开始前对问卷进行回收。

9.4.3　实验结果与分析

1. 研究样本情况和描述性统计

由于武汉地区的被试的基本信息涉及保密协议，武汉地区被试的一部分基本信息无法收集，而昆明地区的被试可以收集到完整的基本信息。研究样本的基本情况如表 9-16 和表 9-17 所示。实验共收到 104 份问卷，其中有 98 份是完成了三个部分的实验，有 3 份问卷缺失第二部分过度自信程度衡量的实验，有 3 份问卷缺失第三部分风险态度系数衡量的实验。

表 9-16　昆明地区被试的基本信息情况

属性	有效	缺失	属性值	人数/人	有效百分比/%
性别	30	0	男	29	96.7
			女	1	3.3
年龄	30	0	30 岁及以下	0	0
			31~40 岁	2	6.7
			41~49 岁	8	26.7
			50 岁及以上	20	66.6
婚姻状况	25	5	已婚	25	100
			未婚	0	0
受教育程度	30	0	高中/中专及以下	0	0
			大专	0	0
			本科	9	30
			研究生及以上	21	70
工作年限	30	0	三年以内	0	0
			三至五年	1	3.3
			五至十年	1	3.3
			十年以上	28	93.3
单位性质	30	0	政府单位	26	86.7
			事业单位	2	6.7
			国有企业	0	0
			其他	2	6.7
职务级别	29	1	高层领导	23	79.3
			中层领导	6	20.7
			基层领导	0	0
			普通职员	0	0
参与处理突发事件的地域（多选）	30	0	国外	0	100
			中国港澳台地区	0	
			中国一线城市	0	
			中国二线城市	6	
			中国三线城市	21	
			中国四线城市	9	
定期参与培训	26	4	是	8	30.8
			否	18	69.2

注：有效百分比的和可能不等于 100%，是因为有些数据进行过舍入修约

表 9-17　武汉地区被试的基本信息情况

属性	有效	缺失	属性值	人数/人	有效百分比/%
性别	73	1	男	57	78.1
			女	16	21.9
年龄	74	0	30 岁及以下	7	9.5
			31~40 岁	25	33.8
			41~49 岁	25	33.8
			50 岁及以上	17	22.9
参与处理突发事件的地域（多选）	74	0	国外	0	100
			中国港澳台地区	0	
			中国一线城市	1	
			中国二线城市	54	
			中国三线城市	1	
			中国四线城市	7	
定期参与培训	70	4	是	35	50
			否	35	50

从表 9-16 和表 9-17 中可以发现，昆明地区样本数据在性别、婚姻状况、工作年限和单位性质四个属性中，分别完全集中于"男"、"已婚"、"十年以上"和"政府单位"四个值；在年龄属性中，随着年龄增大，样本数呈递增趋势；受教育程度属性中，只有"本科"和"研究生及以上"两个属性值有有效样本；在职务级别属性中，样本分布在"高层领导"和"中层领导"两个属性值中，在参与处理突发事件的地域的属性中，只有"中国二线城市"、"中国三线城市"和"中国四线城市"有有效样本；在定期参与培训的属性中，样本分散分布。武汉地区样本数据在性别、年龄和定期参与培训三个属性中，样本分散分布；在参与处理突发事件的地域的属性中，样本集中分布在"中国二线城市"和"中国四线城市"。

在应急决策行为的测试中，有 5 个样本值缺失严重，无法进行有意义的统计，因此出于统计目的将这 5 个样本排除后，对剩余的 93 个样本值进行分析。

本部分用自信水平与决策质量的偏差来衡量过度自信程度，即将决策个体对每项决策准确度的判断与实际准确度的偏差定义为过度自信水平，可用如下公式表示：

$$过度自信水平=估计自己正确的平均自信率-实际平均正确率 \qquad (9\text{-}6)$$

其中，当过度自信水平为正时，个体在决策中表现为过度自信；当过度自信水平为负时，个体在决策中表现为自信不足。

对每个应急子领域赋予 25% 的经验权重，被试的应急经验值从 0% 起始，对某一应急子领域有处理经验时，增加 25% 的经验值，反之则不增不减。遍历 4 个应急子领域的测试后，累计被试的经验值，计算公式如下：

$$应急经验值=25\% \times N（是否处理过此类突发事件=是）\qquad（9-7）$$

对应急决策行为的各项指标进行统计后，得到如表 9-18 所示结果。

表 9-18　应急决策行为统计

指标	应急经验值	正确率	自信度	过度自信水平
均值	0.371 0	0.295 7	0.773 5	0.476 5
	（0.365 9）	（0.165 8）	（0.154 3）	（0.225 5）

从表 9-18 中可以看出，被试的应急经验值为 0.371 0，介于 0.25~0.5，说明被试整体对突发事件处理的经验不足，大部分只对某两类突发事件有过相关处理经验，处理类别不全面。被试的正确率为 0.295 7，说明被试整体对突发事件决策判断的实际正确率偏低，决策效果不佳。自信度为 0.773 5，过度自信水平为 0.476 5，说明被试整体对自身的应急决策判断过度自信。

细分到各应急子领域，统计得到表 9-19。

表 9-19　各应急子领域的决策行为比较

指标		突发公共事件类型			
		社会安全类	自然灾害类	公共卫生类	事故灾难类
应急决策正确率	均值	0.410 9	0.293 8	0.338 5	0.118 6
		（0.361 5）	（0.285 0）	（0.378 4）	（0.212 7）
应急决策自信度	均值	0.777 2	0.761 6	0.729 2	0.826 0
		（0.179 9）	（0.206 3）	（0.189 8）	（0.166 0）
应急决策过度自信水平	均值	0.773 1	0.467 8	0.390 6	0.707 5
		（0.180 0）	（0.003 3）	（0.435 7）	（0.267 4）

应急管理者在四类突发公共事件中决策的正确率均低于 0.5，这与题目考察的细致程度有一定关系；应急管理者在四类突发公共事件中决策的过度自信水平均为正，说明应急管理者在四类突发公共事件的决策中都表现为过度自信。正确率在四类突发公共事件中呈递减趋势，这可能与问卷填写顺序有关，随着时间的推移，被试对类似的问卷问题产生了厌烦心理，可能会出现随意填写的状况，导致决策的正确率下降。

2. 应急决策行为分析

进一步将被试根据过度自信水平进行划分，划分为 $(-\infty, 0]$、$(0, 0.25]$、$(0.25, 0.5]$、$(0.5, 0.75]$、$(0.75, 1]$ 五个区间（表 9-20），分别代表自信不足、轻度过度自信、中度过度自信、较重过度自信、重度过度自信。

表 9-20　不同程度过度自信水平人数统计

过度自信水平	(−∞, 0]	(0, 0.25]	(0.25, 0.5]	(0.5, 0.75]	(0.75, 1]
人数	1	16	35	33	8

　　自信不足（即过度自信水平为负）的样本只有 1 个，不足以用于均值统计比较，因此分析时将其排除。由表 9-20 可知，样本过度自信水平集中在 (0.25, 0.75]，共有 68 个样本。

　　对于不同过度自信程度的样本来说，过度自信水平越高，其正确率越低，同时其自信度越高。因为过度自信水平是自信度与正确率的偏差，因此二者的差值越大，其过度自信水平则越高。显现出高度过度自信水平的被试，必定为低正确率、高自信度的人群，不存在高正确率、高自信度或者低正确率、低自信度的情况（图 9-9）。假设 9-7 成立。因此过度自信水平过高对决策的效果存在负面影响，需要对高度过度自信（中度过度自信、较重过度自信、重度过度自信）的应急管理者在决策时加以引导、监督，提高决策质量。

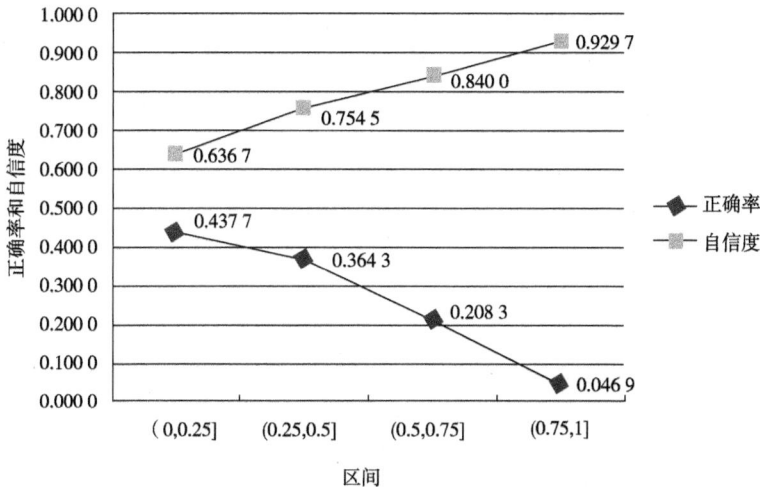

图 9-9　不同过度自信水平下正确率与自信度

　　结论 9-7　过度自信水平对决策质量有反向影响，过度自信水平越高，应急管理者的决策质量越低，在此前提下，决策者的正确率与自信度呈反向关系，即正确率降低，自信度提高。

　　进一步依据被试的应急经验值进行划分，0.00 表示毫无应急经验，0.25 表示有少许应急经验，0.50 表示有一些应急经验，0.75 表示有许多应急经验，1.00 表示有丰富应急经验。

　　从表 9-21 中可以看到，随着应急经验值的增加，样本数量呈递减趋势，其中应急经验值为 0 的人数最多，有 33 人，有一定经验的人数共计 60 人，被试中有一定应急经验的管理者占大多数。

表 9-21 不同应急经验值人数统计

应急经验值	0	0.25	0.5	0.75	1
人数	33	22	13	10	15

随着应急经验的累加，经验越丰富，其应急决策的正确率和自信度也越高，但其过度自信水平大致呈现下降趋势（图 9-10），说明经验的积累使决策者在做应急决策时更理性判断，有助于决策质量的提升。假设 9-8 得到了验证。

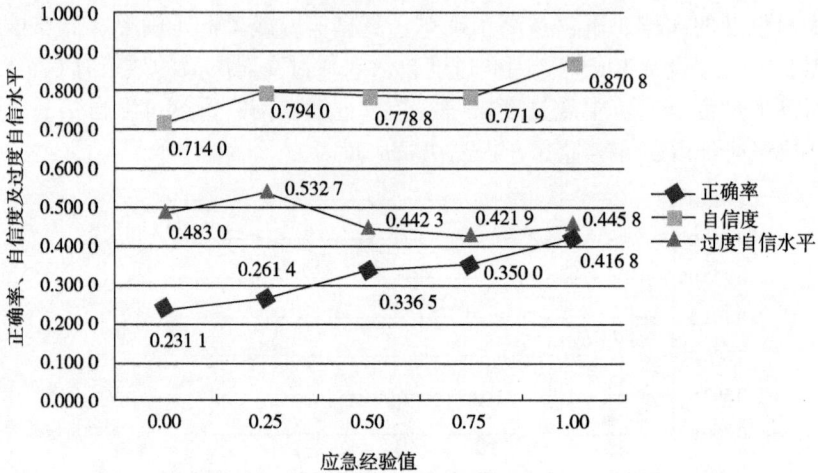

图 9-10 不同应急经验值下的决策行为

结论 9-8 应急经验的积累有助于提高应急管理者的决策正确率和自信度，降低其过度自信水平，提高整体的决策质量。

3. 个人特征与个体应急决策行为和风险态度之间的关系

选取样本分散的个人特征，分析该个人特征对应急决策行为及效果的影响，得到如表 9-22 所示的结果。

表 9-22 不同个人特征下的决策行为统计

个人特征	属性值	正确率	自信度	过度自信水平
性别	女	0.308 3 （0.157 2）	0.722 9 （0.151 3）	0.414 6 （0.198 1）
	男	0.293 9 （0.168 3）	0.782 9 （0.153 9）	0.487 4 （0.229 8）

续表

个人特征	属性值	正确率	自信度	过度自信水平
年龄	30 岁及以下	0.303 9 (0.112 8)	0.692 0 (0.160 6)	0.370 5 (0.170 7)
	31~40 岁	0.260 4 (0.180 1)	0.770 8 (0.153 5)	0.510 4 (0.230 6)
	41~49 岁	0.334 7 (0.156 8)	0.767 1 (0.125 0)	0.432 5 (0.196 4)
	50 岁及以上	0.282 3 (0.164 9)	0.800 4 (0.171 7)	0.518 1 (0.243 2)
受教育程度	本科	0.343 8 (0.184 9)	0.757 8 (0.232 2)	0.414 1 (0.318 2)
	研究生及以上	0.340 3 (0.160 3)	0.732 6 (0.175 3)	0.392 4 (0.195 2)
职务级别	高层领导	0.325 0 (0.182 9)	0.728 1 (0.210 1)	0.403 1 (0.255 6)
	中层领导	0.375 0 (0.079 1)	0.775 0 (0.134 6)	0.400 0 (0.192 0)
是否定期参与应急培训	是	0.284 6 (0.160 4)	0.739 4 (0.165 1)	0.452 1 (0.259 1)
	否	0.282 9 (0.163 9)	0.816 6 (0.122 8)	0.533 7 (0.169 9)

从表 9-22 中可以看出，性别对决策行为有一定影响，在应急决策自信度和过度自信水平上，男性要高于女性，但男性与女性的正确率相差不大，说明性别对决策效果的影响不大。随着年龄的增大，应急管理者的自信度逐渐上升，但正确率呈现出波动的趋势，因而过度自信水平也呈现波动的趋势，说明年龄对决策效果的影响没有规律性。本科生和研究生及以上学历的应急管理者在决策行为和决策效果上没有显著差异，说明受教育程度对决策行为和决策效果没有显著影响。职务级别对应急管理者正确率和自信度都有一定影响，但影响程度相同，因此对应急管理者的过度自信水平影响不大。定期参加应急培训，对于决策效果没有显著提升，但降低了应急管理者的自信度和过度自信水平，说明定期参加应急培训能有效减少应急管理者盲目自信。

根据被试个人特征对被试风险态度的数据进行分类统计，描述性统计结果如

表 9-23 所示。

表 9-23　不同个人特征下的风险态度系数

个人特征	属性值	γ 值	个人特征	属性值	γ 值
性别	男	0.645 7 (0.233 2)	单位性质	政府单位	0.557 6 (0.279 5)
	女	0.542 9 (0.2393 4)		事业单位	0.500 0 (0)
年龄	30 岁及以下	0.765 6 (0.066 3)		其他	0.900 0 (0.274 6)
	31~40 岁	0.644 4 (0.199 3)	职务级别	高层领导	0.529 0 (0.261 7)
	41~49 岁	0.628 6 (0.268 4)		中层领导	0.900 0 (0)
	50 岁及以上	0.596 3 (0.246 5)	单一地域	二线城市	0.656 5 (0.219 0)
婚姻状况	已婚	0.557 6 (0.279 5)		三线城市	0.638 7 (0.321 9)
受教育程度	本科	0.556 3 (0.191 3)		四线城市	0.651 1 (0.270 9)
	研究生及以下	0.579 8 (0.296 7)	两个地域	二线、四线城市	0.900 0 (0)
工作年限	五年至十年	0.500 0 (0)	三个地域	二线、三线、四线城市	0.356 3 (0)
	十年以上	0.580 4 (0.283 4)	定期培训	是	0.692 0 (0.371 9)
				否	0.592 4 (0.244 2)

　　风险态度测试的样本在某些个人特征的属性值中集中分布，因此部分个人特征的属性值缺失样本值或者样本量不足。其中，被试均为已婚，样本量不足的属性值有工作年限为五至十年，单位性质为事业单位及其他，职务级别为中层领导，同时处理过二线、四线城市的突发事件和同时处理过二线、三线、四线城市的突发事件。这些样本的统计具有偶然性，因此不用于统计分析。

　　从表 9-23 可以看出，女性相比于男性风险厌恶程度更强，说明性别特征对风险态度有一定影响；随着年龄的增长，风险厌恶程度逐渐增强，年龄特征对风险态度有影响，呈反向关系；本科生和研究生及以上的风险厌恶程度差不多，倾向于风险厌恶，说明受教育程度对于风险态度的影响不大；定期参与应急管理培训的应急管理者，其风险厌恶程度有所降低，说明定期应急培训对应急管理者的风险态度有正面影响。

结论 9-9　个人特征对应急决策质量无显著影响，但对决策者风险态度存在显著影响，其中性别、年龄、是否定期培训的影响较为显著。

4. 决策个体风险态度与过度自信水平的相关性分析

考虑到数据的取得不是成对从正态分布中获取的，且在逻辑范围内不一定等距，因此在进行相关性分析时，采用 Spearman 相关系数来代替 Pearson 线性相关系数，用来度量风险态度与过度自信水平，以及应急经验值之间的联系强弱。

为研究风险态度与过度自信水平之间的相关关系，对被试的风险态度与过度自信水平进行 Spearman 相关性分析（表 9-24）。

表 9-24　Spearman 相关性分析

指标	应急经验值	过度自信水平	风险态度
应急经验值	1.000	-0.128	-0.138
过度自信水平		1.000	0.271
风险态度			1.000

注：在置信度（双测）为 0.1 时，相关性是显著的

在置信度 0.1 的情况下，过度自信水平与风险态度不显著相关；应急经验值与过度自信水平、应急经验值与风险态度都不显著线性相关。这说明风险态度对应急决策行为没有显著影响，验证了 Blavatskyy（2009）的研究，即个体决策者的自身知识的自信程度不依赖于其对风险或者不确定性的态度。应急经验值与风险态度和过度自信水平不存在必然的联系。因此接受假设 9-10。

结论 9-10　应急管理者的风险态度与其过度自信水平之间不存在显著相关关系。

9.4.4　讨论

本节创新之处体现在以下几个方面：①考虑了应急管理者的经验积累对应急决策行为的影响作用；②将过度自信研究引入应急管理领域，并将其与应急管理者的风险态度进行了联系。在分析探究过程中，我们发现，过度自信水平越高，其决策正确率越低，同时其自信度越高，且不存在同方向变动的情况，因此过度自信水平过高对决策的效果存在负面影响。在进一步考虑应急经验的影响作用时，我们发现，随着应急管理者经验的累加，其应急经验越丰富，越会显著提高其应急决策的正确率和自信度，其过度自信水平大致呈现下降趋势，决策更趋向于理性判断，提升决策质量。而在风险态度的探究中，我们发现性别特征对决策个体的风险态度有影响，女性相比于男性更厌恶风险；年龄特征与风险态度呈反向关

系，年龄越大，风险厌恶程度越强烈；定期参加应急培训会缓解应急管理者的风险厌恶程度。同时，我们在分析中验证了 Blavatskyy（2009）的研究，即个体决策者的自身知识的自信程度不依赖于其对风险或者不确定性的态度，也就是说，应急经验值与风险态度和过度自信水平不存在必然的联系。

本节分析探究得到的结论说明，为了提高应急情景下应急管理者的决策质量，避免过度自信水平造成的负面影响，应急管理部门应当编制完备的应急预案，指导应急管理者的决策行为，对评价为高度过度自信（中度过度自信、较重过度自信、重度过度自信）的应急管理者有完备的引导、监督决策的机制。应急管理者除了通过参与突发事件处理来积累相应的应急经验，还可以通过实际案例分析、交流，以及定期参与应急培训来获取一定的应急经验，提升决策的正确率及对决策制定判断的合理性。

本节采用情景实验的方式来进行研究，考察了应急管理者在各情景状态下的应急行为，但情景实验问卷与实际突发事件处理存在一定差距，仍然不能完全模拟应急管理者在突发事件处理中的决策行为与心理状态。此外，由于被试自身身份、问卷发放时间的限制，被试在填写实验问卷时可能存在不认真的心态，实验收集到的数据与实际情况存在偏差，且由于问卷发放存在一定的困难，收集到的样本量有限，有一些潜在的相关关系没有显现出来。在未来的研究中，我们将选取范围更广的被试，设计更能模拟实际应急情景的实验，收集更充足的样本量进行进一步的分析，挖掘出潜在的相关关系，得到更可靠且更具普遍性的结论。

参 考 文 献

安伟，王永刚，王新怡，等.2010.中国近海海上溢油预测与应急决策支持系统研发，海洋科学，
　　34（11）：78-83.

白旭.2011.基于QSIM模拟的北京市文化设施配置指标体系问题研究.东方企业文化，（4）：41.

蔡晓红，邓娜丽，代晓庆，等.2014.推理能力、认知方式和启发量对顿悟问题解决不同阶段的
　　影响.心理与行为研究，12（4）：484-489.

曹贵康，杨东，张庆林.2006.顿悟问题解决的原型事件激活：自动还是控制.心理科学，29（5）：
　　1123-1127.

曹杰，朱莉.2014.考虑决策偏好的城市群应急协调超网络模型.管理科学学报，17（11）：33-42.

陈波.2009.风险态度对回乡创业行为影响的实证研究.管理世界，（3）：84-91.

陈军.2009.归因风格、时间压力对决策信息加工的影响.心理科学，（6）：1445-1447.

陈小君，林晓言.2014.交通基础设施应急疏散管理机制研究——前景理论与时空分析的融合视
　　角.经济与管理研究，（8）：71-80.

陈英，顾国昌.2008.基于领域本体的数据挖掘服务发现算法.计算机工程与应用，（18）：150-156.

陈长坤，孙云凤，李智.2009.冰雪灾害危机事件演化及衍生链特征分析.灾害学，（3）：18-21.

程铁军，吴凤平，李锦波.2014.基于累积前景理论的不完全信息下应急风险决策模型.系统工
　　程，32（4）：70-75.

褚宏睿，冉伦，李金林，等.2014.带有回购和缺货惩罚的损失厌恶报童问题.管理评论，（4）：
　　101-110.

达世敏.2008.基于案例推理的应急决策支持研究.上海交通大学硕士学位论文.

丁杰.2012.基于案例推理的突发公共卫生事件应急决策方法研究.合肥工业大学硕士学位论文.

董立岩，李真，王利民，等.2009.突发公共事件应急平台系统研究.吉林大学学报，27（4）：
　　377-382.

段军，戴居丰.2006.案例修正方法研究.计算机工程，32（6）：1-3.

樊治平，刘洋，沈荣鉴.2012.基于前景理论的突发事件应急响应的风险决策方法.系统工程理
　　论与实践，32（5）：977-984.

范维澄.2007.国家突发公共事件应急管理中科学问题的思考和建议.中国科学基金，（2）：71-76.

范维澄，袁宏永. 2006. 我国应急平台建设现状分析及对策. 信息化建设，（9）：14-17.

冯百侠. 2006. 城市灾害应急能力评价的基本框架. 河北理工学院学报（社会科学版），6（4）：
　　210-212.

傅小兰. 2004. 探讨顿悟的心理过程与大脑机制——评罗劲的《顿悟的大脑机制》. 心理学报，
　　36（2）：234-237.

傅小兰. 2006. 表征、加工和控制在认知活动中的作用. 心理科学进展，14（4）：551-559.

高鹏飞，王鹏，郭亮，等. 2009. 流域水污染应急决策支持系统中模型系统研究. 哈尔滨工业大
　　学学报，41（2）：92-96.

高珊，张剑岚，董存祥，等. 2010. 应急资源本体模型研究. 计算机应用研究，27（4）：1349-1351.

高田. 2011. 基于领域知识的旅游突发事件状态评估与演化研究. 北京邮电大学博士学位论文.

耿雪霏，刘凯，王德占. 2007. 供应链风险的模糊综合评价. 物流技术，26（8）：164-167.

海波，童星. 2009. 应急能力评估的理论框架. 中国行政管理，（4）：33-37.

韩传峰，王兴广，孔静静. 2009. 非常规突发事件应急决策系统动态作用机理. 软科学，23（8）：
　　50-53.

韩智勇，翁文国，张维，等. 2009. 重大研究计划"非常规突发事件应急管理研究"的科学背景、
　　目标与组织管理. 中国科学基金，（4）：214-220.

郝琳娜，郑海超，侯文华. 2015. 基于损失规避的创新竞赛参与者的行为决策研究. 系统工程理
　　论与实践，35（11）：2773-2784.

郝云宏，殷西乐，包兴. 2014. 决策者过度自信对运作系统应急能力恢复的影响研究. 软科学，
　　28（12）：60-64.

何守才，周龙骧，唐世渭，等. 2004-12-30. 数据库百科全书. http://xuewen.cnki.net/read-R20110907
　　80000291.html.

黑川纪章. 2004. 共生的时代. 城乡建设，（7）：21-22.

侯玉梅，许成媛. 2011. 基于案例推理法研究综述. 燕山大学学报（哲学社会科学版），12（4）：
　　102-107.

胡斌，董升平. 2005. 人群工作行为定性模拟方法. 管理科学学报，（4）：77-85.

胡斌，殷芳芳. 2005. 集成 CA 与 QSIM 的非正式组织群体行为演化的定性模拟. 中国管理科学，
　　（10）：130-136.

胡锦丽. 2007. 二次挖掘的关联规则增量更新算法. 福建商业高等专科学校学报，（1）：99-102.

胡伟国，胡瑜. 2009. 时间压力对风险决策中框架效应的影响. 心理科学，32（3）：694-696.

胡晓鹏. 2008. 产业共生：理论界定及其内在机理. 中国工业经济，（9）：118-128.

花崎皋平. 1993. 主体性与共生的哲学. 东京：筑摩书房.

黄建宏. 2009. 社会突发事件概念、特征与研究价值. 学理论，（23）：54-56.

黄凯南. 2009. 演化博弈与演化经济学. 经济研究，（2）：132-145.

黄卫东，吴美蓉，洪小娟. 2015. 基于本体的食品安全应急管理知识表示研究. 计算机技术与发

展，25（3）：223-227.

贾传亮，池宏，孙颖，等. 2007. 基于 QSIM 算法的突发事件应急处置过程模拟研究. 中国管理科学，（10）：740-744.

贾海彦，韩琭. 2013. 公共财政与养老金制度的共生风险：一个防范框架. 改革，（10）：87-93.

姜付秀，伊志宏，苏飞，等. 2009. 管理者背景特征与企业过度投资行为. 管理世界，（1）：130-139.

柯青松. 2009. 时间压力对偏好反转的影响. 山东理工大学学报，25（3）：94-97.

雷雪，侯人华，曾建勋. 2014. 关联规则在领域知识推荐中的应用研究. 情报理论与实践，34（12）：66-70.

李华. 2008. 基于本体的应急领域知识表示与复用研究. 天津大学博士学位论文.

李慧嘉，马英红. 2009. 加权局域网络上的病毒传播行为研究. 计算机工程与应用，（35）：80-84.

李霁. 2012. 不同调节定向对个体顿悟问题解决的影响研究. 苏州大学硕士学位论文.

李玲. 2011. 心理距离和认知风格对顿悟问题解决的影响. 西北师范大学硕士学位论文.

李纾，饶俪琳，许洁虹. 2010. 冒风险的决策者：聪明乎？糊涂乎. 上海管理科学，32（3）：32-37.

李卫. 2008. 领域知识的获取. 北京邮电大学博士学位论文.

李雄飞，刘远光，郭励焕，等. 2002. 二次挖掘相联规则算法. 吉林大学学报（工学版），32（2）：73-77.

李亚丹，马文娟，罗俊龙，等. 2012. 竞争与情绪对顿悟的原型启发效应的影响. 心理学报，44（1）：1-13.

李永利，邵良杉，刘拴宏. 2014. 煤矿突发事件的 CBR 预测. 辽宁工程技术大学学报（自然科学版），33（7）：902-906.

李志宏，何济东，吴鹏飞，等. 2007. 突发性公共危机信息传播模式的时段性特征及管理对策. 图书情报工作，（10）：88-91.

梁昌勇，黄梯云，杨善林. 2000. QSIM 算法的改进及其对凯恩斯模型的模拟应用. 预测，（5）：40-43.

刘爱喜. 2009. 基于领域知识的数据库模式匹配技术研究. 哈尔滨工程大学硕士学位论文.

刘德海. 2005. 信息交流在群体性突发事件处理中作用的博弈分析. 中国管理科学，（3）：95-102.

刘德海，尹丽娟. 2012. 基于情境分析的城市拆迁突发事件的博弈均衡演化模型. 管理评论，24（5）：154-159.

刘慧，李增扬，陆君安. 2006. 局域演化的加权网络模型. 复杂系统与复杂性科学，（3）：36-43.

刘匡宇. 2012. 面向 HTN 规划的应急领域知识建模. 华中科技大学硕士学位论文.

刘群，李素建. 2002. 基于《知网》的词汇语义相似度计算. Computational Linguistics and Chinese Language Processing，7（2）：59-76.

刘士兴，张永明，袁非牛，等. 2007. 城市公共安全应急决策支持系统研究. 安全与环境学报，7（2）：140-143.

刘双印，徐龙琴. 2011. 基于改进覆盖算法和灰色关联度的案例检索. 计算机工程，（7）：169-171.

刘铁民. 2006. 重大事故动力学演化. 中国安全生产科学技术,（6）: 3-6.

刘霞, 严晓. 2011. 突发事件应急决策生成机理、环节、要素及序列加工. 上海行政学院学报,（7）: 37-43.

刘祥. 2014. 基于马尔科夫逻辑网的领域知识学习与更新技术研究. 哈尔滨工业大学硕士学位论文.

刘效广, 杨乃定. 2013. 突发事件应急决策中的首因效应研究. 中国安全科学学报, 23（11）: 170-176.

刘新建, 陈晓君. 2009. 国内外应急管理能力评价的理论与实践综述. 燕山大学学报, 33（3）: 271-274.

刘怡君, 顾基发. 2011. 基于 QSIM 算法的舆论主体行为模拟研究. 管理评论,（9）: 86-92.

卢斌, 沈俊, 邓明然, 等. 2014. 民间金融共生特性分析及其共生风险监控. 武汉理工大学学报（信息与管理工程版）, 36（3）: 410-413.

罗成琳, 李向阳. 2009. 突发性群体事件及其演化机理分析. 中国软科学,（6）: 163-169.

罗劲. 2004. 顿悟的大脑机制. 心理学报, 36（2）: 219-234.

罗劲. 2005. 顿悟由何而来. 科学世界,（1）: 77-81.

罗琴. 2007. 基于数据挖掘和案例推理的知识管理系统. 合肥工业大学硕士学位论文.

孟锦, 蒋黎明, 李千目, 等. 2011. 基于模块耦合性的风险关联性研究. 兵工学报, 32（2）: 217-224.

苗海珍. 2014. 案例推理研究综述. 曲阜师范大学学报, 40（3）: 59-62.

聂其阳, 罗劲. 2012. "啊哈!"和"哈哈!": 顿悟与幽默的脑认知成分比较. 心理科学进展, 20（2）: 219-227.

彭浩. 2013. 基于案例推理的水污染应急决策评估系统. 合肥工业大学硕士学位论文.

钱文, 刘明. 2006. 顿悟研究及顿悟与智力超常的关系. 心理科学,（1）: 112-113.

秦明兰. 2009. 当前群体性突发事件的特点及成因分析. 经营管理者,（5）: 110.

裘江南, 王雪华. 2016. 突发事件应急知识管理的模型与方法. 北京: 科学出版社.

裘江南, 王延章, 黄磊磊, 等. 2011. 基于贝叶斯网络的突发事件预测模型. 系统管理学报, 20（1）: 98-103.

裘江南, 刘丽丽, 董磊磊. 2012. 基于贝叶斯网络的突发事件链建模方法与应用. 系统工程学报, 27（6）: 739-750.

任国防, 邱江, 曹贵康, 等. 2007. 顿悟: 是进程监控还是表征转换. 心理科学, 30（5）: 1265-1268.

任凯, 浦金云. 2010. 基于案例属性特征区间相似度的改进算法研究. 控制与决策,（2）: 307-320.

荣莉莉, 杨永俊. 2009. 一种基于知识供需匹配的预案应急能力评价方法. 管理学报,（12）: 1643-1647.

荣莉莉, 张继永. 2012. 突发事件的不同演化模式研究. 自然灾害学报,（3）: 2-6.

邵祖峰, 胡斌. 2004. 企业员工素质-绩效关系定性模拟. 中国管理科学,（10）: 388-391.

佘廉, 蒋珩. 2007. 区域突发公共事件应急联动体系亟待建设. 武汉理工大学学报（社会科学版）, 20（5）: 595-598.

余廉，雷丽萍. 2008. 我国巨灾事件应急管理的若干理论问题思考. 武汉理工大学学报（社会科学版），21（4）：470-475.

余廉，张明红，黄超. 2015. 公共突发事件案例表达结构化模式探讨. 华南理工大学学报（社会科学版），17（6）：69-75.

沈汪兵，刘昌，张晶，等. 2011. 三字字谜顿悟的时间进程和半球效应：一项 ERP 研究. 心理学报，43（3）：229-240.

沈汪兵，刘昌，罗劲，等. 2012. 顿悟问题思维僵局早期觉察的脑电研究. 心理学报，44（7）：924-935.

沈汪兵，刘昌，袁媛，等. 2013. 顿悟类问题解决中思维僵局的动态时间特性. 中国科学，43（3）：254-262.

时晓霞. 2014. 顿悟的知识表征机制：学优生与学困生的比较. 曲阜师范大学硕士学位论文.

史培军，吕丽莉，汪明，等. 2014. 灾害系统：灾害群、灾害链、灾害遭遇. 自然灾害学报，23（6）：1-12.

史忠贤. 2013. 基于语义相似度的公共危机事件案例库检索方法研究. 兰州大学硕士学位论文.

宋占兵，朱天玲，王如君，等. 2014. 基于案例推理的油罐区重大事故应急资源配置技术. 中国安全生产科学技术，10（12）：75-79.

苏春宇. 2012. 应急决策支持系统中基于案例推理的应急响应方法的研究. 西安电子科技大学硕士学位论文.

孙康，廖貅武. 2006. 群体性突发事件的演化博弈分析：以辽东湾海蜇捕捞为例. 系统工程，（11）：14-16.

孙庆文，陆柳，严广乐，等. 2003. 不完全信息条件下演化博弈均衡的稳定性分析. 系统工程理论与实践，23（7）：11-16.

汤敏轩. 2004. 危机管理体制中的信息沟通机制——基于组织整合的流程分析. 江海学刊，（1）：105-111.

汤志伟，韩啸，李洁. 2015. 信息外部表征形式对个体决策框架效应的影响研究. 情报杂志，（3）：171-175.

唐辉，孙红月，李纾. 2011. 非常规突发事件应急决策的研究述评及新思路——发展指导性模型. 人类工效学，17（1）：78-82.

滕岩. 2006. 基于领域知识的智能信息检索研究. 山东大学硕士学位论文.

汪大海，何立军，玛尔哈巴·肖开提. 2012. 复杂社会网络：群体性事件生成机理研究的新视角. 中国行政管理，（6）：71-75.

汪维熙. 2012. 基于动态领域知识体系的信息采集方法及实现. 南京航空航天大学硕士学位论文.

王大玲，于戈，鲍玉斌，等. 2003. 一种面向数据挖掘预处理过程的领域知识的分类及表示. 小型微型计算机系统，24（5）：863-868.

王大伟. 2009. 时间压力、属性数量影响决策信息加工的研究. 山东师范大学学报（社会科学版），

54（6）：126-130.

王大伟，刘永芳. 2008. 归因风格、时间压力对购买决策影响的实验研究. 心理科学，31（4）：
　　905-908.

王光荣，朱凡钰. 2013. 情绪、性别和方案数量对危机决策的影响. 心理科学，36（1）：188-193.

王洪利，王刊良，张晓天，等. 2012. 时间压力和观察成本两者对决策者策略和满意度影响的试
　　验研究. 软科学，147（3）：122-127.

王凯. 2009. 基于案例推理的应急管理案例库构建方法研究. 上海交通大学硕士学位论文.

王亮，王应明. 2013. 基于前景理论的动态参考点应急决策方法研究. 中国管理科学，21（1）：
　　132-140.

王文俊，孟凡阔，王月龙，等. 2006. 基于本体的应急预案建模. 计算机工程，32（19）：170-172.

王先甲，全吉，刘伟兵. 2011. 有限理性下的演化博弈与合作机制研究. 系统工程理论与实践，
　　（1）：82-93.

王炎龙. 2010. 重大突发事件信息次生灾害的生成及治理. 四川大学学报（哲学社会科学版），
　　（6）：92-96.

王治莹，李勇建. 2015. 舆情传播与应急决策的结构化描述及其相互作用规律. 系统工程理论与
　　实践，35（8）：2064-2073.

温宁，刘铁民. 2011. 城市重大危机事件演化的动力学模型研究. 中国安全生产科学技术，（1）：
　　163-169.

温志强. 2005. 风险社会中突发事件的特征与处置理念探析. 防灾科技学院学报，（4）：12-16.

吴国斌. 2007. 突发公共事件扩散机理研究——以三峡坝区为例. 武汉理工大学博士学位论文.

吴志丹，赵琰. 2012. 基于数据挖掘和 WebGIS 的应急物流决策支持系统研究. 沈阳师范大学学
　　报（自然科学版），30（2）：227-231.

席建超，刘浩龙，齐晓波，等. 2007. 旅游地安全风险评估模式研究——以国内 10 条重点探险旅
　　游线路为例. 山地学报，25（3）：370-375.

夏承遗，刘忠信，陈增强，等. 2007. 局域世界网络上流行病传播的动态行为研究. 天津师范大
　　学学报（自然科学版），（2）：66-68.

夏功成，胡斌，张金隆. 2006. 基于定性模拟的员工离职行为预测. 管理科学学报，（8）：81-91.

夏烨. 2009. 情绪和决策身份对个体危机决策的作用研究. 吉林大学硕士学位论文.

谢华，罗强，黄介生. 2012. 基于三维 copula 函数的多水文区丰枯遭遇分析. 水科学进展，23（2）：
　　186-193.

谢力. 2004. 从信息处理角度看应对危机. 技术经济与管理研究，（6）：34-35.

邢强，周雪雯. 2007. 时间知觉对顿悟问题解决的影响研究. 广州大学学报，6（5）：87-90.

邢强，黄伟东. 2008. 认知负荷对顿悟问题解决的影响. 心理科学，31（4）：981-983.

邢强，陈军. 2009. 元认知监控和归纳意识对顿悟问题解决的影响. 心理科学，32（3）：706-708.

邢强，张忠炉. 2013. 字谜顿悟任务中限制解除和组块分解的机制及其原型启发效应. 心理学报，

45（10）：1061-1071.

徐本华. 2009. 加强人文关怀关注应激心理——应急管理中的心理问题讨论. 信阳师范学院学报，29（2）：38-41.

徐磊，李向阳，于明璐. 2013. 基于案例推理的应急决策贝叶斯网建模方法. 上海师范大学学报（自然科学版），42（3）：237-243.

许丹，李翔，汪小帆. 2006. 局域世界复杂网络中的病毒传播及其免疫控制. 控制与决策，21（7）：817-820.

晏谢飞，邹云. 2009. 应急控制中的阻隔控制策略. 系统工程学报，24（2）：129-135.

阳泽，谢韵梓. 2016. 特定消极情绪与他人在场对顿悟原型启发效应的影响. 西南大学学报（自然科学版），38（12）：120-127.

杨峰，张抗抗，徐如志，等. 2009. 基于本体的应急预案知识表示模型研究. 中国管理科学，（10）：664-667.

杨继君，吴启迪，程艳，等. 2008. 面向非常规突发事件的应急资源合作博弈调度. 系统工程，（9）：21-25.

杨继平，郑建君. 2009. 情绪对危机决策质量的影响. 心理学报，41（6）：481-491.

杨君锐. 2004. 频繁项目集二次挖掘方法研究. 系统工程与电子技术，26（11）：1701-1704.

姚海娟. 2006. 不同认知风格个体顿悟问题解决的发展研究. 天津师范大学硕士学位论文.

姚海娟，沈德立. 2005. 顿悟问题解决的心理机制的验证性研究. 心理与行为研究，3（3）：188-193.

姚杰，计雷，池宏. 2005. 突发事件应急管理中的动态博弈分析. 管理评论，17（3）：46-50.

尹剑，陆程敏，杨贵军. 2014. 判别分析与 Logistic 回归组合分类. 数理统计与管理，33（2）：256-265.

于本海，张金隆，邵良杉，等. 2008. 基于神经网络的软件项目案例相似度算法. 辽宁工程技术大学学报，（2）：113-116.

于泳红，汪航. 2005. 选项数量和属性重要性对决策中信息加工的影响. 应用心理学，11（3）：222-226.

虞和济，韩庆大，李沈，等. 2001. 设备故障诊断工程. 北京：冶金工业出版社.

袁纯清. 1998. 共生理论——兼论小型经济. 北京：经济科学出版社.

袁晓芳. 2011. 基于情景分析与 CBR 的非常规突发事件应急决策关键技术研究. 西安科技大学博士学位论文.

袁晓芳，李红霞，田水承. 2012. 煤矿重大瓦斯事故案例推理应急决策方法. 辽宁工程技术大学学报（自然科学版），31（5）：595-599.

袁辛奋，胡子林. 2005. 浅析突发事件的特征、分类及意义. 科技与管理，（2）：23-25.

袁艺，李宗卉. 2009. 博弈论的新发展：行为博弈论. 生产力研究，（2）：7-9.

袁占花. 1997. 基于本体论的应急系统知识库建模的研究. 太原理工大学硕士学位论文.

张健华，余建辉，洪元程. 2008. 基于共生理论的闽台旅游合作机制研究. 福建农林大学学报（哲学社会科学版），11（1）：58-61.

张恺. 2014. 基于案例推理的动态应急决策方法研究. 计算机工程与应用，（23）：56-60.

张磊. 2011. 突发环境事件信息公开，从信息管理开始. 绿叶，（4）：3.

张丽圆. 2014. 基于案例推理的煤矿瓦斯应急决策研究与应用. 中国矿业大学硕士学位论文.

张庆林，邱江. 2005. 顿悟与源事件中启发信息的激活. 心理科学，28（1）：6-9.

张庆林，邱江，曹贵康. 2004. 顿悟认知机制的研究述评与理论构想. 心理科学，27（6）：
　　1435-1437.

张卫星. 2013. 灾害链风险评估的概念模型——以汶川5·12特大地震为例. 地理科学进展，
　　32（1）：130-138.

张贤坤. 2012. 基于案例推理的应急决策方法研究. 天津大学硕士学位论文.

张欣，吴国蔚. 2009. 基于QSIM模拟的高校教师激励问题研究. 黑龙江高教研究，（8）：33-37.

张新爱，宗成华，张志红. 2012. 基于QSIM方法的C2C信用行为研究. 电子商务，（1）：109-110.

张英菊，仲秋雁，叶鑫，等. 2009. 基于案例推理的应急辅助决策方法研究. 计算机应用研究，
　　26（4）：1412-1415.

张友欣. 2015. 情绪调节对顿悟问题解决原型启发效应的影响. 西南大学硕士学位论文.

张云龙，刘茂. 2009. 应急救援中的应急决策. 中国公共安全（学术版），（1）：66-69.

张云翌，杨乃定，刘效广. 2013. 突发事件下决策者应激历程与心理压力调整研究. 西北工业大
　　学学报（社会科学版），33（2）：15-20.

张宗平. 2008. 一种更新关联规则的方法. 计算机工程，34（1）：64-65，68.

赵西萍，徐海波，张长征. 2002. 决策者行为风险分析模型研究. 西北大学学报，（10）：111-114.

赵晓慧，吴江，董红妮，等. 2010. 文本案例相似度计算方法. 西北大学学报，（12）：991-994.

郑晶，王应明，叶歆. 2014. 复杂数据情形下的应急案例相似度测算方法. 中国安全科学学报，
　　（7）：153-158.

郑晶，王应明，蓝以信. 2015. 考虑决策者心理行为的多时期应急决策方法. 系统科学与数学，
　　（5）：545-555.

周进军，李洪泉，邓云峰，等. 2009. 地震灾害综合应急能力评估研究. 中国安全生产科学技术，
　　（3）：56-60.

周新民. 2009. 提升领导者核心能力. 瞭望，（6）：92-96.

周艳春，李向阳，李卫华. 2010. 基于信任-承诺互动的渠道关系定性模拟研究. 运筹与管理，
　　19（1）：152-161.

朱海雪，杨春娟，李春福，等. 2012. 问题解决中顿悟的原型位置效应的fMRI研究. 心理学报，
　　44（8）：1025-1037.

朱丽雅. 2008. 关联规则算法研究与应用. 西南交通大学硕士学位论文.

邹永广，郑向敏. 2011. 旅游景区安全评价模型及实证研究. 中国安全科学学报，21（3）：
　　156-162.

Adamic L A, Lukose R M, Puniyani A R, et al. 2001. Search in power-law networks. Physical Review E, 64: 046135.

Akella M, Delmelle E M, Batta R. 2005. Base station location and channel allocation in a cellular network with emergency coverage requirements. European Journal of Operational Research, 164 (2): 301-323.

Akin Z. 2007. Time inconsistency and learning in bargaining games. International Journal of Game Theory, 36 (2): 275-299.

Albert R, Barabási A L. 2002. Statistical mechanics of complex networks. Reviews of Modern Physics, 74 (1) : 47.

Albert R, Jeong H, Barabási A L. 1999. Diameter of the world-wide web. Nature, 401: 130-131.

Allison G, Zelikow P. 1971. Essence of Decision: Explaining the Cuban Missile Crisis. Boston: Little Brown.

Anthony C, Wang J Z. 2005. Path finding under uncertainty. Journal of Advanced Transportation, 39 (1) : 19-37.

Ariely D, Zakay D. 2001. A timely account of the role of duration in decision making. Acta Psychologica, 108 (2): 187-207.

Arrow K J. 1971. Essays in the Theory of Risk Bearing. Chicago: Markham.

Asuncion M, Castillo L, Fdez-Olivares J, et al. 2005. SIADEX: an integrated planning framework for crisis action planning. AI Communications, 18 (4): 257-268.

Barabási A L. 2003. Linked: The New Science of Networks. Cambridge: Perseus.

Barabási A L, Albert R. 1999. Emergence of scaling in random networks. Science, 286: 509.

Barbarosoglu G, Arda Y. 2004. A two-stage stochastic programming framework for transportation planning in disaster response. Journal of Operational Research Society, 55: 43-53.

Bartczak A, Chilton S, Meyerhoff J. 2015. Wildfires in Poland: the impact of risk preferences and loss aversion on environmental choices. Ecological Economics, 116: 300-309.

Benartzi S, Thaler R. 1995. Myopic loss aversion and the equity premium puzzle. Quarterly Journal of Economic, (110): 75-92.

Benson L Ⅲ, Beach L R.1996. The effects of time constraints on the prechoice screening of decision options. Organizational Behavior and Human Decision Processes, 67 (2): 222-228.

Berg J E, Dickhaut J, McCabe K. 1995. Trust, reciprocity, and social history. Game and Economic Behavior, 10: 122-142.

Bernard B. 2005. The Secrets of Economic Indicators: Hidden Clues to Future Economic Trends and Investment Opportunities. Philadelphia: Wharton School Publishing.

Bichindaritz I, Marling C. 2006. Case-based reasoning in the health sciences. Artificial Intelligence in Medicine, 36 (2): 121-125.

Blais A R, Weber E U. 2006. A domain-specific risk-taking (DOSPERT) scale for adult populations. Judgment and Decision Making, 1: 33-47.

Blavatskyy P R. 2009. Betting on own knowledge: experimental test of overconfidence. Journal of Risk & Uncertainty, 38 (1): 39-49.

Brickley D, Hunter J, Lagoze C. 2011-03-15. ABC a logical model for metadata interoperability status of this document. http://www.ilrt.bris. ac.uk/discovery/harmony/docs/abc/abc_draft.html.

Burkholder B T, Michael T J. 1995. Evolution of complex disasters. The Lancet, 346 (8981): 1012-1015.

Burrell O K. 1951. Possibility of an experimental approach to investment studies. Journal of Finance, 6 (1): 211-219.

Camerer C F, Thaler R H. 1995. Ultimatums, dictators and manners. Journal of Economic Perspectives, (9): 209-219.

Canessa N, Crespi C, Motterlini M, et al. 2013. The functional and structural neural basis of individual differences in loss aversion. The Journal of Neuroscience, 33 (36): 14307-14317.

Cellier F E, Sanz V. 2009. Mixed quantitative and qualitative simulation in Modelica. Proceedings 7th Modelica Conference, Como, Italy: 86-95.

Chen G, Fan Z P, Li X. 2005. Modeling the complex Internet topology//Vattay G, Kocarev L. Complex Dynamics in Communication Networks. Berlin: Springer-Verlag.

Cheung D W, Han J, Ng V T, et al. 1996. Maintenance of discovered association rules in large databases: an incremental updating technique//Twelfth International Conference on Data Engineering: 106-114.

Chronicle E P, Macgregor J N. 2004. What makes an insight problem? The roles of heuristics, goal conception, and solution recording in knowledge-lean problems. Journal of Experimental Psychology: Learning, Memory, and Cognition, 30 (1): 14-27.

Cooke A D J, Meyvis T, Schwartz A. 2001. Avoiding future regret in purchase-timing decisions. Journal of Consumer Research, 27 (4): 447-459.

Dayhoff M O, Barker W C, Hunt L T. 1983. Establishing homologies in protein sequences. Methods in Enzymology, 91: 524-545.

de Bondt W F M, Thaler R H. 1994. Financial decision-making in markets and firms: a behavioral perspective. Handbooks in Operations Research and Management Science, 9: 385-410.

Demougin D, Fluet C, Helm C. 2006. Output and wages with inequality adverse agents. Canadian Journal of Economics, 39 (2): 399-413.

Diekmann O, Heesterbeek J A P. 2000. Mathematical Epidemiology of Infectious Disease: Model Building, Analysis and Interpretation. New York: John Wiley & Son Publisher.

Dufwenberg M, Kirchsteiger G. 2004. A theory of sequential reciprocity. Games and Economic

Behavior, 47 (2): 268-298.

Epstein R, et al. 1984. "insight" in Pigeon of insight and determination of an intelligent performance. Nature, 308: 61-62.

Falk A, Fischbacher U. 2006. A theory of reciprocity. Games and Economic Behavior, 54 (2): 293-315.

Fehr E, Schmidt K M. 1999. A theory of fairness, competition and co-operation. Quarterly Journal of Economics, 114: 817-868.

Friedman D. 1991. Evolutionary games in economics. Econometrica, 59 (3): 637-666.

Gambetta D. 1988. Trust: Making and Breaking Cooperative Relations. New York: Basil Blackwell Inc.

Gang Y, Tao Z, Jie W, et al. 2005. Epidemic spreading weighted scale-free networks. Chinese Physics Letters A, 22: 510-513.

Gervais S, Goldstein I. 2003. Overconfidence and team coordination. Ssrn Electronic Journal.

Gervais S, Heaton J B, Odean T. 2002. The positive role of overconfidence and optimism in investment policy. White Center for Financial I Research-Working Papers.

Griffin D, Tversky A. 1992. The weighing of evidence and the determinants of confidence. Cognitive Psychology, 24 (3): 411-435.

Grund C, Sliwka D. 2005. Envy and compassion in tournaments. Journal of Economics and Management Strategy, 14 (1): 187-207.

Guimera R, Mossa S, Turtschi A, et al. 2005. The worldwide air transportation network: anomalous centrality, community structure, and cities' global roles. Proceedings of the National Academy of Sciences, 102 (22): 7794-7799.

Gumel A B, Ruan S G, Day T, et al. 2004. Modeling strategies for controlling SARS outbreaks. Proceedings of the Royal Society B: Biological Sciences, 271 (1554) : 2223-2232.

Güth W, Schmittberger R, Schwarze B. 1982. An experimental analysis of ultimatum bargaining. Journal of Economic Behavior and Organization, 3 (4): 367-388.

Han L, Potter S, Beckett G, et al. 2010. Fire grid: an e-infrastructure for next-generation emergency response support. Journal of Parallel and Distributed Computing, 70 (11): 1128-1141.

Hayward M L A, Hambrick D C. 1997. Explaining the premiums paid for large acquisitions: evidence of CEO hubris. Administrative Science Quarterly, 42 (1): 103-127.

Herweg F, Schmidt K M. 2014. Loss aversion and inefficient renegotiation. Review of Economic Studies, (1): 1-38.

Hinriches T, Forbus K, Kleer J D, et al. 2011. Hybrid qualitative simulation of military operations. Proceeding of the Twenty-Third Innovation Applications of Artificial Intelligence Conference: 1655-1661.

Itoh H. 2004. Moral hazard and other-regarding preferences. Japanese Economic Review, 55: 18-55.

Janis I U. 1989. Crucial Decision: Leadership in Policy Making and Crisis Management. New York: Free Press.

Jones J H, Handcock M S. 2003. Sexual contacts and epidemic thresholds. Nature, 423: 605-606.

Jong H D, Geiselmann J, Batt G, et al. 2004a. Qualitative simulation of the initiation of sporulation in bacillus subtilis. Bulletin of Mathematical Biology, (66): 261-299.

Jong H D, Gouzé J, Hernandez C, et al. 2004b. Qualitative simulation of genetic regulatory networks using piecewise-linear models. Bulletin of Mathematical Biology, 66 (2): 301-340.

Kahneman D, Tversky A. 1979. Prospect theory: an analysis of decision under risk. Econometrica, 47 (2): 263-291.

Kaplan C A, Simon H A. 1990. In search of insight. Cognitive Psychology, 22: 374-419.

Keiber K L. 2002. Managerial compensation contracts and overconfidence. EFA Berlin Meetings Discussion Paper.

Kershaw T C, Olsson S. 2004. Multiple cases of difficulty in insight: the case of the nine-dot problem. Journal of Experimental Psychology: Learning, Memory, and Cognition, 30 (1): 3-13.

Klayman J, Soll J B, Gonzalez V C, et al. 1999. Overconfidence: it depends on how, what, and whom you ask. Organizational Behavior and Human Decision Processes, 79 (3): 216-247.

Knoblich G, Olsson S, Raney G E. 2001. An eye movement study of insight problem solving. Memory & Cognition, 29 (7): 1000-1009.

Kruger J. 1999. Lake Wobegon be gone! The "below-average effect" and the egocentric nature of comparative ability judgments. Journal of Personality and Social Psychology, 77 (2): 221.

Lagoze C, Hunter J. 2001. The ABC ontology and model. Journal of Digital Information, 2 (2): 160-176.

Laibson D. 1997. Golden eggs and hyperbolic discounting. Quqrterly Journal of Economics, 112 (2): 443-478.

Li C, Maini P K. 2005. Complex networks generated by the Penna bit-string model: emergence of small-world and assortative mixing. Physical Review E, 72: 045102.

Li S, Liu C J. 2008.Individual differences in a switch from risk-averse preferences for gains to risk-seeking preferences for losses: can personality variables predict the risk preferences. Journal of Risk Research, 11 (5): 673-686.

Li X, Chen G. 2003. A local world evolving network model. Physica A, 328: 274-286.

Li X, Jin Y Y, Chen G. 2003. Complexity and synchronization of the World Trade Web. Physica A, 328: 287-296.

Lichtenstein E. 1982. The smoking problem: a behavioral perspective. Journal of Consulting and

Clinical Psychology, 50 (6): 804.

Lin D Y M, Su Y L. 1998. The effect of time pressure on expert system based training for emergency management. Behaviour & Information Technology, 17 (4): 195-202.

Liu W, Song S, Li B, et al. 2015. A periodic review inventory model with loss-averse retailer, random supply capacity and demand. International Journal of Production Research, 53(12): 3623-3634.

Ma Y H, Li H J, Zhang X D. 2009. Strength distribution of a noval weighted local-world network. Physica A, 388: 4669-4677.

Malmendier U, Tate G. 2005. CEO overconfidence and corporate investment. Journal of Finance, 60 (6): 2661-2700.

Maule A J, Svenson O. 1993. Time Pressure and Stress in Human Judgment and Decision Making. Berlin: Springer.

Mazur J E.1987. An adjusting procedure for studying delayed reinforcement. Quantitative Analyses of Behavior, 5: 55-73.

McMullan C K. 1997. Crisis: when does a molehill become a mountain. Disaster Prevention and Management, 6 (1): 4-10.

Mendonca D, Wallace W A. 2007. A cognitive model of improvisation in emergency management. IEEE Transaction on Systems, Man, and Cybernetics, Part A: Systems and Humans, 37 (4): 547-571.

Milgram S. 1967. The small-world problem. Psychol Today, 2: 60-67.

Mitroff I. 2001. Managing Crises Before Happen. New York: American Management Association.

Monasson R. 1999. Diffusion, localization and dispersion relations on "small-world" lattices. The European Physical Journal B, 12: 555-567.

Murray J D. 1993. Mathematical Biology. Berlin: Springer-Verlag.

Newman M E J, Watts D J. 1999a. Scaling and percolation in the small-world network model. Physical Review E, 60: 7332-7342.

Newman M E J, Watts D J. 1999b. Renormalization group analysis of the small-world network model. Physical Review E, 263: 341-346.

Newman M E J, Girvan M. 2004. Finding and evaluating community structure in networks. Physical Review E, 69: 026113.

Odean T. 1998. Volume, volatility, price, and profit when all traders are above average. Journal of Finance, 53: 1887-1934.

Odean T. 1999. Do investors trade too much. American Economic Review, 89: 1279-1298.

Ordonez L D, Benson L Ⅲ. 1997. Decisions under time pressure: how time constraint affects risky decision making. Organization Behavior and Human Decision Processes, 71: 121-140.

Paserman M D. 2008. Job search and hyperbolic discounting. The Economic Journal, 531: 1418-1452.

Pastor-Satorras R, Vespignani A. 2001. Epidemic dynamics and endemic states in complex networks. Physical Review E, 63: 066117.

Paton D, Smith L, Violanti J. 2000. Disaster response: risk, vulnerability and resilience. Disaster Prevention and Management, 9 (3): 173-180.

Pauwels N, van de Walle B, Hardeman F. 2000. The implications of irreversibility in emergency response decisions. Theory and Decision, 49 (1): 25-51.

Petrov S V, Petrov V F. 2007. Hydrolysis of cyanides in aqueous solutions. Russian Journal of Inorganic Chemistry, 52 (5) : 793-795.

Prelec D. 1998. The probability weighting function. Econometrica, 66 (3): 497-528.

Qing S, Wen W. 2005. A survey and trends on internetworms. Computers & Security, 24 (4) : 334-346.

Rabin M. 1993. Incorporating fairness into game theory and economics. American Economic Review, 83 (5): 1281-1302.

Ren Y, Croson R. 2013. Overconfidence in newsvendor orders: an experimental study. Management Science, 59 (11): 2502-2517.

Roth A E. 1995. Bargaining experiments//Kagel J, Roth A. Handbook of Experimental Economics. Princeton: Princeton University Press.

Samuelson P. 1937. A note on measurement of utility. Review of Economic Studies, 4 (2): 155-161.

Savage L J. 1954. The Foundations of Statistics. New York: Wiley.

Schmidt U, Starmer C, Sugden R. 2008. Third-generation prospect theory. Journal of Risk and Uncertainty, 36 (3): 203-223.

Schweitzer M E, Cachon G P. 2000. Decision bias in the newsvendor problem with a known demand distribution: experimental evidence. Management Science, 46 (3): 404-420.

Serafini P. 2006. Dynamic programming and minimum risk paths. European Journal of Operational Research, 175 (1): 224-237.

Shaluf I M. 2003. Technological disaster's criteria and models. Disaster Prevention and Management, 12 (4): 305-311.

Simon H A. 1956. Rational choice and the structure of the environment. Psychological Review, 63 (2): 129-138.

Simon H A, Hout T M. 1976. Administrative Behavior—A Study of Decision Making Processes in Administrative Organization. New York: Free Press.

Snizek J A, Buckley T. 1995. Cueing and cognitive conflict in judge-advisor decision making. Organizational Behavior and Human Decision Processes, 62 (10): 159-174.

Statman M, Thorley S, Vorkink K. 2006. Investor overconfidence and trading volume. Review of Financial Studies, 19 (4): 1531-1565.

Strogatz S H. 2001. Exploring complex networks. Nature, 410: 268-276.

Surdeanu M, Harabagiu S, Williams J, et al. 2003. Using predicate-argument structures for information extraction. Proceedings of ACL, 1: 8-15.

Svenson O, Edland A. 1987. Change of preferences under time pressure: choices and judgments. Scandinavian Journal of Psychology, (28): 322-330.

Svenson O, Edland A, Slovic P. 1990. Choices and judgments of incompletely described decision alternatives under time pressure. Acta Psychologica, 75: 153-169.

Tanaka T, Camerer C F, Nguyen Q. 2006. Poverty, politics, and preferences: field experiments and survey data from Vietnam. Levines Bibliography, 38.

Tanaka T, Camerer C F, Nguyen Q. 2010. Risk and time preferences: linking experimental and household survey data from Vietnam. American Economic Review, 100 (1): 557-571.

Tate A. 2003. <I-N-C-A>: an ontology for mixed-initiative synthesis tasks. Proceedings of the Workshop on Mixed-Initiative Intelligent Systems, Acapulco: 125-130.

Thaler R. 1981. Some empirical evidence on dynamic inconsistency. Economics Letters, 8 (3): 201-207.

Tversky A, Kahneman D. 1991. Loss aversion in riskless choice: a reference-dependent model. The Quarterly Journal of Economics, 106 (4): 1039-1061.

Tversky A, Kahneman D. 1992. Advances in prospect theory: cumulative representation of uncertainty. Journal of Risk and Uncertainty, (5): 297-323.

Tversky A, Fox C R. 1995. Weighting risk and uncertainty. Psychological Review, 102 (2): 269-283.

Vlaev I, Kusev P, Stewart N, et al. 2010. Domain effects and financial risk attitudes. Risk Analysis, 30 (9): 1374-1386.

von Neumann J, Morgenstern O. 1944. Theory of Games and Economic Behavior. Princeton: Princeton University Press.

Wang W X, Wang B H, Hu B, et al. 2005. General dynamics of topology and traffic on weighted technological networks. Physical Review Letters, 94 (18): 188702.

Watts D J. 2003. Six Degrees: The Science of a Connected Age. New York: Norton.

Watts D J, Strogatz S H. 1998. Collective dynamics of small-world networks. Nature, 393(6684): 440.

Watts D J, Dodds P S, Newman M E J. 2002. Identity and search in social networks. Science, 296: 1302-1305.

Weber E U, Ann-Renee B, Betz N E. 2002. A domain-specific risk-attitude scale: measuring risk perceptions and risk behaviors. Journal of Behavioral Decision Making, 15: 263-290.

Weening M W H, Maarleveld M. 2002. The impact of time constraint on information search strategies in complex choice tasks. Journal of Economic Psychology, 23 (6): 689-702.

Yaniv I. 2004. The benefit of additional opinions. Current Directions in Psychological Science, 13: 75-78.

Zakay D, Wooler S. 1984. Time pressure, training and decision effectiveness. Ergonomics, 27: 273-284.

附　　录

附录 1　常识性题目（部分）

本部分共有 60 道来自六个领域三种难度的题目，在此列举十道。

3. "生当作人杰，死亦为鬼雄，至今思项羽，不肯过江东。"为哪位诗人的作品？（B）

A. 李商隐　B. 李清照

对于所选答案，你认为正确的概率是_____（50%~100%）

10. 张艺谋总导演的《印象刘三姐》山水实景演出地是在哪个城市？（A）

A. 桂林　B. 云南

对于所选答案，你认为正确的概率是_____（50%~100%）

16. 带领中国国家足球队打入 2002 年世界杯的外籍主教练是哪一位？（A）

A. 米卢　B. 萨米尔

对于所选答案，你认为正确的概率是_____（50%~100%）

25. 下列地点与电影奖搭配不正确的是（B）

A. 戛纳—金棕榈　B. 柏林—圣马克金狮

对于所选答案，你认为正确的概率是_____（50%~100%）

28. 感冒忌用下列哪一种食物（A）

A. 海鱼　B. 豆浆

对于所选答案，你认为正确的概率是_____（50%~100%）

38. 在烈日下或高温环境中工作容易中暑，中暑者先有头痛、眩晕、心悸、恶心等症状，随即出汗停止，（B），如不及时抢救可致昏迷而死亡。

A. 体温下降　B. 体温上升

对于所选答案，你认为正确的概率是_____（50%~100%）

40. 发生海啸时，航行在海上的船只不可以回港或靠岸，应该马上驶向（A）

A. 深海区　B. 浅海区

对于所选答案，你认为正确的概率是_____（50%~100%）

48. 自然界中，有"智慧元素"之称的是（B）

A. 铁　B. 碘

对于所选答案，你认为正确的概率是_____（50%~100%）

51. 电影《龙门飞甲》的导演是谁？（A）

A. 徐克　B. 张艺谋

对于所选答案，你认为正确的概率是_____（50%~100%）

54. 围棋是发源于中国的传统智力项目，它的最高级别是几段？（A）

A. 九段　B. 十段

对于所选答案，你认为正确的概率是_____（50%~100%）

附录 2　应急决策知识库（部分）

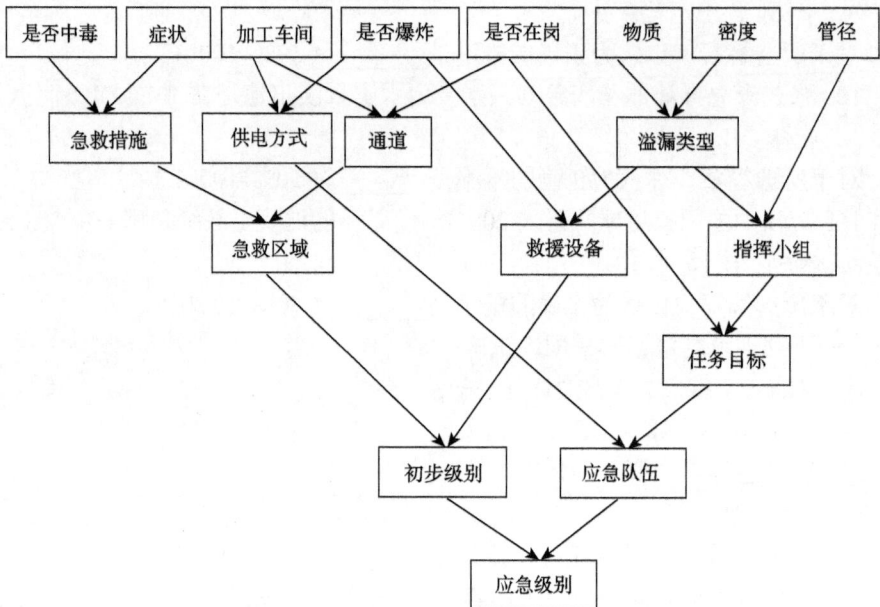

规则关系图

共有 11 组 46 条决策规则，我们在附录中列举两组。

第七组：

Rule 20：IF（溢漏管径>10 毫米）AND（溢漏类型为 A）

THEN（成立临时应急指挥小组 C1）

Rule 21：IF（溢漏管径<10 毫米）AND（溢漏类型为 A）

THEN（成立临时应急指挥小组 C2）

Rule 22：IF（溢漏管径>20 毫米）AND（溢漏类型为 B）

THEN（成立临时应急指挥小组 C1）

Rule 23：IF（溢漏管径<20 毫米）AND（溢漏类型为 B）

THEN（成立临时应急指挥小组 C2）

第十组：

Rule 31：IF（安排现场工人到红色急救区域）AND（配备救援设备 B）

THEN（这次溢漏事故的应急级别为 A 或 B）

Rule 32：IF（安排现场工人到红色急救区域）AND（配备救援设备 A）

THEN（这次溢漏事故的应急级别为 B 或 C）

Rule 33：IF（安排现场工人到黄色急救区域）AND（配备救援设备 B）

THEN（这次溢漏事故的应急级别为 C 或 D）

Rule 34：IF（安排现场工人到黄色急救区域）AND（配备救援设备 A）

THEN（这次溢漏事故的应急级别为 D 或 E）

附录 3　应急决策题目（部分）

共十二道题，其中包括两道让被试者熟悉规则的题目，在此列举三题。

情景 2：

【问题】根据下列事实，请确定这次溢漏事故的应急级别为 A、B、C、D，还是 E?

【事实】溢漏发生在芯片加工车间内；溢漏物质是氯气；值夜班的员工缺勤；溢漏面积<10 毫米；现场员工已中毒；事故现场发生明火爆炸；溢漏密度>5×10^{-6} 千克/米^3；中毒者出现血液循环问题。

情景 6：

【问题】根据下列事实，请确定这次溢漏事故的应急级别为 A、B、C、D，还是 E?

【事实】溢漏发生在芯片加工车间内；溢漏物质是氯气；值夜班的员工缺勤；溢漏面积>10 毫米；现场员工已中毒；事故现场发生明火爆炸；溢漏密度>5×10^{-6} 千克/米^3；中毒者出现呼吸困难症状。

情景 11：

【问题】根据下列事实，请确定这次溢漏事故的应急级别为 A、B、C、D，还是 E?

【事实】溢漏发生在晶片加工车间内；溢漏物质是氯气；值夜班的员工缺勤；溢漏面积>10 毫米；现场员工已中毒；事故现场没有明火爆炸；溢漏密度>5×10^{-6} 千克/米^3；中毒者出现血液循环问题。

附录 4　风险态度量表的应急领域题目

1. 发现农田害虫数量异常时不打农药防灾。

	1	2	3	4	5	6	7	
极不可能	□	□	□	□	□	□	□	极有可能

2. 遇到泥石流突发逃生时不愿丢弃影响奔跑速度的贵重物品。

	1	2	3	4	5	6	7	
极不可能	□	□	□	□	□	□	□	极有可能

3. 生产机器出现故障时自行修理。

	1	2	3	4	5	6	7	
极不可能	□	□	□	□	□	□	□	极有可能

4. 海上原油泄漏后不对周围未受污染海域的海洋生物进行品质检验。

	1	2	3	4	5	6	7	
极不可能	□	□	□	□	□	□	□	极有可能

5. 夜晚在治安不好之地独自走回家。

	1	2	3	4	5	6	7	
极不可能	□	□	□	□	□	□	□	极有可能

6. 医院突然诊断出一种新型急性病，但由于患者较少不确定其传染性而暂不隔离病人。

	1	2	3	4	5	6	7	
极不可能	□	□	□	□	□	□	□	极有可能

7. 在观看大型比赛发生骚乱拥挤时，逆着人流返回找东西。

	1	2	3	4	5	6	7	
极不可能	□	□	□	□	□	□	□	极有可能

8. 夜间遭遇入室盗窃，直接与盗贼正面对抗。

	1	2	3	4	5	6	7	
极不可能	□	□	□	□	□	□	□	极有可能

附录5　四个领域的风险态度情境及量表（仅附自然灾害领域）

　　你正在进行的项目接到气象局通知，未来半小时将有一次大的强降雨，水库由于水位太高，急需泄洪，需要迅速转移现场的机械设备、材料，采取一切办法排除现场积水，力争将损失减少到最低程度。你作为应急小组负责人，安排小组人员有序进入现场转移设备、材料，得知洪水马上到达，但设备等还未转移完毕。如果你有两种转移方案选择，"挽救确定数额的财产"，或者"有可能挽救财产，有可能空手而返"，你会选择哪一个呢？

　　下表中的 A、B 分别代表了上述两类选择：A 会保证你挽救确定数额的财产；B 表示你得到的结果是不确定的，请你想象在现实中做决策，从 16 组方案中分别勾出你想要做出的选择。

1.A：100%挽救财产 2 万元 B：20%挽救财产 200 万元，80%挽救财产 0 元	9.A：100%挽救财产 50 万元 B：20%挽救财产 600 万元，80%挽救财产 0 元
2.A：100%挽救财产 32 万元 B：40%挽救财产 200 万元，60%挽救财产 0 元	10.A：100%挽救财产 190 万元 B：40%挽救财产 600 万元，60%挽救财产 0 元
3.A：100%挽救财产 92 万元 B：60%挽救财产 200 万元，40%挽救财产 0 元	11.A：100%挽救财产 140 万元 B：60%挽救财产 600 万元，40%挽救财产 0 元
4.A：100%挽救财产 152 万元 B：80%挽救财产 200 万元，20%挽救财产 0 元	12.A：100%挽救财产 384 万元 B：80%挽救财产 600 万元，20%挽救财产 0 元
5.A：100%挽救财产 54 万元 B：20%挽救财产 400 万元，80%挽救财产 0 元	13.A：100%挽救财产 32 万元 B：20%挽救财产 800 万元，80%挽救财产 0 元
6.A：100%挽救财产 30 万元 B：40%挽救财产 400 万元，60%挽救财产 0 元	14.A：100%挽救财产 196 万元 B：40%挽救财产 800 万元，60%挽救财产 0 元
7.A：100%挽救财产 144 万元 B：60%挽救财产 400 万元，40%挽救财产 0 元	15.A：100%挽救财产 422 万元 B：60%挽救财产 800 万元，40%挽救财产 0 元
8.A：100%挽救财产 284 万元 B：80%挽救财产 400 万元，20%挽救财产 0 元	16.A：100%挽救财产 422 万元 B：80%挽救财产 800 万元，20%挽救财产 0 元

附录6　设计实验三选项的 γ 值

自然灾害	事故灾难	公共卫生	社会安全
0.35	0.80	0.65	0.50
0.50	0.35	0.80	0.65
0.65	0.50	0.35	0.80
0.80	0.65	0.50	0.35
0.80	0.65	0.50	0.35
0.35	0.80	0.65	0.50
0.50	0.35	0.80	0.65
0.65	0.50	0.35	0.80
0.65	0.50	0.35	0.80
0.80	0.65	0.50	0.35
0.35	0.80	0.65	0.50
0.50	0.35	0.80	0.65
0.50	0.35	0.80	0.65
0.65	0.50	0.35	0.80
0.80	0.65	0.50	0.35
0.35	0.80	0.65	0.50

附录7　实验练习题

应急情境下的四个领域风险态度测量练习

序号	方案A	方案B	EV（A）-EV（B）
1	100%的概率挽救财产 284 万元 0 的概率挽救财产 0 万元	80%的概率挽救财产 400 万元 20%的概率挽救财产 0 万元	
2	100%的概率挽救财产 96 万元 0 的概率挽救财产 0 万元	40%的概率挽救财产 600 万元 60%的概率挽救财产 0 万元	

附录8　实验材料

应急管理者行为调研问卷

尊敬的女士/先生：

您好！我们正在进行一项应急管理者的行为研究，衷心感谢您帮助我们完成此份问卷，本问卷只作为科研使用，采取匿名方式填写，绝不泄露您的任何信息，请您不要有任何顾虑。

第一部分　基本信息

是关于您个人的背景资料，仅供统计分析之用，请在□中打"√"。

1. 您的性别：□男　　　　　□女
2. 您的年龄：□30 岁及以下　□31~40 岁　□41~49 岁　□50 岁及以上
3. 您的婚姻状况：□已婚　　□未婚
4. 您的受教育程度：

□高中/中专及以下　□大专　　　□本科　　　□研究生及以上

5. 您的工作年限：

□三年以内　　□三至五年　　□五至十年　　□十年以上

6. 您所在的单位性质：□政府单位 □事业单位 □国有企业 □其他
7. 您在本单位的职务级别：

□高层领导　　□中层（部门）领导　　□基层领导　　□普通职员

8. 您参与处理过哪些地域的突发公共事件？

□国外　□中国港澳台地区　□中国一线城市（北上广深）

□中国二线城市（省会城市）　□中国三线城市（一般地级城市）

□中国四线城市（县级城市）

9. 您是否定期参加应急处置和管理方面的培训？□是　□否

第二部分　四类突发公共事件的应急判断

一、社会安全类突发事件

（一）您是否处理过此类突发事件（一般包括重大刑事案件、重特大火灾事件、恐怖袭击事件、涉外突发事件、金融安全事件、规模较大的群体性事件、民族宗教

突发群体事件、学校安全事件以及其他社会影响严重的突发性社会安全事件）？（　）

　　A. 是　　　　　　B. 否

（二）请阅读下面各题所描述的突发事件情况，选择对应的级别。

1. 某高校聚集事件失控，校园内出现未经批准的大规模游行、集会、静坐、请愿等行为，学校正常教育教学秩序受到严重影响甚至瘫痪。

该突发社会安全事件的级别是（　）

A. 特别重大事件（Ⅰ级）

B. 重大事件（Ⅱ级）

C. 较大事件（Ⅲ级）

D. 一般事件（Ⅳ级）

您对此题回答正确的自信程度是（　）

A. 25%

B. 50%

C. 75%

D. 100%

2. 某高校单个突发事件引发连锁反应，校园内出现各种横幅、标语、大小字报，有关事件的讨论已攀升为校园 BBS（bulletin board system，网络论坛）十大热门话题之一，引发校内局部聚集。

该突发社会安全事件的级别是（　）

A. 特别重大事件（Ⅰ级）

B. 重大事件（Ⅱ级）

C. 较大事件（Ⅲ级）

D. 一般事件（Ⅳ级）

您对此题回答正确的自信程度是（　）

A. 25%

B. 50%

C. 75%

D. 100%

二、自然灾害类突发事件

（一）您是否处理过此类突发事件（主要包括洪涝灾害、气象灾害、地质灾害、地震灾害以及由地震诱发的各种次生灾害等）？（　）

　　A. 是　　　　　　B. 否

（二）请阅读下面各题所描述的突发事件情况，选择对应的级别。

1. 某省突发洪水灾害，造成铁路干线繁忙、国家高速公路网和主要航道中断，

48 小时无法恢复通行。

　　该突发自然灾害事件的级别是（　）

　　A. 特别重大事件（Ⅰ级）

　　B. 重大事件（Ⅱ级）

　　C. 较大事件（Ⅲ级）

　　D. 一般事件（Ⅳ级）

　　您对此题回答正确的自信程度是（　）

A. 25%

B. 50%

C. 75%

D. 100%

　　2. 某省突发洪水灾害，省内大型水库发生垮坝。

　　该突发自然灾害事件的级别是（　）

　　A. 特别重大事件（Ⅰ级）

　　B. 重大事件（Ⅱ级）

　　C. 较大事件（Ⅲ级）

　　D. 一般事件（Ⅳ级）

　　您对此题回答正确的自信程度是（　）

A. 25%

B. 50%

C. 75%

D. 100%

　　三、公共卫生类突发事件

　　（一）您是否处理过此类突发事件（主要包括重大传染病疫情、群体性不明原因疾病、食品卫生和食物中毒、生活饮用水污染，以及其他严重影响师生员工健康与生命安全的事件）？（　）

　　A. 是　　　　　　　　B. 否

　　（二）请阅读下面各题所描述的突发事件情况，选择对应的级别。

　　1. 腺鼠疫在 1 个县（市）行政区域内流行，1 个平均潜伏期内多点连续发生18 例。

　　该突发公共卫生事件的级别是（　）

　　A. 特别重大鼠疫疫情（Ⅰ级）

　　B. 重大鼠疫疫情（Ⅱ级）

　　C. 较大鼠疫疫情（Ⅲ级）

D. 一般鼠疫疫情（Ⅳ级）

您对此题回答正确的自信程度是（　）

A. 25%

B. 50%

C. 75%

D. 100%

2. 肺鼠疫在大、中城市发生，并有扩散趋势；疫情波及两个以上的省份。

该突发公共卫生事件的级别是（　）

A. 特别重大鼠疫疫情（Ⅰ级）

B. 重大鼠疫疫情（Ⅱ级）

C. 较大鼠疫疫情（Ⅲ级）

D. 一般鼠疫疫情（Ⅳ级）

您对此题回答正确的自信程度是（　）

A. 25%

B. 50%

C. 75%

D. 100%

四、事故灾难类突发公共事件

（一）您是否处理过此类突发事件（主要包括人为火灾、矿难、交通事故、大面积停电、公共设施设备事故、核辐射事故、环境污染等）？（　）

　　A. 是　　　　　　B. 否

（二）请阅读下面各题所描述的突发事件情况，选择对应的级别。

1. 某市开发区输油管道发生泄漏爆炸事件，造成 62 人遇难，医院共收治伤员 136 人，对本地区产生严重影响。

该突发事故灾难事件的级别是（　）

A. 特别重大事件（Ⅰ级）

B. 重大事件（Ⅱ级）

C. 较大事件（Ⅲ级）

D. 一般事件（Ⅳ级）

您对此题回答正确的自信程度是（　）

A. 25%

B. 50%

C. 75%

D. 100%

2. 某省发生安全事故，其电网减供负荷达到事故前总负荷的 10%以上；重要城市减供负荷达到事故前总负荷的 40%以上；其他城市减供负荷达到事故前总负荷的 60%以上。

该突发事故灾难事件的级别是（　）

A. 特别重大事件（Ⅰ级）

B. 重大事件（Ⅱ级）

C. 较大事件（Ⅲ级）

D. 一般事件（Ⅳ级）

您对此题回答正确的自信程度是（　）

A. 25%

B. 50%

C. 75%

D. 100%

第三部分　突发公共事件的应急判断

（一）您是否处理过此类突发事件（主要包括人为火灾、矿难、交通事故、大面积停电、公共设备设施事故、核辐射事故、环境污染等）？（　）

A. 是　　　　　　　B. 否

（二）某化工厂发生苯胺（有毒）泄漏事件，决策支持系统根据已有案例进行提示。根据提示结果，现有两个处理方案可供选择，两个方案的后果有差异，请选择您认为可采用的方案。请阅读下面各题 A、B 选项的数据，分别在每道题目下勾选出 A 或者 B。

1.

A：会泄漏0.61吨苯胺流入河流　　　　　　　B：20%的概率会泄漏2吨苯胺流入河流，80%可能安全

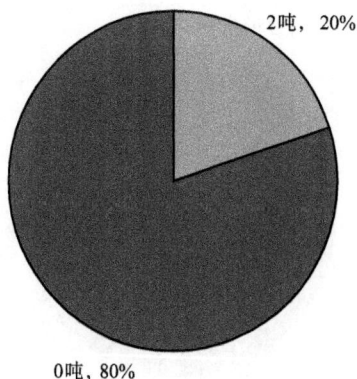

0.61吨，100%　　　　　　　　0吨，80%

2.

A：会泄漏1.69吨苯胺流入河流

1.69吨，100%

B：40%的概率会泄漏6吨苯胺流入河流，60%可能安全

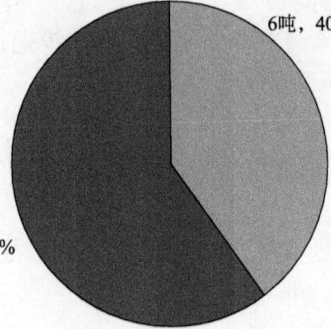

6吨，40%

0吨，60%

3.

A：会泄漏2.56吨苯胺流入河流

2.56吨，100%

B：60%的概率会泄漏10吨苯胺流入河流，40%可能安全

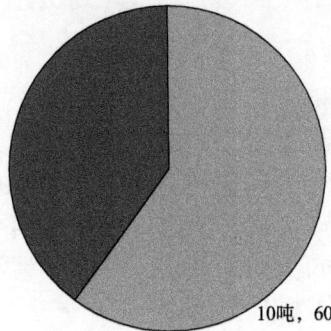

0吨，40%

10吨，60%

4.

A：会泄漏4.63吨苯胺流入河流

4.63吨，100%

B：80%的概率会泄漏20吨苯胺流入河流，20%可能安全

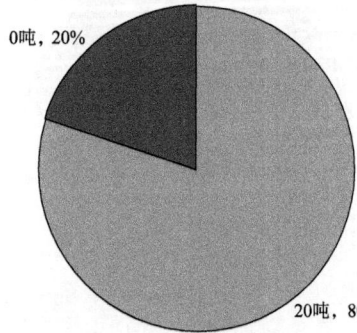

0吨，20%

20吨，80%

5.

A：会泄漏0.77吨苯胺流入河流

0.77吨，100%

B：20%的概率会泄漏2吨苯胺流入河流，80%可能安全

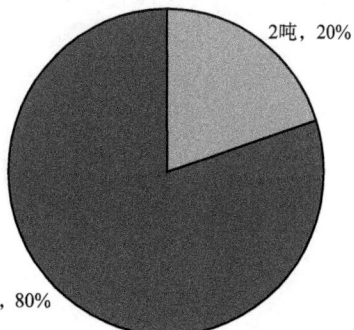

2吨，20%

0吨，80%

6.

A：会泄漏2.33吨苯胺流入河流

2.33吨，100%

B：40%的概率会泄漏6吨苯胺流入河流，60%可能安全

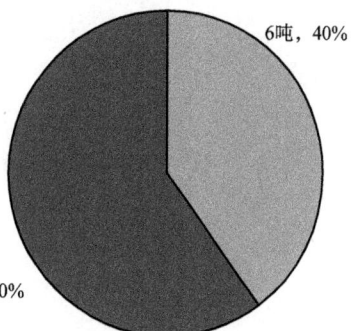

6吨，40%

0吨，60%

7.

A：会泄漏3.94吨苯胺流入河流

3.94吨，100%

B：60%的概率会泄漏10吨苯胺流入河流，40%可能安全

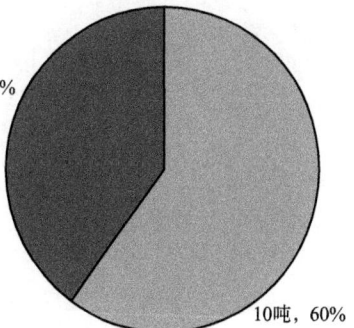

0吨，40%

10吨，60%

8.

A：会泄漏7.58吨苯胺流入河流

B：80%的概率会泄漏20吨苯胺流入河流，20%可能安全

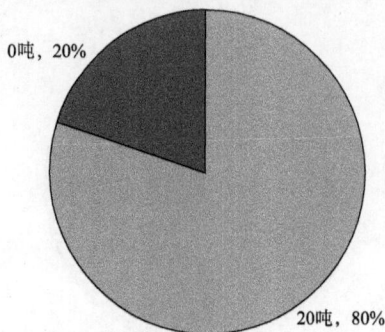

7.58吨，100%

0吨，20%

20吨，80%

9.

A：会泄漏1.05吨苯胺流入河流

B：20%的概率会泄漏2吨苯胺流入河流，80%可能安全

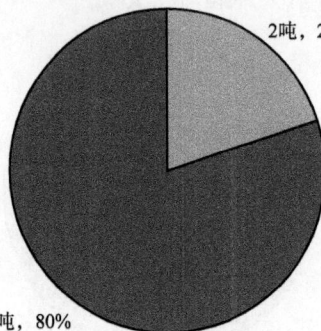

1.05吨，100%

2吨，20%

0吨，80%

10.

A：会泄漏3.35吨苯胺流入河流

B：40%的概率会泄漏6吨苯胺流入河流，60%可能安全

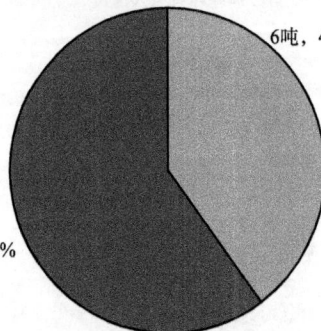

3.35吨，100%

6吨，40%

0吨，60%

11.

A：会泄漏4.54吨苯胺流入河流

4.54吨，100%

B：60%的概率会泄漏10吨苯胺流入河流，40%可能安全

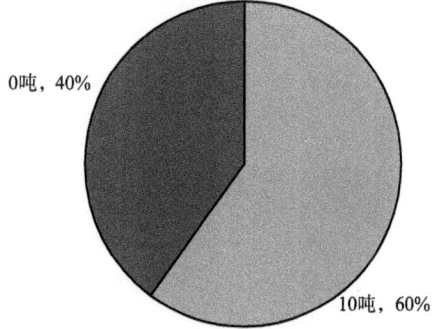

0吨，40%

10吨，60%

12.

A：会泄漏9.79吨苯胺流入河流

9.79吨，100%

B：80%的概率会泄漏20吨苯胺流入河流，20%可能安全

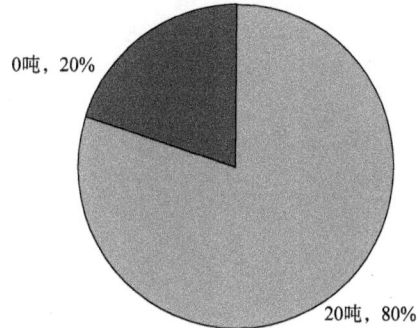

0吨，20%

20吨，80%

13.

A：会泄漏1.48吨苯胺流入河流

1.48吨，100%

B：20%的概率会泄漏2吨苯胺流入河流，80%可能安全

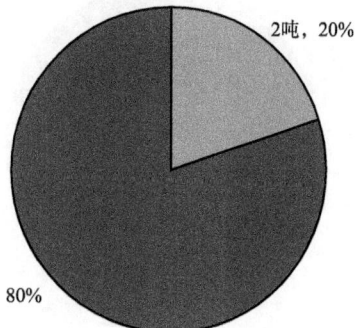

2吨，20%

0吨，80%

14.

A：会泄漏3.32吨苯胺流入河流

3.32吨，100%

B：40%的概率会泄漏6吨苯胺流入河流，60%可能安全

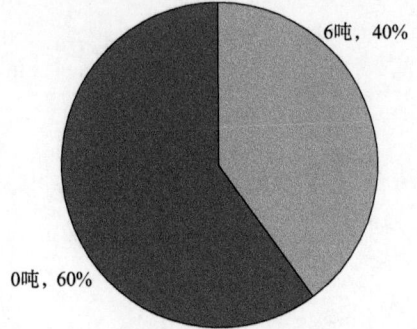

6吨，40%

0吨，60%

15.

A：会泄漏6.24吨苯胺流入河流

6.24吨，100%

B：60%的概率会泄漏10吨苯胺流入河流，40%可能安全

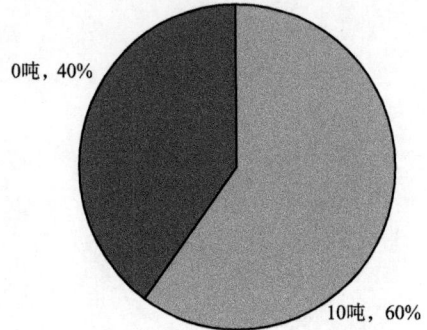

0吨，40%

10吨，60%

16.

A：会泄漏13.72吨苯胺流入河流

13.72吨，100%

B：80%的概率会泄漏20吨苯胺流入河流，20%可能安全

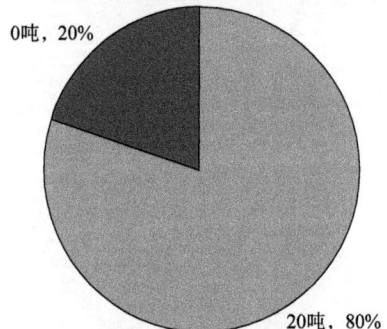

0吨，20%

20吨，80%

本问卷至此结束，再一次感谢您的热心帮助与合作！